ZER

Kaderin Pin Kodu

Kaderin Pin Kodu

Doğum Tarihinizin ve Kaderinizin Gizemli Matematiği

Douglas Forbes

DNA Pin Code

The 9 Keys To Your Destiny

Douglas Forbes

Yayına Hazırlayan: Filiz Eryılmaz

Yazar: Douglas Forbes

Türkçesi: Cem Şen

Yayın Tarihi: 1. Baskı - Kasım 2009

8. Baskı - Ekim 2017

İletişim Adresi: Büyükşehir Mah. 19 Mayıs Cad.

Doğa Sok. No: B32/10

Beylikdüzü, İstanbul

Telefon: +90 533 764 40 40

E-mail: info@pinkodtr.com

İnternet Sitesi: www.pinkodtr.com

Yayıncı Sertifika No: *15764*

ISBN: 978-605-88996-0-5

Kaderin Pin Kodu

Doğum Tarihinizin ve Kaderinizin
Gizemli Matematiği

Douglas Forbes

Wendy'e...

Sen benim desteğimsin...

İÇİNDEKİLER

TEŞEKKÜR

"Kitaplar sessiz öğretmenlerdir"
Aulus Gellius (M.S.135 - M.S.180)

Türkiye'de ilk defa 2007 yılında basılan Kaderin Pin Kodu kitabının, gözden geçirilerek, güncellenmiş bu baskısı yayınevimiz tarafından 2009 yılında yapılmıştır. Kaderin Pin Kodu kitabı, okuyuculardan gelen öneriler dikkate alınarak; kişilerin kendi bireysel pin kod analizlerini daha kolaylıkla yapabilmeleri için İnsanın Pin Kodu kitabındaki bilgilere ek olarak dokuz rakamın dokuz hanedeki anlamları tek tek anlatılarak hazırlanmıştır.

Kitabın 2009 yılında yayınevimiz tarafından yapılan baskısına ise 2007 yılı ilk baskısında yer almayan; sayıların genel özellikleri ile her biri kendi alanında başarılı olmuş bazı sanatçılarımızın ve çocuklarının pin kod analiz örnekleri eklenmiştir.

Kitabın basılması aşamasında içten ve özverili çalışan, 2005 yılında yola birlikte çıktığım, oniki yıldır sistemin içinde yer alan ve her aşamasında destek olan tüm arkadaşlarıma teşekkür ederim. İlk baskısında bazı bölümlerin çevirilerini yapan ve her zaman cesaret veren Elif'e, bütün yoğunluğunun arasında çalışmalarımıza katılan Esin'e, destekleri için Enis'e, Kaan'a, Müge'ye, Selma'ya, Şule'ye, Aslıhan'a ve tabii ki 2004 yılının aralık ayındaki bir telefon konuşmamızda İnsanın Pin Kodu Sistemi'nden bahsederek bize yepyeni bir yol açan ve en yoğun çalışma temposu içindeyken bile vakit ayırıp kitapla ilgili fikirler veren sevgili Gülru'ya teşekkürler.

Douglas Forbes'la birlikte İnsanın Pin Kodu Sistemi'nin Türkiye'de tanınmasına katkıda bulunan ve Pin Kod'la tanıştığı andan itibaren bu bilgiye inanan, kendi hayatında bu bilgiyi kullanan, tanıştığı kişilere coşkuyla İnsanın Pin Kodu Sistemi'nden bahseden ve Kaderin Pin Kodu kitabı için kendi letafetinde bir yazı yazan sevgili Yılmaz Erdoğan'a, Kaderin Pin Kodu ile ilgili düşüncelerini son derece samimi bir şekilde kaleme alan sevgili Mehmet Coşkundeniz'e ve Douglas Forbes'u Türkiye'de ilk defa televizyon programında konuk alarak İnsanın Pin Kodu Sistemi'ni izleyicileriyle paylaşan ve bu öyküyü Kaderin Pin Kodu okuyucuları için yazan sevgili Saba Tümer'e çok teşekkür ederim.

İnsanın kendisine ait bütün bilgilerinin doğum tarihlerine kodlandığı bilgisi, yüzyıllardır Ebcet, Kabala, Numeroloji ve astroloji gibi yöntemler aracılığıyla verilmektedir. Douglas Forbes'un geliştirdiği İnsanın Pin Kodu Sistemi bilgisini, bizzat kendisinden öğrenebilme fırsatımızın olması bizlerin en büyük şansıdır. İnsanın Pin Kodu Sistemi bilgisi 21.yüzyılın bilgisidir ve bu bilginin doğru kullanılmasıyla; bireylerin önce kendi farkındalıklarını artırarak kendilerini ve çevrelerini anlayacaklarına, bu anlayışla çatışmaların azalacağına, bunun doğal sonucu olarak da toplumların değişiminin ve gelişiminin daha doğru değerler ve daha sağlam temeller üzerinde gerçekleşeceğine inanıyorum.

Sevgi ve saygılarımla…

Filiz Eryılmaz
5 Ekim 2017 - İstanbul

BENİM ADIM DÖRTYÜZYİRMİBEŞ!

Bir kitapçıya çoğu zaman önceden belirlediğim özel bir kitap almak için gitmem. Orda her zaman pek çok kitap vardır ve çok kitabın olduğu her yer güzeldir.

Yine böyle 'amaçsız' gezilerimden birinde buldum Douglas Usta'nın kitabını. İnsanın Pin Kodu...

Doğum tarihinizin kutsal matematiği...

Tabii tabii dedim gülümseyerek... yine birisi bize merak derdine çare bir hap üretmiş.

Aldım kitabı gene de... giriş yazısını okudum. Beklenmedik bir şekilde, ne dediğini bilen mantıklı birinin sesini duydum giriş yazısında...

İnsan da diyordu özetle her şey gibi dört ana elementten oluşur ve ben bunların rakamsal karşılığını buldum. Bu rakamlar sizin doğum tarihinizde yazılı.

Yani doğum tarihiniz sizin kaderiniz. Alın yazısı denen şey bir tevatür değil gerçek ve burda kastedilen 'yazı' kelimelerle ilgili değil matematiksel.

'Hadi canım sen de' ile'nasıl yani' arasında bir yere sıkıştım.

Sonra ustanın dediğini yaptım kendi pin kodumu çıkardım. Kendi rakamlarımın karşılıklarını okudum. Çok şaşırdım. Herkesin ilk pin kodu analizinde yaşadığı o şüpheci şaşkınlık...

Her söylediği tutuyor... Evet'tutuyor'...bu kelimenin kullanımı rastlantısal değil, çünkü insan önce karşısında bir falcı var zannediyor.

Sonra devam ettim bu işe... Giderek çok sevimli bir hobiye dönüştü. Her tanıdığım ya da tanıştığıma isminden önce doğum tarihini sormaya.

Rakamların dünyası beni enerji üzerinden bir hayat tanımına, bu tanım da beni insan karakteri ve oluşumu konusunda eskisinden çok daha net ve çok daha empatik bir evreye taşıdı.

Demek bu yüzdenmiş diye düşündüm, hayatımıza dair pek çok ana mesele ve binlerce detay konusunda.

Pin Kodu tam olarak nedir, bunu kitaptan, ustadan öğreneceksiniz elbet ama benim için faydası nedir diye sorarsanız, belki tek bir sözcük yetecektir: Anlamak

Tüm hayat bir'anlama' çabası... Douglas ağbi işimizi çok kolaylaştırıyor.

Pek çok'aslında' gizem olmayan gizemi ortadan kaldırıyor.

Doğum tarihinize, sizi oluşturan enerji düzeneğine bakın önce kendinizi anlayın... neyi niçin yaptığınızı görün...

Kendinizi anlamak, herkesi anlamak zaten... ya da herkesi anlamaya kendinizden başlamak...

Evet, bu çok yeni ve keskin bir bilgi ve şüpheci olmak iyidir.

Ama usta benim kuşkularımı hızlı giderdi, sizinkini de giderecektir.

Usta, kaderin şifresini çözmüş ya da üstündeki örtüyü bir daha geri konulamaz bir şekilde ortadan kaldırmış.

Kaderinizi öğrenin, sonra da onu değiştirin diyor usta...

Dünya düz bir alan değil diyor...

Hayatımızla, ilişkilerimizle ilgili her detayı gizem alemine, bilinmeze havale ettiğimiz, her şeyi "napalım benim yapım böyle, ben buyum" la açıkladığımız günler geride kaldı...

Douglas Forbes sayesinde artık ben 'yapımı' biliyorum: Üç su elementi, bir hava, iki ateş, iki toprak...

Merhaba ben 42526674, tanıştığımıza memnun oldum.

Yılmaz Erdoğan

1 Ekim 2009 - İstanbul

Bir adam tanıdım hayatım değişti. Yıllardır aşka, ilişkilere yorumlar yapan, sorunlara çare olan ben hep derdim ki "Bir gün benim başım sıkışsa kime gideceğim?" O adamı buldum: Douglas Forbes... Yaptığım röportajla yakından tanıma fırsatı bulduğum Douglas Forbes 'İnsanın Pin Kodu' ile insana yepyeni bir ufuk açıyor. Gelecekten haber verme değil bu, olacakları öngörme... Üstelik bunu matematiğe dayalı olarak yapıyor. Hurafe yok, gaipten haber alma yok... Bana söylediklerini dün gibi hatırlıyorum. Her şeyi o kadar doğru ve o kadar net bir şekilde açıklamıştı ki; şaşırıp kalmıştım karşısında. "Bu nasıl olabilir? Bu adam bunları nasıl bilebilir?" demiş, sonra da söylediklerinin her kelimesini işitmek için kulaklarımı dört açmıştım.

Douglas Forbes'un, doğum tarihimi inceleyerek oluşturduğu bana ait pin koduna ilişkin yorumları benim için gerçekten önemli bir yol gösterici oldu. Neyi, ne zaman yapmam gerektiğini, olaylara nasıl yaklaşmam gerektiğini ve elbette hayatımı nasıl planlamam gerektiğini gösterdi. Bu, size çok garip gelebilir. Ama eminim bu kitabı okuduğunuzda bu histen kurtulacaksınız. Siz de kendi pin kodunuza ilişkin gerçekleri okuduğunuzda şaşıracaksınız. Çünkü Pin Kodu'nuz, sizin kaderiniz ve geleceğinizdir. Bunu çok net anlayacaksınız...

Mehmet Coşkundeniz - Aşk Doktoru

21 Ekim 2009 - İstanbul

Başkası anlatsa hayatta inanmayacağım, belki de "hadi ordan palavracı" diyeceğim ilginç bir hikayem var Douglas'la.

İçgüdülerim doğumumuzla başlayan hayat yolculuğumuzun içinde tatlı sırların, sürprizlerin ve farkındalıkların olduğunu söyler her zaman ve ben de elimden geldiğince mantık çerçevesinde bunları araştırmaya çalışırım. Daha küçük yaşlarda bile bu cilveli yolculuğu anlayarak yaşamaya karar vermiştim ve bu çerçevede Pin Kod'unu ilk duyduğumda çok ilgimi çekmişti yıllar önce. Seminerine katılmaya karar verdim, nasılsa birkaç saat orada otursam bir şey kaybetmeyecektim. İki günlük seminerin ardından konu daha da ilgimi çekince hemen izleyicilerimle paylaşma arzusu uyandırdı bende ve Douglas'ı o zamanlar (Mart 2005) Show tv'de yaptığım programıma davet ettim. Böylelikle Türk televizyonlarında ilk defa Douglas ile Pin Kod'u konuşuldu. Douglas tam kapıdan çıkarken kariyerimle ilgili bir soru sordum o da bana her ne yaparsan yap, hangi yolu seçersen seç ...?... yılı kariyer anlamında hiçbir şey yapamayacaksın dedi. O zamanlar programım o kadar muhteşem gidiyordu ki dediklerine tabii ki inanmadım ve arkasından (o zamanlar çok soğuk bir görünüşü ve tavrı vardı) kitabını sattırıp para kazanacak diye atıp tutuyor beni de sevmedi herhalde saçmaladı dedim ve o tarihi tamamen unuttum çünkü o gidişat içerisinde kariyerimin bitmesi imkânsız gözüküyordu.

Aradan bir veya iki yıl geçti, Douglas diye birinin varlığını bile unutmuştum. 2007 yılına gelmiştik ve benim en son yaptığım program yayından kaldırılmış, ne yapacağım ben diye depresyona girmiş bir halde idim. Hangi kanalla görüşsem kapı duvardı. Bekliyordum ve bekledikçe bunalıp agresifleşiyordum. O ruh halinden çıkabilmek için de meditasyon yapıyordum arada sırada. 2007'nin Eylül ayı idi (bu arada hala işsizdim) ve meditasyon sırasında aklıma Douglas geldi, "inanmıyorum bu adam bana hangi yıl demişti" diye fırladım kütüphaneme kitabını bulmaya. Tabi ki inanmadığım için yazmamışım tarihi. Acaba mail adresini bulsam yazsam beni hatırlar mı? diye düşündüm. Sonra "aman o soğuk adam bütün dünyayı dolaşıyor, ezikler gibi merhaba Douglas beni hatırladın mı? Türkiye'de programıma gelmiştin" geyiğine girmek istemedim ve yine unuttum.

2008 yılının Ocak ayında konuk olarak davet edildiğim bir sabah programına, bari gözükmüş olurum maksadıyla gönülsüzce gittim. Reklam arasında programın asistanı elime bir kağıt tutuşturdu sizi Douglas Forbes aradı bu numaradan, size ulaşmak istiyor diye. Resmen çığlık attım, anında telefona sarıldım beni nasıl buldun diye. Meğer her gelişinde beni sorarmış ama o dönemlerde çalışmadığım için bir türlü ulaşamazlarmış. O gün buluştuk ve hemen sorumu sordum.

O yıl gerçekten de 2007 imiş...

Saba Tümer

28 Ekim 2009 - İstanbul

YAZARIN ÖNSÖZÜ

Yaşamınızı değiştirmek için ilk olarak kim olduğunuzu anlamanız gerekmektedir. Karşılaştığım pek çok vakada insanların kendilerini bulma ve anlama arayışı içinde olduklarını gördüm.

Bu kitap bu anlayışa doğru ilk adımınızı atmanız için gerekli olan denenmiş bir çözüm sunmaktadır. 25 yıllık bir süreçte yaklaşık 25.000 kişi üzerinde denenmiş bu sistem kendinizi tanımak, kendinizi anlamak kavramına yeni bir bakış açısı kazandırmaktadır.

Her insan kabul edilme ihtiyacı ile birlikte doğar. Bu, hayatın önemli özelliklerinden bir tanesidir. Ailemiz ya da bakımımız ile ilgilenen insanlar tarafından kabul gördüğümüzde, kişiliğimizin en iyi yanlarını açığa çıkarabiliriz. Bu ilginin yeterli miktarda olmaması karmaşaya, korkuya, nefrete ve küskünlüğe neden olur. Bu şartlar da bizim hastalıklarımıza ve travmaya zemin hazırlar.

İnsanın Pin Kodu sizin güçlü ve zayıf yanlarınızı ortaya serer. Genellikle pek çok duruma karşı olumsuz tepkiler veririz. Olumsuzluk da en az olumluluk kadar güçlüdür. Kendinizi olumsuzluğun neden olduğu korkunun pençesinde bulduğunuzda, bu korku bir anda yayılıp tüm hayatınızı ele geçirebilir. Zaman içinde olumsuz tavırlarınız ve korkularınız bir alışkanlığa dönüşür ve farkında olmadan, hatta üzerinde düşünmeden kendinizi olumsuz bir şekilde ifade etmeye başlarsınız. Olumsuzluk daha fazla olumsuzluk çeker. Çevrenizdeki insanlar sizin aynanız olur ve olumsuzluğunuzu beslemenize yardım ederler. Tek bir kural vardır: Hayatınızda olumsuzluk için yer yoktur.

Tabi bir de madalyonun öbür yüzüne bakmak gerekir. Eğer, kafanız ve kalbiniz korkularla doluysa olumlu olmaya çalışmanızın bir faydası olmayabilir. Korku, inkâr ve cehalet durumunda yaşamaktan başka bir şey değildir. Eğer olumlu olmak istiyorsanız, ilk olarak bu konuda çalışmanız gerekir. Adım adım, olumlu bir şekilde konuşmayı öğrenmelisiniz. Zaman içinde çevrenizdeki insanların da size karşı olan tavırlarını değiştirdiklerini göreceksiniz. Başka kelimelerle ifade edersek, sizin görüşlerinize ve tavırlarınıza saygı duyacaklardır. Bu sayede daha sağlıklı ve varlıklı bir yaşama doğru hareket etmeye başlayacaksınız.

Yaşam boyu sürecek olan bu yolculuğa çıkmadan önce, kendinizin ve çevrenizdeki insanların kişilik özelliklerini anlayıp buna saygı duymalısınız. Başka bir insanla sağlıklı bir ilişki kurmadan önce kendinizle sağlıklı bir ilişki kurmanız gerekmektedir. Kendinizle kurduğunuz bu ilişki, kendi ihtiyaçlarınızı tatmin ederek duygusal açıdan hayatta kalmayı başarabilmek için başkalarının peşinden koşma ihtiyacınızı ortadan kaldıracaktır.

Asıl mesele sizin bu bakış açısını kabul etmek isteyip istememenizdedir. İnsanlar çoğunlukla kim oldukları konusunda tam bir yanılgı içindedirler ve kendi gerçekliklerini reddederler. Kim olduğunuzu keşfettikten sonra ise, kendinizi bu yeni gerçekliğe uyarlamak biraz zaman alır. Fakat gerçekte olduğunuz kişiyi bir kez kabul ettiniz mi, işte o zaman gerçek kişisel gelişim yolundaki ilk adımlarınızı atmaya başlayabilirsiniz. Kendinizi tanımanın başı ve sonu yoktur. Önemli olan kim olduğunuzla ilgili anlayış geliştirmenizdir. Bu kitap, sizi bu anlayışa ulaştıracak yolculuğun ilk adımıdır.

Her biriniz eşsiz birer bireysiniz ve eşsizliğinizin size sunduğu yeteneklerinizi sonuna kadar kullanma hakkına sahip olmalısınız. Kaderin Pin Kodu sizinle ilgili yanlış bir şeyler olduğu çıkarsamasında bulunmaz; bunun yerine mükemmel bir şekilde işlemenizi sağlayacak özellikleriniz ve yetenekleriniz üzerinde odaklanmanızın önemini vurgular.

İnsanın Pin Kodu, sizin yol haritanızdır ancak yolculuğu sizin yapmanız gerekmektedir. Bu anlamda herkes kendi yaşam öyküsünü oluşturacaktır. Cennet sizin tarafınızdan yaratılır. Cehennem ise, dış şartların sizin üzerinizdeki etkilerinin sizde yarattığı korkudur. Korku, düşünme sürecinizi dondurur ve hayatı bir cehenneme çevirir.

Yolculuğunuzdan ne kadar keyif alacağınız da tümüyle sizin seçiminizdir.

Umarım bu kitap, kendinizi tanıma, kabul etme ve gerçek kişiliğinize uyum sağlama yolunda size yardımcı olur. Bu da sizi, diğer insanlara karşı hoşgörülü olmaya yönlendirecek ve bu sayede insanlarla aranızda sağlıklı bir iletişim kurmanızı sağlayacaktır.

Bu kitabı, kendinizi ve çevrenizdeki insanları tanımanın kolay ve eğlenceli bir yolu olarak kullanabilirsiniz. Bu bilgiyi iyi kullanın ve onun, hayatınızı olumlu anlamda değiştirmesine izin verin.

Tadını çıkarın!

Douglas Forbes

GİRİŞ

İnsan bedeni hücrelerden oluşmaktadır. Bu hücreler ise atomlardan meydana gelir. Bu nedenle hepimiz, dokuz ay boyunca ana rahminde, atomların bir araya gelerek farklı örgüler oluşturduğu birer yapıyızdır. İnsanın Pin Kodu'nun en önemli keşiflerinden bir tanesi, atomların bir araya gelerek bağlandıkları bu süreç boyunca, annenin bebeğini ve doğum tarihini bilinçsiz bir şekilde programladığı gerçeğidir. Bana erken doğan bebekleri ya da sezaryen durumunda ne olduğunu soracağınızdan eminim. Her iki durumda da anne, bebeğin doğacağı tarihe karar vermektedir. Bunu anlamak için bebeğin doğum anından geriye doğru olan bütün süreci tersine incelememiz gerekmektedir.

Hamilelik anından başlayarak, döllenen yumurtanın kendini tam olarak geliştirmesi dokuz aylık bir süreyi kapsamaktadır. Eğer bu anı tam olarak saptayabilirsek, yumurtanın, ana rahminde bir bebeğe dönüşme sürecinin tümünü izleyebiliriz. Yumurtanın ana rahminde döllenmesi kimyasal bir tepkimedir. Bu süreç bir kez başladığında, bebeğin tümüyle gelişip doğumuyla sonuçlanan dokuz aylık bir sürece girmiş oluruz.

Hamilelik ve bebek, birbirinden farklı iki konudur. Bir kadın hamile kaldığında, bebeğin kız mı yoksa erkek mi olacağına dair hiçbir anlayış, hiçbir kimlik yoktur. Annenin doğum süreci üzerinde hiçbir denetiminin bulunmadığına inanırız. Fakat hamilelik süreci üzerinde annenin, tahminimizden ve bildiğimizden daha fazla etkisi bulunmaktadır.

Bu süreçte bebeğin gelişimi, aklımıza gelebilecek her konuda ana rahmindeki beslenmesine bağlıdır. Buna, bebek ile anne arasındaki göbek kordonu aracılığıyla da tanık olabiliriz. Bu gelişim sürecinin en hassas kısmını duyuların gelişimi oluşturur. Anneden gelen bütün duyusal ve duygusal etkilerin, gelişmekte olan bebeğin üzerinde doğrudan belirleyici özellikleri vardır.

Hamilelik sırasında anneden gelen duygusal tepkiler, neşe, korku gibi her tür ruh hali durumları, dokuz aylık gelişim süreci boyunca doğrudan çocuğa aktarılır. Annenin hissettiklerinin, çocuğun duyularının gelişimi üzerinde belirleyici bir özelliği bulunmaktadır. Aynı şekilde annenin duyma, görme, işitme duyuları da bebek için dayanak noktası olur. Eğer anne, hamileliğinin büyük bir kısmında korku yaşıyorsa bebek de bu korku duygusunu taşıyacaktır. Aynı şekilde annenin cesareti ve kendine güveni de bebeğe aktarılacaktır. Bu durumda bebek, cesur ve kendine güvenen bir birey olacaktır. Bunlar, hamilelik sırasında bebeği etkileyen pek çok etkene yalnızca bir kaç örnektir. Bu nedenle bebek, kendi ev sahibi olan annesinin dokuz ay boyunca hissettiği duygusal tepkiler ve deneyimler tarafından programlanmaktadır.

Zihnin beden üzerindeki gücünü anlayan herkes, aynı gücün bebeğin gelişimi üzerindeki etkisini de anlayacaktır. Bu durumda, fark edeceğiniz gibi annenin zihni, gelişmekte olan bebeği etkilemektedir. Bebeğin gelişimi, anne rahminde beslenmesine bağlıdır ve annenin duyuları aracılığıyla dünyaya verdiği tepkiler de bebeğin karakterini oluşturmaktadır.

En sık yaptığımız hatalardan bir tanesi de bir çocuğumuz olduğunda onu hemen etiketlemektir. Kızlar "pembe bir kutunun", erkekler ise "mavi bir kutunun" içine konulurlar. Oysa bu, akıl almaz derecede gerçek dışı bir yaklaşımdır. Hamilelik sırasında anne, bir erkek bebek sahibi olmayı isteyebilir ama eğer kız olursa bu durumda bebek eril enerji ile hareket etme eğiliminde olacaktır. Cinsiyeti elbette kızdır ve bebek normal ve sağlıklı bir kadın olarak büyür fakat Pin Kodu'na göre bir tür eril enerji ile hareket etme eğiliminde olacaktır. Burada ERKEK, erkeksi ya da lezbiyen gibi kelimeler değil ERİL kelimesini kullandığıma dikkatinizi çekerim. Bebek, büyüdüğünde tam anlamıyla bir kadın olacaktır ama eril enerji ile işleyecektir. Bu tür kadınları tanımlamak oldukça kolaydır: genellikle kot pantolon ve düz tabanlı ayakkabılar tercih ederler. Son derece baskın ve güçlü bir iradeye sahiptirler.

Diğer taraftan eğer anne, kız bebek bekliyorsa ama bebeği erkek olduysa, o zaman çocuk, dişil enerji ile işleme eğiliminde olacaktır. Bu durum, çocuğun eşcinsel olacağı anlamına gelmemektedir. Sorun, dünyanın bu tür farkları anlamamasından kaynaklanmaktadır. Eğer bir erkek dişil enerji ile hareket ederse bu durumda eşcinsel, yumuşak ya da kadınsı gibi yakıştırmalarla etiketlenmektedir. Hâlbuki karşımızdaki insanın pin kod matrisine bakıp anlayabildiğimizde onu etiketlemez ve yargılamayız.

Modern yaşamımızın en büyük trajedisi, bebek doğduğu andan başlayarak anne ve babanın onun özellikleri konusunda hiçbir fikre sahip olmamaları ve ardından, elbette en iyi niyetleriyle, onun ne olacağına karar vermeleridir. Bunun hemen ardından şartlandırma süreci başlar ve bebek büyürken, aklı karışık bir halde kendine toplumun içinde uygun bir yer bulmaya çalışır. Anne ve babanın çocukları hakkında düşündükleri iyi şeyler ya da onun için hissettikleri gurur, okul ve toplum tarafından her zaman paylaşılmaz. Bu da çoğu zaman anne ve babanın sevgi ve koruyuculukla üstesinden gelmeye çalıştıkları bir travmaya neden olur. Bazı durumlarda çocuk, topluma uyum sağlayabilmesi için "disiplin" altına alınır. Bu da, anlamayı bir türlü başaramadığı bir dünyada yaşamaya çalışan mutsuz ve aklı karışık bir çocuğun yaratılmasına neden olur.

Çocuklar anne ve babalarına ve onların öğrettiklerine olumlu ya da olumsuz tepkiler verirler. Bu, bir anlamda taklit etme sürecidir ve bu şekilde öğrenmeye başlarlar. Örneğin kişi çocukluğunda şiddete maruz kaldıysa, saldırganlaşabilir ve büyüdüğünde şiddet uygulama potansiyeli olabilir. İnsan, ana rahminden başlayarak kişiliğini oluşturma sürecinde dış uyarıcıların etkisi altında kalmaktadır. Önemli olan, çocukların gerçek kimliklerini onlardan alıp ebeveynlerin istediği kimliği dayatmak yerine sahip oldukları potansiyelleri anlayıp en iyi şekilde kullanmalarına yardımcı olmaktır.

Pin Kodu, sizin, ailenizin ve çevrenizdekilerin gerçek kişiliklerini, özgün tasarımlarını anlamanız ve kabul etmeniz için büyük bir fırsattır. Yaşam deneyimleriniz nedeniyle takmaya başladığınız maskelerden arınmış halde, karakterinizin açığa çıkmasını sağlar. Kendinizle ilgili olarak bulacağınız şey, her zaman diğer insanlara çizdiğiniz portre olmayabilir; ama burası başlangıç, özünüz ve gerçek ruhunuzdur. Pin Kodunuz konusunda bilgilenmek, kendinizi, ne olduğunuza bakarak değil ne olmak üzere yaratıldığınıza bakarak değerlendirmenizi sağlar.

Pin Kodu Nedir?

Hepimiz insani bakış açısından eşit olmamıza karşın, her birimiz aslında eşsizizdir. Gerek ebeveynlerimiz tarafından bize aktarılan yaşam deneyimleri gerekse kendi yaşam deneyimlerimiz bu eşsizliği daha da arttırmaktadır.

Yaşadığımız evrensel kasabada bizi birbirimize bağlayan şey bireyselliğimizdir. Konuştuğumuz dil, ait olduğumuz kültür, din, ülke ve ailemiz ne olursa olsun hepimizin kendine özgü bir Pin Kodu bulunmaktadır. Her grubun, ailenin, toplumun ve kültürün, hiyerarşik sıralamada belli bir yeri bulunmaktadır. Pin Kodu, kendi hiyerarşik konumunuzu saptamanızı sağlamaktadır.

Pin Kodu'nun en önemli özelliklerinden bir tanesi yılın herhangi bir gününün enerjisini tanımlayabilmesidir. Bu enerji son derece belirleyicidir ve eşsizdir. Örneğin şu tarihe bir bakın: 20.09.2009. Onu aynı zamanda 2009/2009 olarak da görebilirsiniz. Bu tarih bir daha ne zaman gelecek? Asla. Tıpkı sizin doğum gününüzün asla tekrarlanmayacağı gibi...

Her gün, kendi başına bir matristir. Doğum tarihiniz, bu matrisin anahtarıdır. Doğum gününü, ayını ve yılını temel alarak 9 hanelik bir matris oluşturulmaktadır. Pin Kodunuzu hesaplama yöntemiyle 9 hanenin şifresi çözüldüğünde bu matris bize, insan kişiliğinin dinamiklerini ve hiyerarşik konumunu belirleyen işletim sistemlerini verir. İşletim sisteminin ve belli aralıklarla tekrarlanan yaşam döngülerinin hesaplanmasında, elementler (hava, su, ateş, toprak) ve rakamların elementsel özellikleriyle olan bağlantısı temel alınmaktadır. Dokuz ana grubun altında temel farklılıklarımızı tanımlayan yüzlerce alt grup bulunmaktadır. Bu da birçok insanın ilk hanesinde, örneğin, 1 rakamı olmasına rağmen her birinin neden farklı ve kendine özgü olduğunu açıklamaktadır. Ayrıca her sayının güçlü ve zayıf tarafları olduğundan her insan bu sayının özelliklerini değişik şekilde açığa çıkarır. Bu nedenle aynı günde doğmuş insanların arasında farklılıkların olması çok doğaldır.

Pin Kodu rakamlar hakkında DEĞİLDİR, günün enerjisinin içerdiği sırları anlamak için rakamları kullanır. Cari Jung'un dediği gibi:"Bir günde doğarsınız ve doğduğunuz o günün enerjisini alırsınız."

Yıllar boyu yapılan araştırmalar ve enerjiyi kavrayış ile evrenin fizikte daha önce hiç görülmemiş şaşırtıcı sırları ortaya çıkmıştır ve bu bilgiler, "günün enerjisi" nin şifresini çözmeye yardımcı olmuştur.

Her zaman hatırınızda olmalı: mükemmel Pin Kodu yoktur ve kimse mükemmel değildir.

Sosyalleşme sürecinde varoluşumuz için diğer insanlarla iletişim kurmaya ihtiyaç duyarız. Buna sosyal beceriler deriz. Sosyal becerileri kullanmak konusunda ilk olarak kendimize güvenmemiz ardından diğer insanların pin kodlarını öğrenerek onların kişilik özelliklerini belirlemeyi ve onların niçin belli bir şekilde davrandıklarını anlamayı öğrenmemiz gerekir. Nitekim bazı insanlar birbirleriyle daha iyi anlaşırken bazı insanlar anlaşamamaktadırlar. Bu, pin kodlarının ve işletim sistemlerinin birbirleriyle olan etkileşiminden kaynaklanmaktadır. İnsanın Pin Kodu, bu farklı pin kodları ve işletim sistemlerini anlamamızı sağlamaktadır. Bu nedenle artık, niçin belli bir şekilde davrandığımız ya da belli insanlara belli şekilde tepkiler verdiğimizi de anlayabiliriz. Bu sayede kimlerin doğuştan lider olduğunu, kimlerin destek grubunda yer aldığını, en iyi harekete geçiricilerin ya da uzlaşmacıların kimler olduğunu da belirleyebiliriz.

Bu, İnsanın Pin Kodu'nun açıklayabileceği pek çok konudan yalnızca birkaç tanesidir.

Bu kitap, size yaşamınızı ve kişiliğinizi belirleyen 9 rakamın genel özellikleri ile her rakamın her hanedeki özelliklerini anlatacak ama bireysel özellikleriniz üzerinde durmayacaktır. Açıklamalar, rakamların doğal durumundaki hallerinin izahatıdır fakat hanelerdeki bu sayılar diğer hanelerde bulunan sayılarla etkileşim içinde olduğundan bazen herbir sayının farklı özelliğinin daha belirgin açığa çıkması doğaldır. Daha detaylı bilgi için kendinize özgü Pin Kodu analizinizin yapılması, işletim sistemleri, arketipler ve elementler arasındaki etkileşimin farklı açılardan incelenmesi gerekmektedir. Bu durumda Douglas Forbes tarafından yetkilendirilmiş bir Pin Kod uzmanı ile bağlantıya geçmeli, daha da iyisi Pin Kod sistemini kendiniz öğrenmelisiniz. Bu sayede yaşam yolunuzda daha zahmetsiz ilerlerken diğer insanlara da mutlu, keyifli ve başarılı bir hayat yaşamaları için yardımcı olabilirsiniz. İnsanın Pin Kodu tescil edilmiş bir markadır ve sadece Douglas Forbes tarafından eğitim verilmiş ve yetkilendirilmiş kişiler tarafından bireysel ve kurumsal danışmanlık verilebilir. Yetkilendirilmiş uzman kişilerin isimlerini ve eğitimlerimizle ilgili bilgileri, duyuruları www.pinkodtr.com adresimizde bulabilirsiniz.

Peki Pin Kodu nasıl işlemektedir?

Pin Kodu, doğum tarihinizi temel alan bir formül aracılığıyla, sizi oluşturan matrisi ortaya çıkarıp bunu incelemektedir. Bu matris benim,"duyular" la bağlantı kurduğum dokuz özelliğinizi içermektedir. Beş duyunuzu zaten tanıyorsunuz. Size, içsel algılama dinamiklerinizin parçası olan diğer üç duyunuzdan da bahsedeceğim. Bu sekiz duyu bir araya geldiğinde YAŞAM

DUYUNUZU oluşturur. Yaşam duyunuz ise sizin bu dünyada bulunma amacınızı anlatmaktadır.

Yaşam Duyusu hayatımızı nasıl etkilemektedir?

Sekiz duyudan her birinin belli bir konumu vardır ve kişiliğinizi oluşturan her hanenin doğal bir rakamı bulunmaktadır. Bu rakamlar sizin, yapmak için yaratıldığınız şeyi nasıl yapabileceğinizin sırlarını taşımaktadır. Eğer Yaşam Duyunuzda açıklanan hayat amacınızı, Pin Kod'unuzun sekiz hanesinde bulunan rakamlar aracılığıyla yerine getirirseniz bu durumda doğal olarak mutlu ve başarılı bir insan olursunuz. Fazladan çaba harcamanıza gerek kalmaz ve hayatın içinde "akarak" hareket edebilirsiniz. Ve eğer 10'a kadar saymayı biliyorsanız, bu kitabı kullanarak kendi Pin Kodunuz üzerinde rahatlıkla çalışabilirsiniz.

Kitabı kullanmaya başlamadan önce küçük bir uyarı: doğum tarihinizi kontrol edin. Yüz insandan en az bir tanesinin doğum tarihi genellikle hatalıdır. Eğer okuduğunuz şeyler size uymuyorsa bunun iki nedeni olabilir: ya doğum tarihiniz hatalıdır ya da bazı durumlarda rakamlar arası etkileşim nedeniyle bazı hanelerin etkisi azalıp bazılarının etkileri güçlenmektedir. Bu konu elbette bu kitabın sınırlarının ötesinde, bireysel analize aittir. Doğum tarihinizin hatalı olması ihtimaline karşın, tarihi bir gün öncesine ya da sonrasına alıp bir kez daha deneyin. Bu sayede denemede bulunarak sonunda gerçek Pin Kodunuza ulaşıp kişilik matrisinizi oluşturabilirsiniz.

Yöntem son derece kolay, basit, eğlenceli ve bilgilendiricidir. Yalnızca kişiliğinizin gizli, hatta zaman zaman sizin bile bilmediğiniz özelliklerini keşfetmekle kalmayacak aynı zamanda arkadaşlarınızı ve sevdiklerinizi anlayarak onların eşsiz niteliklerini fark edip aranızda etkileyici bir iletişim dili oluşturabileceksiniz.

Bu formülün tek testi sizsiniz: onu test edin ve ne kadar etkili olduğunu kendi gözlerinizle görün.

Şimdi, sayfayı çevirin ve kendi gerçek kişiliğinizi keşfetmeye başlayın!

9 DUYU

1 RAKAMI	GÖRME	Zihin (İfade eden)
2 RAKAMI	DUYMA	Duygu (İfade eden)
3 RAKAMI	TAT	Dürtü (İfade eden)
4 RAKAMI	KOKU	Pratiklik (İfade eden)
5 RAKAMI	DOKUNMA	Zihin (Yaratıcı)
6 RAKAMI	SEZGİ	Dürtü (Yaratıcı)
7 RAKAMI	RUH	Duygu (Yaratıcı)
8 RAKAMI	YARADILIŞ	Pratiklik (Yaratıcı)
9 RAKAMI	YAŞAM	Hepsi

Tıpkı bilgisayarda 8 bit — 1 bayt olması gibi, Pin Kodu da 8 hane ile bütünü sağlayan 1 haneden oluşur. Zihin bilgisayar ile karşılaştırılabilir ve biz tarihte ilk kez insan beyninin kapasitesini ölçebiliriz. Üstelik megabayt ve hatta gigabaytlar ile değil, terabaytlarla...

Pin Kod Formülü

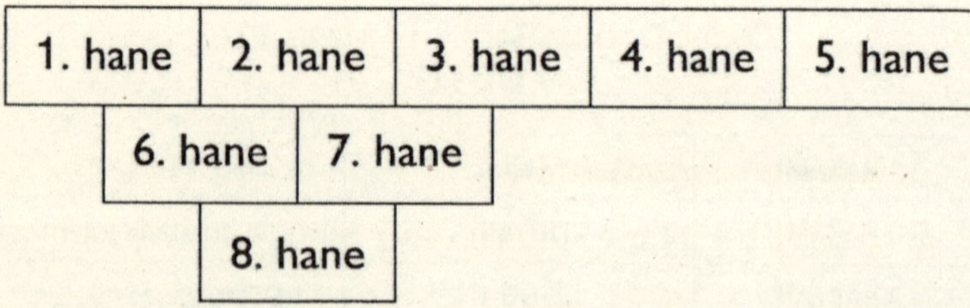

Douglas Forbes'un Pin Kod formülünün orjinali bu olmakla birlikte okuyucularımızın istekleri doğrultusunda daha kolay anlaşılabilir olması için devam eden sayfalarımızda gösterdiğimiz şekilde yazılmıştır.

Rakamlarınızın Hesaplanması

Örnek Doğum Tarihi: 13 Mayıs 1972

1. Hanenin hesaplanması

Bir kağıda sekiz tane kutu çizin her birini 1'den 8'e kadar, 1. hane, 2. hane, 3. hane 8. hane olarak isimlendirin.

1. hane

Doğduğunuz günün bulunduğu sütunun altındaki (RAKAMINIZ olarak adlandırılan) satırdan kendi "1. hane rakamınızı bulun. Örneğin Eğer 13 Mayıs 1972 tarihinde doğduysanız ilk rakamınız 1+3=4 olacaktır. Ulaştığınız rakam 10 ve üzeri ise bu durumda iki haneli rakamı oluşturan rakamları da kendi aralarında toplayıp tek haneli bir rakama ulaşana kadar işleme devam edin.

AYIN GÜNLERİ	1	2	3	4	5	6	7	8	9
	10	11	12	13	14	15	16	17	18
	19	20	21	22	23	24	25	26	27
	28	29	30	31					
RAKAMINIZ	1	2	3	4	5	6	7	8	9

2. Hanenin hesaplanması

4	
1. hane	**2. hane**

2. haneye doğduğunuz ayın karşısındaki rakamı yazın. 13 Mayıs 1972 örneğimizde, 2. hanenin rakamı 5'tir.

OCAK	1
ŞUBAT	2
MART	3
NİSAN	4
MAYIS	5
HAZİRAN	6
TEMMUZ	7
AĞUSTOS	8
EYLÜL	9
EKİM	1
KASIM	2
ARALIK	3

3. Hanenin hesaplanması

4	5	
1. hane	2. hane	**3. hane**

Doğum yılınızın bulunduğu sütunun altındaki rakam, 3. hanenizin rakamıdır. 13 Mayıs 1972 örneğimizde, 3. hanenin rakamı, 1+9+7+2=19=1+9=10=1'dir.

1900	1901	1902	1903	1904	1905	1906	1907	1908
1909	1910	1911	1912	1913	1914	1915	1916	1917
1918	1919	1920	1921	1922	1923	1924	1925	1926
1927	1928	1929	1930	1931	1932	1933	1934	1935
1936	1937	1938	1939	1940	1941	1942	1943	1944
1945	1946	1947	1948	1949	1950	1951	1952	1953
1954	1955	1956	1957	1958	1959	1960	1961	1962
1963	1964	1965	1966	1967	1968	1969	1970	1971
1972	1973	1974	1975	1976	1977	1978	1979	1980
1981	1982	1983	1984	1985	1986	1987	1988	1989
1990	1991	1992	1993	1994	1995	1996	1997	1998
1999	2000	2001	2002	2003	2004	2005	2006	2007
2008	2009	2010	2011	2012	2013	2014	2015	2016
2017	2018	2019	2020	2021	2022	2023	2024	2025
1	**2**	**3**	**4**	**5**	**6**	**7**	**8**	**9**

4. Hanenin hesaplanması

4	5	1	
1. hane	2. hane	3. hane	**4. hane**

1., 2. ve 3. hanelerdeki rakamları toplayın ve çıkan rakamı tek haneli bir rakama indirerek 4. haneye yazın. 13 Mayıs 1972 örneğimizde, birinci hane rakamı 4, ikinci hane rakamı 5 ve üçüncü hane rakamı 1'dir. Bu durumda, 4. hanenin rakamı şöyle hesaplanır:

[4] + [5] + [1] = [10] ve 10'u oluşturan iki rakamı 1+0 olarak topladığınızda 1 rakamına ulaşacaksınız. Bu durumda, 13 Mayıs 1972 örneğinde 4. hane'nin rakamı, 1'dir.

5. Hanenin hesaplanması

4	5	1	1	
1. hane	2. hane	3. hane	4. hane	**5. hane**

1. ve 4. haneleri toplayın ve 5. hane'nin rakamına ulaşın. 13 Mayıs 1972 örneğimizde, birinci hane rakamı 4, dördüncü hane rakamı ise 1'dir. Bu durumda, 5. hane'nin rakamı: 4 + 1 = 5'dir.

Eğer ulaştığınız rakam 10 ve üzeri ise bu durumda, iki haneli rakamı oluşturan rakamları da kendi aralarında toplayıp tek haneli bir rakama ulaşın.

6. Hanenin hesaplanması

4	5	1	1	5	
1. hane	2. hane	3. hane	4. hane	5. hane	**6. hane**

6. hanenin rakamına ulaşmak için, birinci ve ikinci hanenin rakamlarını toplayın. 13 Mayıs 1972 örneğimizde, birinci hane rakamı 4, ikinci hane rakamı ise 5'dir. Bu durumda 6. hanenin rakamı: 4 + 5 = 9'dur.

Eğer ulaştığınız rakam 10 ve üzeri ise bu durumda, iki haneli rakamı oluşturan rakamları da kendi aralarında toplayıp tek haneli bir rakama ulaşın.

7. Hanenin hesaplanması

4	5	1	1	5	9	
1. hane	2. hane	3. hane	4. hane	5. hane	6. hane	**7. hane**

7. hanenin rakamına ulaşmak için, ikinci ve üçüncü hane'nin rakamlarını toplayın. 13 Mayıs 1972 örneğimizde, ikinci hane rakamı 5, üçüncü hane rakamı ise 1'dir. Bu durumda 7. Hane'nin rakamı: 5 + 1 = 6' dır.

Eğer ulaştığınız rakam 10 ve üzeri ise bu durumda, iki haneli rakamı oluşturan rakamları da kendi aralarında toplayıp tek haneli bir rakama ulaşın.

8. Hanenin hesaplanması

4	5	1	1	5	9	6	
1. hane	2. hane	3. hane	4. hane	5. hane	6. hane	7. hane	**8. hane**

8. hanenin rakamına ulaşmak için, 6. ve 7. hanenin rakamlarını toplayın. 13 Mayıs 1972 örneğimizde, altıncı hane rakamı 9, üçüncü hane rakamı ise 6'dır. Bu durumda 8. hanenin rakamı şu şekilde bulunur: 9 + 6=15.

Bu rakam, iki haneli bir rakam olduğu için tek haneli bir rakama dönüştürülmelidir. Bu durumda: 15 = 1 +5 = 6 rakamına ulaşırız. Elimizdeki örnekte, 8. hanenin rakamı 6'dır.

YAŞAM DUYUSU hanesinin hesaplanması

Bu dünyada bulunma amacınızı açıklayan Yaşam Duyusu rakamına ulaşmak için, kendi Pin Kodunuzu oluşturan rakamların tamamını toplamanız gerekmektedir. 13 Mayıs 1972 örneğimizde, Yaşam Duyusu rakamını şu şekilde buluyoruz:

4 + 5 + 1 +1 + 5 + 9 + 6 + 6 = 37

3 + 7=10

1+0 = 1

Örneğimizde, Yaşam Duyusu rakamı 1'dir.

PİN KODU MATRİSİNİZ

Doğum Tarihi: 13 Mayıs 1972

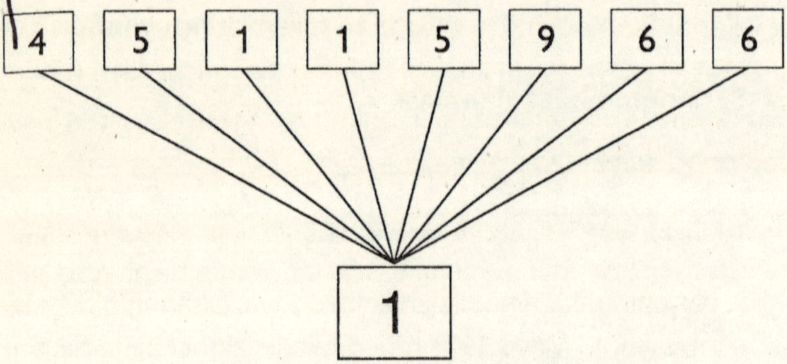

Yaşam Duyusu Hanesi

BU KİTABI NASIL KULLANMALISINIZ?

Kendi Pin Kodu'nuzu oluşturan rakamlarınızı yorumlamanızı kolaylaştırmak için kitap 9 bölüme ayrılmıştır. İlk 8 bölüm Pin Kodu'nuzun 8 hanesini, 9. bölüm ise Yaşam Duyusu rakamınızı açıklamaktadır.

Birinci bölümde her bir rakamın genel özellikleri, daha sonraki bölümlerde ise her bir hanedeki 9 rakamın ne anlama geldiği anlatılmaktadır.

Birinci hanenin 9 rakamının anlatıldığı bölümde, Görme Duyusu açıklanmaktadır. Örneğin ilk hanenizde 4 rakamı varsa bu durumda, bu rakamın insanların dışarıdan sizi nasıl gördüklerini anlamak için birinci bölümdeki 4 rakamını okumalısınız. İkinci hane, duygularınızı ifade eden Ses Duyusu ile ilgilidir. Örneğin ikinci hanenizde 5 rakamı varsa, duygularınız ile ilgili her şeyi ikinci bölümdeki 5 rakamını okuyarak öğreneceksiniz.

Zaman zaman bazı özelliklerin size uygun olmadığını düşünebilirsiniz. Burada her sayının diğer hanelerdeki sayılarla etkileşim içine girdiğinde kendine ait özelliklerinde farklılıklar oluşabileceği konusu dikkate alınmalıdır.

Kendi Pin Kod matrisinizi incelemeye başlamadan önce son bir konuyu daha inceleyelim.

Kişiliğinizin algılanması:

Kişiliğiniz doğduğunuz günden gelmektedir ve ilk hanedeki rakamınız ile ifade edilir. Bu rakam, dışarıdan insanların sizi nasıl gördüklerini anlatır. Durumu biraz daha iyi anlamak için bir fotoğrafa ihtiyaç duyacaksınız.

İnsanın orantılarının dereceler ve açılarla ölçüldüğü bilimsel bir gerçektir. İnsanların sizin renkli bir fotoğrafınızı gördüklerinde sizi algılama biçimlerini değerlendirmek eğlenceli bir egzersizdir. Eğer doğrudan kameraya baktığınız cepheden çekilmiş bir fotoğrafınız varsa bu çalışmayı daha rahat yapabilirsiniz.

Şimdi işin eğlenceli kısmına geliyoruz. Fotoğrafınızı göz hizasında duvara yapıştırın ve fotoğrafınıza bakın. Odada hareket ederken adeta fotoğrafınızdan, gözlerinizle kendinizi takip ediyor gibi olmalısınız. Fotoğrafınız ne kadar kaliteliyse o kadar iyi sonuç alırsınız.

Şimdi, fotoğrafınızın doğru fotoğraf olduğuna karar verdikten sonra onu düz bir zemine koyun. Hemen hemen fotoğrafınızın ölçülerinde bir ayna alın. Eski moda, sade bir ayna bu çalışmada en kolay sonuçları almanızı sağlar. Aynayı dik olarak fotoğrafınızın kenarına koyun. Bu durumda ayna fotoğrafınızı yansıtacaktır. İlk anda sanki iki tane farklı fotoğrafa bakıyormuşsunuz gibi bir yanılsamaya kapılabilirsiniz. Ardından aynayı, resminizin tam ortasına doğru kaydırmaya başlayın. Bu durumda, fotoğrafınız sanki ortadan ikiye bölünmüş gibi olacaktır. Ayna, yüzünüzün tam ortasına geldiğinde, yüzünüzün bir yarısını fotoğrafta, diğer yarısını aynada göreceksiniz

Ne görüyorsunuz? Yüzünüzün simetrisini. İşte bu da insanların sizi nasıl gördüklerini anlatıyor. Karşınızdaki insanlar sizi, yüzünüzün simetrisine göre değerlendiriyor ve sınıflandırıyorlar.

Bir insanla karşılaştığımızda genellikle ilk olarak onun yüzüne bakarız. Aslında görmek istediğimiz şey onun gözleridir. Gözlerin arasındaki açıklık, gözbebeklerinin iriliği, rengi... Her şeyden öte, gözleriniz ruhunuzun aynasıdır.

Karşımızdaki insana baktığımız anda, o insanı tanımak ve sınıflandırmak için görme duyumuz işlemeye başlar. Elde edilen bilgilerin sonucunda, yüzün simetrisini hafızamıza kaydeder ve karşımızdaki insan ile ilgili bir takım varsayımlarda bulunuruz.

Pek çok nedenle görme duyusu, üzerine odaklandığı görüntü tarafından etkilendiği için elde edilen bu bilgi birkaç nedenle çok önemlidir. İlk olarak, kendimiz ile uyumlu olacak bir eş ya da yandaş ararız. Soyun devamını sağlayabilmek için kadın, farkında olmadan uygun baba adayını arayacaktır. Kadının Pin Kodu, hangi hiyerarşik kademede bulunduğu ve yumurtlama sırasında ne tür bir erkek aradığını belirleyecektir. Hormonları, en uygun baba adayını bulması için gerekli olan dürtüleri harekete geçirecektir. Eğer kadın, hiyerarşik sıralamada yukarılarda bir yerdeyse, yumurtlamanın 14. gününe kadar olan süreçte, çocuğunun güçlü ve sağlıklı genlere sahip olmasını istediği için kendisinden daha güçlü bir baba adayı arayacaktır.

Yumurtlamayı takip eden 14. günden sonraki düşük enerjili dönemde ise daha yumuşak, sevimli yüzlü adaylara yönelecektir. Bu dönemde yalnızca eğlenmek ve hayatın tadını çıkarmak isteyecek ve ortaklaşa üretimde bulunabileceği birisini bulmaya çalışacaktır. Kadın hamilelik döneminde eğer stres altında kalırsa, korkarsa, kızarsa ya da kötü muamele görürse, hayatında bu şekilde davranacak bir çocuk programlayacaktır. Kendi hayatınıza bakın ve anneniz tarafından ne şekilde programlandığınızı görün.

Pin Kodunuz sayesinde hayatınızı yeni bir gözle görebilir ve insanların üzerinde ne tür bir etkiniz olduğunu anlayabilirsiniz.

RAKAMLARIN GENEL ÖZELLİKLERİ

1 Rakamı

Güçlü bir kendini takdir etme duyguları, aynı zamanda benmerkezciliğe, orijinalliğe ve yaratıcılığa doğru bir eğilimleri bulunur. Liderlik özellikleri vardır. Hareket etme özgürlüğüne sahip olmaları gerektiğinden, bu ihtiyaçları bastırılmaya çalışılırsa, huysuzlaşırlar.

Yaşadıkları ortamdan güçlü bir şekilde etkilenirler ve zaman zaman egolarının okşanmasına ihtiyaç duyarlar. En fazla gürültü yapan ve ortada esip gürleyerek dolaşan kişilerdir. Bu gürültülü tavırlarının yanı sıra, genellikle ellerini kullanarak konuşurlar. Uzaktan izlendiğinde, ellerinin hareketleri tıpkı bir dans serisi gibi gözükür.

Çevrelerindeki her şeyi öyle organize ederler ki, bu sayede en fazla saygıyı ve hayranlığı elde edeceklerini düşünürler. Eğer bu konuda başarısız olurlarsa, yaralanan egoları nedeniyle saygı konusunda ısrarcı olurlar. Otoritelerine meydan okunduğunu düşünerek, eleştirilmekten de pek hoşlanmazlar.

Yakınları tarafından aranılıp sorulmak isterler. Zayıfları kollar, yardıma ihtiyaç duyanlara yardım eder ve başkalarının sorumluluklarını alırlar, tek şart söylediklerine harfiyen uyulmasıdır! Çoğunlukla görüşlerinin kusursuz ve üstün olduğunu düşünürler ve çevrelerine de bu havayı yayarlar. Çoğu zaman haklı olmaları diğer insanları rahatsız edebilir.

Canlı, yaratıcı enerjisi, genellikle yarattığı heves ve heyecan dalgasıyla süpürülüp gider. Enerjileri tükendiğinde enerji bulma ihtiyaçları olur ve bunu genelde karşısındakinden çekerler.

İçten minnettarlık karşısında ışıldarlar ama sahtelikten hoşlanmazlar. En sık yara alan özellikleri gururlarıdır. Gururları incindiğinde, tüm erdemleri uçup gider. Bunun yanında son derece affedicilerdir. Egoları, benzersiz özellikleri gündeme getirerek onlara göre tamir olduğunda, size lütuf gösterecektir.

Aksi ve tahammülsüz yanları ortaya çıktığında, yöntemlerinin engellenmesinden ya da bunlara direnilmesinden hoşlanmazlar. Böyle davranan kişiler gözlerinden düşer. Bazen çok çabuk parlar ve şiddete bile başvurabilirler. Eğer görmezden gelinirlerse tehlikeli olabilirler. Bu kişiler sosyal ilgiden hoşlanır. İyi bir öğretmen, satıcı, iletişim uzmanı ve tasarımcı olmaya doğal bir eğilimleri vardır.

1 rakamının güçlü yanları: Yaratıcı, lider, konuşkan, uçucu, parlak, dokunsal, neşeli, gururlu, kendine güvenen ve kendinden emin, ilgili, konuşkan.

1 rakamının zayıf yanları: Depresif, yüksek sesli, alıngan, hoşgörüsüz, huysuz, kendine güvensiz, tembel, değişken, saldırgan, ağzında geveleyerek konuşan, bencil.

2 Rakamı

Ebeveynliği, aileyi, duyarlı ve ilgili olmayı önemserler. Bu nedenle evlilikleri ve birliktelikleri çok değerli kabul ederler. Genellikle evlenirler ya da bir hayat arkadaşları vardır.

Sevdiklerini ve sahip olduklarını kaybetmekle ilgili güçlü bir korku duyguları vardır ve bu onların koruyucu güdülerini geliştirir. Bu nedenle seyahatten ne kadar zevk alırlarsa alsınlar daima geri dönecekleri bir kaleye ihtiyaçları vardır. Ayrılık acısını derinden hissederler. Onları kocaman, yumuşak, nazik bakışlarından hemen tanıyabilirsiniz.

İster iyi ister kötü olsun aileleriyle tıpkı bir fanatik gibi ilgilenirler. Aşırı koruyucu bir ebeveynlikleri vardır. Sevdikleri insanları güvenli ve huzurlu bir hale getirebilmek için onlarla gerektiğinden fazla ilgilenirler.

Bu nedenle mülkiyetçilikleri konusunda uyarılmaları gerekir, aksi takdirde bu durum psikolojik bir rahatsızlığa dönüşebilir.

Gerçek birer romantiklerdir. Ancak sık sık içlerine kapanma eğiliminde olduklarından, çevrelerindeki insanlar tarafından bu, somurtkanlık olarak algılanır. Hayatlarındaki insanların, onlara ihtiyaç duyduklarını bilmek kendilerini iyi hissettirir.

Güven istekleri para biriktirmelerine sebep olur. Genellikle aşırı temkinli olurlar ve sorumsuzca risk almaktan, kumar oynamaktan ve kazanç garantisi olmayan yatırımlardan hoşlanmazlar.

Son derece ağzı sıkı görünürler ve meseleleri kendilerine saklarlar. Bir sonraki hamlelerinin bilinmesinden hoşlanmazlar ve son anda gizli planlarını açıkladıklarında da büyük şaşkınlık yaratırlar.

Kendilerine bağış yapılmasını istemezler çünkü bu, başarısızlığı kabul etmek olacaktır.

Olağanüstü bir hayal gücüne sahiptirler. Uyum yetenekleri güçlüdür ve sezgiseldirler. Eğer biraz "oluruna bırakmayı" öğrenirlerse bu yeteneklerini çok başarılı bir şekilde kullanabilirler. Başka insanların hayatlarını onların adına yaşayamayacaklarını öğrenmeleri gerekmektedir. Sahip oldukları sevginin bir kısmını kendilerine yönlendirmeleri gerektiğini öğrenmeliler.

Sevdikler ve aileleri konusunda bir tehdit hissederlerse son derece saldırgan ve şiddet yanlısı olabilirler.

2 rakamının güçlü yanları: Besleyici, özenli, sessiz, gözlemci, soğuk ve etkileyici, utangaç, kararlı, evcimen, sakin, sosyal, ağzı sıkı, ağırbaşlı.

2 rakamının zayıf yanları: Duygusal ve hassas, ağlamaklı, savunmacı, içine kapanık, aşırı koruyucu ve hassas, sinirli, mantıksız, hüzünlü, somurtkan, değişken.

3 Rakamı

Askeri bir tavrı ifade ederken, düzen ve verimliliğin en iyi örneğini oluşturmaktadırlar. Bununla birlikte, tavırlarına alışmak zor olabileceğinden, kendi idareleri altında çalışan ekibi çok zorlayabilirler.

Gerçeği arama arzusu nedeniyle inançları yaşamlarında önemli bir yer oluşturur. Ruhsallıkları konusunda son derece katı ve kesin tavırları vardır ve bu konuda ödün vermezler. Bilinemezci, ateist ya da belli bir dine bağlı olabilirler. Bununla birlikte yaşamın aydınlık yönüne bakmaya eğilimleri vardır.

Sık sık boyun eğmez yüksek ilke ve erdemlilikleri nedeniyle kendilerini anlamayan insanların aklının karışmasına ve sinirlenmesine sebep olurlar. Diğerlerinin de kendileri gibi inançları olmasını beklerler. Uzlaşma yanlısı değillerdir, bu nedenle inançlarını değiştirmeye çalışmayın. Haklı olduklarına inanırlar ve bu inançları yüzünden sonuna kadar savaşmaya hazırdırlar.

Dünyanın ancak onların organizasyon yetenekleri sayesinde ileriye gidebileceğini düşünebilirler. Dünyanın en büyük stratejistleridirler. Daha ayrıntılarını görmeden önce bile bir projenin sonunu anlama konusunda yetenekleri bulunmaktadır. Bu da yavaş düşünen insanlara karşı son derece tahammülsüz olmalarına sebep olur. Onlara bir belge verildiğinde, diğer insanlar alt başlıklarla boğuşurken, 3'ler her kelimeyi en ince ayrıntısına kadar inceleyeceklerdir.

Hak etseler de kesinlikle alkış beklemezler. Onlar basit bir biçimde yapılması gereken işi "en iyi şekilde yapacak" ve bundan başka bir şey de beklemeyeceklerdir.

Bir odaya girdiklerinde, bir anda tüm başlar otomatik olarak onlara doğru yönelir. İnanılmaz enerjileri başkaları için zaman zaman tehdit edici görünse de büyük bir egoya sahip değillerdir. Kendilerini rahat hissettiklerinde sahip oldukları bu enerji birçok insanı kızdırabilir.

İnsanlarla konuşurken son derece dürüst olurlar. Yapılan hatalara samimi bir şekilde yaklaşırlar. İyimserlikleri, karşılarındaki insanın tavrına bağlı olarak son derece bulaşıcı ya da tehdit edici olabilir.

Şanslarını denemeyi sevdiklerinden, hemen her şey için iddiaya girerler ve hatta kumar oynamayı severler.

Hayvanlara büyük bir sevgi duyarlar.

3 rakamının güçlü yanları: Organize, bağımsız, adanmış, dindar, iyimser, samimi, neşeli, canlı, dürüst, tutkulu, ciddi, hayvan sever.

3 rakamının zayıf yanları: Acımasız, fanatik, küstah, davranış sorunu olabilen, somurtkan, küskün, ilgisiz, kayıtsız, askeri düzende, hoppa, yanlış yönlendirilebilen, düşmanca davranan.

4 Rakamı

Doğruluğu, dürüstlüğü ve bütünlüğü temsil ederler. Erdemli ya da adil olmayan gizli düşünceleri açığa çıkartmayı başarırlar.Aynı zamanda yüzünüze karşı nezaket duygusu gütmeden sizinle ilgili düşündüklerini söyleyebilirler. Eğer yaptığınız hatalı bir şeyi onlardan gizlemeye kalkarsanız, gerçeği buluncaya kadar uğraşırlar.

Tanımlanması son derece güç insanlardır. En yakınları tarafından bile zor anlaşılırlar. Değişken doğaları yüzünden kendi kurallarını yaratırlar. Sözleri ve eylemlerindeki ani değişimler çevrelerindeki insanları çok şaşırtır. Bunun nedeni ani değişikliklerdir. Değişimi sevdiklerinden, kimse onları "bağlayıp, hareketsiz bırakamaz".

Düşüncelerindeki ve eylemlerindeki her şey farklı renkler içerir. Bazen, belli bir konuşma tarzı ya da belli bir kelime gibi eski bir döneme ait garip şeyleri kullanabilirler. Eğer bir şeyi yapmanın özgün bir yolu varsa, bunu kesinlikle keşfedeceklerdir.

Gizliden gizliye uzayda uçmayı veya gökkuşağının sonunda yaşamayı hayal ederler, bu onları dünyanın karmaşası ve monotonluğundan uzaklaştıracaktır.

Çağın ötesindeki düşünceleriyle gelecekte yaşama yeteneğine sahip insanlardır. Yaşam tarzları gelenek dışından, tuhafa kadar bir alan içinde yer alır. Ama mesele kendileri olduğunda son derece inatçı ve sabit fikirli olabilirler. Fakat eğer onları değiştirmeye veya kendi değerlerinizi kabul ettirmeye çalışırsanız bununla ne kadar aldandığınızı anlarsınız.

Bir insanın zihni ve kavradığı ne varsa bu kişiler onu gerçeğe dönüştürebilirler. Bağımsız tarafları sık sık reformist hareketlere ya da insan ideallerini ve düşüncelerini kökünden sarsacak dönüşüm organizasyonlarına katılmalarına sebep olur. Bir şeyin yapılamayacağının söylenmesi, onları tetikler ve harekete geçmelerini sağlar.

Çevrelerinin pek farkında değildirler. İstediğiniz şeyi istediğiniz şekilde ifade edebilirsiniz çünkü bu onlar için bir şey ifade etmez. Onlar için siz birer ucubesinizdir ve bunu size söyleyebilirler. Paraya pek değer vermezler ve yoksullarla kralları aynı şekilde karşılarlar.

İyi ile kötü arasındakileri net bir şekilde ayırma yeteneklerini kullanmak konusunda sorumlulukları vardır. Ancak seçtikleri yol ne olursa olsun, bir an önce sonuca ulaşmak adına iyi ya da kötü arasında herhangi bir seçim yaparlar.

Enerjileri bir anda üzüntüden mutluluğa dönebilir. Aktörlük yetenekleriyle, sahnede durup mükemmel makyajları, pırıltıları ve ihtişamlarıyla hayran olunacak bir performans sergilerler ama bu sırada kalplerindeki acıyı büyük bir başarıyla saklayabilirler. Başka insanlarla olan ilişkilerini de yaşam sahnesindeki bir performans olarak görürler. Aldatıcı bir izlenim bırakabilirler.

4 rakamının güçlü yanları: Esrarengiz, devrimsel, amaca yönelik, zeki, sıra dışı, ileri görüşlü, farklı, temkinli, heyecanlandırıcı, cesaretlendirici, bireysel, sadık, adil.

4 rakamının zayıf yanları: Gizleme eğiliminde, muammalı, tuhaf, şaşırtıcı konuşmalar yapan, göreneklere uymayan, kindar, kolay heyecanlanan, patavatsız, önyargılı, önceden tahmin edilemez, hilekâr, sabit, yalancı.

5 Rakamı

Hem zihinsel hem de fiziksel olarak sürekli hareketlidirler ve bu yüzden huzur seven sakin bir insana tükendiğini hissettirebilirler.

Sakinleşmelerini sağlamak neredeyse olanaksızdır. Sürekli olarak çevrelerindekilere kendilerine özgü tuhaf mizah anlayışlarıyla şakalar yaparlar. Tartışmaya girdiklerinde de karşılarındakine bir saniye bile boşluk bırakmadan konuşurlar. Eğer garip mizah anlayışlarına ve enerjilerine tahammül edilebilirse, o zaman inanılmaz bir duyarlılığa sahip oldukları görülür. Duyarlılıkları aşırı romantik olmasa da acıları algılayabilme ve empatik olma nitelikleri taşır. Çok çekicidirler. İnsanları severler ve çok arkadaş edinirler.

Hataları bulmakta son derece hızlıdırlar ve bunları da size gösterirler. Tekrarlanmaması için tüm detayları incelerler. Kendilerininkiler de dâhil, hataları gözardı edemezler.

Herhangi bir durumu saliseler içinde kavrama ve baştan sona değiştirme yetenekleri vardır. Şimşek hızıyla düşünür ve aynı derecede hızlı bir dille düşüncelerini hayata geçirmek isterler. Hızlı zihinleri heyecan arar, gerilimli bir enerjinin peşinden koşarlar, hem yaratıcı, hem yenilikçi, hem de atılgan olabilirler.

Bir anda inanılmaz ve olanaksız hikâyeler yaratıveren olağanüstü bir hayal güçleri vardır.

Adrenalin bağımlısı olarak doğarlar. Stresli ve zaman sınırlaması olan işler, onlar için son derece çekicidir. Zekâyı, iletişimi, hareketi ve gerilimi temsil ettikleri için genellikle sinirlerini yıpratma ve tükenme eğilimindedirler. Onlar için değişim son derece gerekli bir şeydir. Hareket halinde olmak, spor yapmak ve seyahate çıkmaktan hoşlanırlar. Duygularını mantıkla tartma eğilimlerinin yanı sıra güçlü sezgileri de vardır. Evet yerine "niçin" ya da "hayır" derler. Bu, onlara zaman kazandırır.

Her şeye mantıklı açıklamalar getirmek yerine duyguları ile bağlantıya geçme ihtiyaçları vardır. Doymak bilmez bir macera duyguları yüzünden ofis işleri ve rutinler hayallerinin yıkılmasına ve etkisizleşmelerine sebep olur.

5 rakamının güçlü yanları: Nazik, mizahi, analitik, dışa dönük, konuşkan, esnek, mantıklı, sonuç odaklı, değişimden hoşlanan.

5 rakamının zayıf yanları: Asi, yerinde duramayan, eleştiren, itiraz eden, keskin dilli, havai, gerilimli, zor, karşıt fikirli, sinirli.

6 Rakamı

Denge, uyum ve tensel aşkla ilgilidirler. Sevecen, romantik ve genellikle de oldukça rafine insanlardır.

Güçlü bir sosyalleşme ve etkileşim ihtiyaçları vardır. Stilleri ve gösterişli halleri hemen göze çarpar. Mükemmel bir tarzları vardır ve karizmatiktirler. Her zaman kusursuz, özenli ve bir parti için hazırlanmış gibi görünürler. Son derece titiz oldukları için insanların arasına dağınık saçlar ve uygunsuz kıyafetlerle çıkmazlar.

Daima yüzlerinde bir gülümseme vardır. Herkes karakterlerine hayranlık duyar ve herkes onların arkadaşıdır. İnsanlara daima kendilerini sevgi dolu ve canlı hissettirdiklerinden, yakınları tarafından sevilir ve el üstünde tutulurlar.

Kendilerine farklı farklı tarzları olan insanları çeker, bu insanların tarzına uyum sağlarlar. Başkalarını taklit etmezler ama onların alışkanlıklarını edinmekte de zorlanmazlar.

Doğaya büyük bir sevgiyle bağlıdırlar. Mutlu olmaları için şehir dışına çıkmaları ve doğayla baş başa olmaları yeterlidir. Ayrıca, kendi mizaçlarını müzik aracılığıyla ifade etmekten de hoşlanırlar.

Üzerinde çalıştıkları işe büyük bir tutku ile bağlanırlar ve karşılığında kendilerine hayran olan kişilere de ölesiye bağlılık duyarlar.

Gözardı edilemeyecek ya da gizlenemeyecek kadar aşırı duygusal olma eğilimindedirler. Bu da sosyal duruşlarını ve kendilerini topluma sunma biçimlerini güçlü bir biçimde etkiler.

İhtilaf ve tatsızlıktan hoşlanmazlar ve uzlaştırıcıyı olmaya çalışırlar. Talepkardırlar, inanılmaz derecede nazik, tatlı, çekici bulunmalarına rağmen bir anda, cömertliği ve nezaketi ile aynı orandaki inatçılığıyla karşısındakini dümdüz edebilirler.

Parayı hayatlarına çekerler. Lüksü ve bunun verdiği gücü sevdikleri için çok güzel yerlerde yaşasalar da para konusunda iki uçta dolaşırlar; ya aşırı müsrif ya da sefalet düzeyine gelecek kadar cimri olabilirler.

Çirkinliğin her türünden rahatsız olurlar. Kaba ve gürültücü insanlardan hiç hoşlanmazlar. Kendileri de haklı olduklarında sonuna kadar tartışmaktan hoşlanırlar ama bunu tutkuyla yapmak yerine mantıkla yapmayı tercih ederler. Mantık genellikle kazanır, tutku ise soğukkanlılıklarını kaybetmelerine neden olup kişiliklerindeki romantizmi zedeleyebilir. Bu konuda başarısız olurlarsa, taktiksel olarak cazibelerini ve duyarlılıklarını kullanarak, herkesi iddialarını kabul etmeye ikna edebilirler.

6 rakamının güçlü yanları: Dost canlısı, sevecen, romantik, çekici, tutkulu, tensel, uyumlu, seksi, uzlaştırıcı, sakin.

6 rakamının zayıf yanları: Kıskanç, cimri, aşırı duygusal, talepkar, kendisiyle ilgili, ölçüsüz, hesapçı, hayalperest, içine kapanık, uyumsuz.

7 Rakamı

Çekingen, utangaç ve mesafeli gözükseler de kendilerine özgü bir çekicilikleri bulunur. Başkaları üzerinde inanılmaz sakinleştirici bir güçleri vardır. Ama aynı zamanda kendilerine ait olmayan yükleri taşıma eğilimleri de olduğundan, tanımadıkları kişilerin bile sorunlarını dinleyebilirler. Sorunları çözmek konusunda yetersiz kaldıklarında, fiziksel olarak hastalanabilirler.

Ruhsallığı ifade ederler ama bu onların fanatik bir dindar oldukları anlamına gelmez. Bir insanın varoluşuna anlam bulmak, kendini daha iyi anlamak için giriştikleri ruhsallık arayışları, onların içinde bir şefkat, duygudaşlık, duyarlılık ve yaşamın gizemlerine karşı derin bir saygı duygusu yaratır. Maddi konulara fazla hevesli değillerdir, bu da onların yaşamdaki daha önemli konulara odaklanmalarını sağlar.

Asla herkesin gittiği yönde gitmezler ve daima az seçilen yolu seçerler. Gelecek korkuları vardır, bu da güvensizliklerinden kaynaklanmaktadır. Bu endişelerini gidermek için tek çözüm para ve varlık edinmektir. Aynı zamanda son derece temkinlidirler ve genellikle spekülasyonlara ve değişime kolayca çekilemezler.

Karşılarındaki insana güvenmeleri biraz zaman alabilir ve güven duygularının oluşması için, yargılayıcı olunmadığını görmek isterler. Dışarı çıkıp başkalarıyla birlikte olmaları gerekir, ama bunun yanında kendi dünyalarına kapanırlar. Özel hayatlarının işgal edilmesine ilişkin büyük bir korkuları vardır ve bu konunun bahsinin geçmesi bile ürpermelerine sebep olur. Özel yaşamları araştırılmaya kalkıldığında, o kişiyi ya da o durumu, büyük bir olasılıkla da her ikisini birden görmezden geleceklerdir.

Başka insanlarla tartışmayacakları tutkuları bulunmaktadır. Bir gün birden bire bu tutkularının açığa çıktığı görülebilir. Kafalarından geçen düşünceler şaşkınlık yaratır.

Daima yaşam tarzlarını ve kariyerlerini geliştirmenin bir yolunu bulacaklardır. Elde edilmesi zor insanlardır ve duyarlılıklarını bir sır gibi saklarlar. Bununla birlikte karşılarına duygularının anahtarını ellerinde tutan doğru bir insan çıkarsa, kendilerini güvende hissederek, büyük bir hevesle ilişkiye başlarlar.

Aynı zamanda çok ciddiye aldıkları romantik ilişkilerinde bir hayli duygusallaşırlar. Eşleri onları incitecek bir hareket yaptığında, güvenli bir alana çekilirler ve o kişinin peşlerinden gelmesini, dozunda olmak kaydıyla, ısrarcı olmasını bekleyebilirler.

Reklam, oyunculuk, resim, heykel gibi sanatsal yaratıcılık gerektiren alanlarda yeteneklidirler.

7 rakamının güçlü yanları: Ilımlı, sessiz, adanmış, sanat tutkunu, tarafsız, kararlı, güvenilir, seçkin, meraklı, idealist.

7 rakamının zayıf yanları: İntikamcı, münzevi, soğuk, duygusuz, radikal, değişken, endişeli, ifadesiz, saldırgan, kontrol etme takıntısı olan, utangaç.

8 Rakamı

Sakin, ilgili, metodik insanlardır ve sınırsız sabırları vardır, kolay öfkelenmezler. Genellikle sessiz, kendi hallerinde, hatta utangaç dururlar. Davranışlarından ve hareketlerinden nasıl biri olduklarına dair ipuçları vermezler. Yaşları ilerledikçe genç gözükmek önemli özellikleridir. İnce bir mizah anlayışına sahiptirler.

İhtiyacı olan insanların hayatlarında destekleyici bir rol oynarlar ve iyi bir dost da olabilirler.

Kabul edilmemekten korktukları için sevgilerini kolay gösteremez ve ilişkiye geçmek yerine kendi duygularıyla baş başa kalmayı tercih ederler. Kaybetme konusunda da güçlü bir korku yaşarlar ve yakınlarından sevgi görme ihtiyacı duyarlar. İltifattan hoşlanmaz gibi görünürler ama gizliden gizliye ne kadar harika olduklarını duymaya bayılırlar.

Onlar için zayıflık göstermek affedilemez bir durumdur ve bu nedenle de yıllar içinde dikkat çekici bir içsel güç geliştirirler. İnandıkları şeye sıkı sıkı ve bazen fanatiklik boyutunda bağlanırlar.

Boş zamanlarını gereksiz şeylere harcamaktan hoşlanmaz ve sürekli olarak üretken olmayı isterler. Güçlü bir sorumluluk duyguları olduğundan herhangi bir işi tamamlamak için güvenilir kişilerdir. Karşılaşılan zorluklar ne olursa olsun bir işin tamamlanması gerektiğine inanırlar. Başarıyı grafiklerle ölçerler.

Şirket ortamından hoşlanır ve çalıştıkları yere sadık kalırlar ama gözleri hep en üst pozisyonda olur. Mantık yürütmeyi gerektirecek her şey onların dikkatini çekecektir. Hiçbir engeli kabullenmezler. Yavaş ve emin adımlarla yaptıkları işi tamamlarlar.

Bu kararlılıkları, sonrasında yanıcı bir tutkuya ve genellikle zirveye ulaşma konusunda duydukları yoğun hırsa dönüşebilse de dış görünümlerine yansımaz. İdealizm ve tutku adına büyük fedakârlıklara katlanırlar. Başkalarına olduğu kadar kendilerine karşı da talepkardırlar.

Genellikle bir sanat aşığıdırlar ve görüşlerini ifade etmekten hoşlanırlar. Kendi tutkularıyla ilgili sosyal topluluklar oluşturur, gerekirse kendilerini buna adarlar ve çevrelerinden de aynı şeyi bekleyebilirler.

8 Rakamının güçlü yanları: Dengeli, sabırlı, destekleyici, sorumluluk sahibi, deneyimli, ciddi, soğukkanlı, çalışkan, güvenlik duygusundan hoşlanan, akıllı, dünyevi.

8 Rakamının zayıf yanları: Güvensiz, telaşlı, gergin, takıntılı, duygularını gizleyen, hesapçı, buyurgan, dalavereci, sabit, kendini kurban gibi hisseden, ya da kurban rolünü oynamayı seven.

9 Rakamı

9 rakamı, saf, masum ve güvenmeye eğilimli doğaları nedeniyle harikulade çocuksu nitelikler sergilerler.

Eğer iç seslerini dinlemez ve güçlü sezgilerinin kendilerine rehberlik etmesine izin vermezlerse zor yoldan öğrenirler. Bu nedenle özellikle parasal konularda, problemler yaşayabilirler.

En yararlı yetenekleri herhangi bir sorunun ya da durumun kökenine bir anda inebilmeleridir. Bu da normalde zaman alan inceleme sürecini hızlandırır; ama kendinden daha yavaş düşünene karşı bir sabırsızlık doğurur. Bu, popülerliklerini olumsuz etkiler çünkü hatalara karşı o kadar hoşgörüsüz davranabilirler ki dramatik bir hale gelirler.

Duygularını gizlemeyi bilmezler ve hissettiklerini acı verse de ifade ederler. Bu nedenle duygusal oyunlar oynayamazlar. Son derece savunmasız görünürler, bu görünümlerinden pek çok insan etkilenerek, onlara karşı korumacı bir tavır geliştirirler. Ancak yine de düzenbazların kurbanı olabilirler.

Başkaları tarafından saf ve aptal bulunabilirler ve genelde iş çevresinde saygı duyulmazlar. Buna karşın harekete geçtiklerinde cesaretleri ve kararlılıkları herkesi şaşırtır.

Reddedilme korkusu taşırlar. Sevildiklerini ya da en azından beğenildiklerini, saygı duyulduklarını veya hayran olunduklarını duymaya ihtiyaçları vardır. Ukala tavırlarıyla çevrelerine bir tür bağımsızlık enerjisi yayabilirler. Fakat kendi içlerinde son derece güvensizdirler. Bu nedenle, sürekli kendilerine güven telkin edilmesine ihtiyaç duyarlar.

Eğer keyifleri yerindeyse kusurlara karşı hoşgörü gösterebilirler, ayrıca vermek ve yardımcı olmak konusunda içgüdüleri vardır. Kin beslemezler ve bağışlayıcıdırlar.

Genellikle konuşurken heceleri ya da sesleri yanlışlıkla karıştırdıkları için onları konuşma biçimlerinden kolayca ayırt edebilirsiniz. Genelde söylemek istedikleri ile zihinlerinde canlandırdıkları farklı olduğu için alakasız şeylerden bahsederler. Herhangi bir hazırlık yapmadan konuşma yetenekleri de vardır.

Hayal güçlerini oyaladığı sürece üzerinde uğraştıkları konudan büyük zevk alırlar. İlgilerini kaybettiklerinde bırakırlar ve onlar için daha fazla dikkat çekici olana yönelirler. Dokuzları "Her konunun insanı ve en iyisinin ustaları" olarak tanımlayabiliriz. Ama asla alkış beklemezler.

9 rakamının güçlü yanları: Çocuksu, sanatkâr, zeki, masum, hassas, kararlı, bağışlayıcı, dürüst, saf, benzersiz.

9 rakamının zayıf yanları: Tutarsız, aklı karışık, budala, düşünmeden hareket eden, unutkan, kibirli, güvensiz, inatçı, belirsiz, sabırsız.

1. HANE

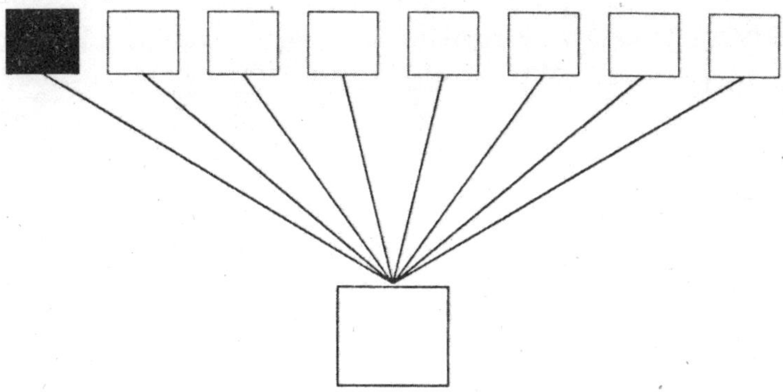

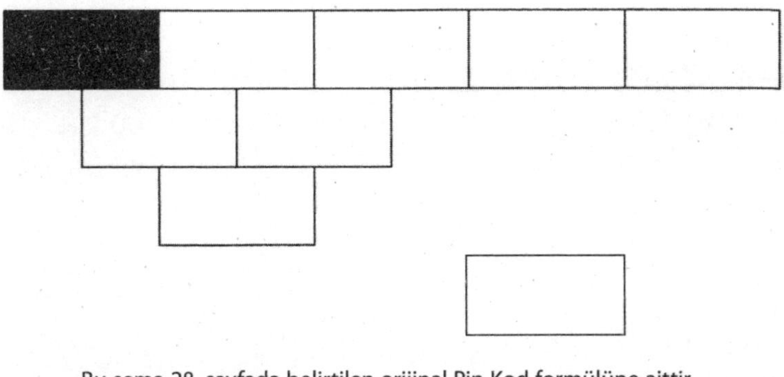

Bu şema 28. sayfada belirtilen orijinal Pin Kod formülüne aittir.

1. HANE

GÖRME DUYUSU

İnsanlar sizi nasıl görüyor ve algılıyor?

İnsanların sizi nasıl gördüğünü ve algıladığını anlatan bu hane, kişilik hanesidir. Genellikle dış dünyaya yansıtılan kişilik budur ve kişiliğin dıştan görünüşünün ana hatlarını oluşturur. Bir insanla ilk karşılaştığımızda, "Ne kadar hoş bir insan" ya da "oldukça sessiz birisi" dediğimizde algıladığımız şey işte bu kişiliktir.

1. hanedeki rakam ile ifade edilen Görme Duyunuz, sizin dış dünya ile kurduğunuz iletişimdeki ilk aracınızdır.

Görme duyunuz aracılığıyla karşınızdaki insanı, yapay tavırlarının ya da makyajının ötesinde görebilirsiniz. Bir insanla ilk kez karşılaştığınızda, karşılıklı olarak eski bir oyunu oynamaya başlarsınız. Görme duyunuzla, ilk başta size yabancı gelen insanın görüntüsünü yakalarsınız. Gözleriniz, karşınızdaki insan ile ilgili görüntüleri tarayarak onun düşman mı yoksa dost mu olduğuna karar vermeye çalışır. Eğer bir tehdit ile karşı karşıya olmadığınıza karar verirseniz, o zaman bedeniniz biraz daha rahatlar ve gözlerinizle karşınızdaki insanı taramayı sürdürürsünüz. Görüntü bir kez kabul edildiğinde, görme duyunuz ilginizi çeken bir diğer şeye yönelir.

İlginç bir şekilde, gözleriniz gördüklerinizin yalnızca yüzde yirmisine odaklanır ve yeni bilginin yaklaşık olarak bu kadarlık bir kısmını kaydeder. Geri kalanı, görüntünün yüzde seksenini belirler ama onun üzerine odaklanmaz. Zaman zaman asıl hareket, gözün kaydetmediği bu yüzde seksenlik bölümde olur. İşte diğer insanlar tarafından bu şekilde yanıltılırsınız: yüzde yirmilik bölüme dikkatinizi yönlendirirken, yüzde seksenlik bölüm farkında olmadan gördüğünüz bölümdür.

Bu, son derece ilginç bir durumdur. Çoğu insan, ilk izlenimden bahsetmektedir ancak, ilk izlenim yanıltıcı olabilmektedir. Sizi iyi tanımayan insanlar genellikle ilk hanenizde bulunan rakamın zayıf yanlarını görme eğilimindeyken sizi tanıyan insanlar bu rakamın güçlü yanlarını da görebilmektedirler. Bu nedenle, genellikle tanıştığımız insanın olumlu özelliklerinden çok olumsuz özelliklerine odaklanma eğiliminde oluruz. Ayrıca 1. hanedeki rakam bizim dışarıdan nasıl göründüğümüzü anlatırken, 6. hanede bulunan rakam kendimiz hakkında neler düşündüğümüzü anlatmaktadır. Dışarıdan algılandığımız kişilik ile gerçekte olduğumuzu düşündüğümüz kişilik arasındaki fark çoğu zaman insanlarla kurduğumuz iletişimde ciddi sorunlar yaratabilmektedir. Bu nedenle, insanlar ile aranızda daha iyi bir iletişim kurabilmek için Pin Kodu bilgilerini kendi yararınıza kullanabilirsiniz.

1. HANE

1 Rakamı

Birinci hanedeki 1 rakamı, dışa dönük, sosyal ve lider bir kişiliği anlatmaktadır.

1 rakamı olarak saygı uyandıran güçlü bir yüzünüz vardır. Herhangi bir ortama girdiğinizde dikkat çekersiniz.

Hoş bir gülümsemeniz vardır ve insanlara karşı genellikle sosyal ve açık davranırsınız. Konuşurken kendinize güvenirsiniz ve kelimelerinizi öyle özenli bir şekilde seçersiniz ki bu, üzerinde konuştuğunuz konuya olan hakimiyetinizi gösterir ve herkesin size saygı ve hayranlık duymasını sağlarsınız.

1 rakamının gelişkin zihinsel beceriyle başkalarını etkileme yeteneği kuvvetlidir.

Çoğu zaman çevrenizde insanlar olur ve siz de sürekli olarak onlarla sohbet edersiniz. Aynı zamanda fiziksel teması önemli bulursunuz; karşınızdaki insanın koluna ya da omzuna, onu rahatlatacak şekilde nazikçe dokunmayı seversiniz. Ona doğru eğilir ve ilgilendiğiniz tek insan olduğu güvencesini verirsiniz. Geçmişinizdeki insanlarla olan iletişiminizi korumaya özen gösterirsiniz; bu sayede her zaman hayatlarında bulunduğunuzu bilirler.

Her zaman saygı uyandırır ve saygı elde edersiniz ve eğer bunu doğru bir şekilde kullanmayı başarırsanız hayatınızda büyük başarılara imza atabilirsiniz. Size karşı hatalı davranan insanları affedersiniz; elbette af dilemeye istekli olmaları şartıyla.

Kişiliğiniz, bir liderin kişiliğidir; kendinizin patron olduğuna inanırsınız. İnsanlar size baktıklarında, varlığınızla onları ele geçirirsiniz; tarzınıza ve yaşam biçiminize saygı duyarlar. İnsanlar, karşınızda olduklarında kendilerini mütevazı hissederler ve sizinle konuşurken sözlerinize dikkat ederler. Sizi bir partide ya da arkadaş toplantılarında, çevrenize toplanmış çok sayıda insanla konuşup onları eğlendirirken görmek alışıldık bir durumdur. Hatalı bir davranışınız sonucu size olan saygılarını yitirmeleri, derin bir bunalıma girmenize ve kendinizi değersiz hissetmenize neden olabilir.

1 rakamı olarak, eğer yeterince takdir edilmez ve kendinizi umutsuz hissederseniz, etkinliğiniz azalır. Kendinize güveninizi yitirmeye başlarsınız; bu durumda hayatınız çekilmez hale gelir. Çaba sarf etmeye değecek bir şey olmadığını düşünebilirsiniz. Üzgün ve tembel bir hale gelirsiniz ve sahip olduğunuz yaratıcılık bir anda yok olur. Eğer birisi tarafından eleştirilirseniz kendinizi reddedilmiş ve öfkeli hissedersiniz. Her şey bir yana eleştiriyi, otoritenize karşı doğrudan bir saldırı olarak algılayabilirsiniz. Bu durumda kendinizi değersiz hisseder ve talepkâr olursunuz. Buna karşın diğerleri sizin efendilik tasladığınızı, gürültücü ve kibirli olduğunuzu söyleseler de yeniden saygı kazanmayı bir şekilde başarırsınız. Ancak bu egoist tavırlarınız çevrenizdeki insanları güçsüzleştirebilir ve başınızı döndüren bir güç duygusuyla yanlış yönlendirilebilirsiniz. Bu durumda, egonuz denetimden çıkar ve aşırı güç gösteren, korkutucu bir insana dönüşebilirsiniz.

Kendinize güveninizi yeniden kazanmaya çalışırken öfke patlamaları yaşayabilirsiniz. Eğer dikkat çekmek için böyle bir yöntem kullanmayı tercih ederseniz bu durumda, başkalarının sizi ne şekilde algıladıklarının farkında olmadan zorbaca tavırlar geliştirebilirsiniz. İnsanlar sizden korkup emirlerinizi yerine getireceklerdir fakat bunun nedeni size saygı duymaları değil zaman zaman bir diktatör gibi davranmanızdır. Bilmediğiniz bir şey var: egonuz tümüyle devrede olacak ve her şeye gücünüzün yettiğini hissedeceksiniz, ta ki emir verdikleriniz birer ikişer ortadan kayboluncaya kadar. Böyle bir durumla karşılaştığınızda çılgına dönecek ve insanlara avaz avaz bağıracaksınız. Belli bir sürenin sonunda ise egonuz gevşeyecek ve kendinizi bunalımda hissedeceksiniz. Bu durumda kendinizi mutlu edecek ve sakinleştirecek bir şeylere ihtiyaç duyarsınız.

Kendine güvenini yitirmiş ve mutsuz görünen bir 1 insanının, yeniden gülümsemesi ve kendini iyi hissetmesi için egosunun biraz okşanması yeterlidir.

Doğanız gereği, hava kadar hafifsiniz. Hayatınız iyi olduğunda gurur ve hevesle coşarsınız. Diğer insanlar bu durumu, kendine güven dolu bir asalet ve otorite şeklinde algılarlar.

En iyi sonucu elde etmek için, üzerinde çalıştığınız projeye büyük bir enerji harcarsınız; kendi fikirlerinizi net bir şekilde ifade eder ve insanların bunlara uymalarını sağlarsınız. İnsanlar size iltifat ettiklerinde ışık saçar ve memnuniyetinizi gösterirsiniz ama eğer bu övgülerinin içten olmadığını fark ederseniz size patronluk taslandığını düşünür ve hemen onlardan uzaklaşırsınız.

Sizin için her zaman, hayatta yapılması gereken seçimler vardır. Bu seçimler, 1 rakamı olarak dış dünyaya yansıttığınız şeylerde görünebilir. Gücünüz, egonuzdan gelir. Kendinizi kontrol etmeyi ve zayıflara yardımcı olmayı seversiniz.

Doğuştan sahip olduğunuz kendinizi denetleyebilme ve kendinize güvenme becerilerinizi kullanın. Diğer insanları biraz övün ama sahte yağcılıklara ve övgülere yenilmeyin. Kendinizi mutsuz hissettiğinizde zayıflıklarınız açığa çıkmaya başlar. Bu durumda duygusal patlamalar yaşayabilir, huysuzlaşabilir, tembelleşebilir ve kendinizi umutsuz hissedebilirsiniz. Bir anda huysuzlaşmanız, aksileşmeniz ve insanları kırmanız o kadar kolaydır ki... Bunu ortadan kaldırmanın en iyi yolu, kendinize duyduğunuz güvenin azalmamasını sağlamanızdır. İletişim becerilerinizi kötüye kullanmayın: düşmanca, gürültücü ve çenebaz olmak yerine sevimli olmaya gayret edin.

Zaman zaman fazla iddiacı, dediğim dedik, hoşgörüsüz ve liderlik talebindeki bir insan olarak algılanabilirsiniz. İnsanlara liderlik yaparken, biraz daha az talepkâr, biraz daha neşeli ve hoşgörülü olursanız, o zaman ilişkilerinizi daha kolay yürütebilirsiniz.

O nedenle etkileyici gülümsemenizi ve sahip olduğunuz doğal liderlik becerilerinizle birleşmiş başkalarını etkileme gücünüzü kullanın. Bu sayede çevrenizdeki insanların neşeli bir hale geldiklerini ve sizi izlemeye hevesli olduklarını gördüğünüzde doğru yolda olduğunuzu anlayacaksınız.

1. HANE

2 Rakamı

Birinci hanedeki 2 rakamı, dışa dönük, anaç, sorumluluk sahibi ve koruyucu bir kişiliği anlatmaktadır.

İnsanlar görünüşünüzü son derece sevimli bulur ve sizinle kolayca arkadaşlık kurabileceklerini düşünürler. Siz her ne kadar farkında olmasanız da çevrenizdeki bir çok insan, bunlara karşı cinsten insanlar da dahil, sizinle yakınlaşmak ve arkadaşlık kurmak için çok heveslidirler.

Yüzünüzün geometrik orantıları ve simetrisi, genetik anlamda güzel olsanız da olmasanız da çekici bulunur. Bu çekicilik, insanların bilinçsiz bir şekilde size yaklaşmalarını sağlar. Yüzünüzde genellikle bir gülümseme ve gözlerinizde şefkat dolu bir bakış bulunur. Nazik, yumuşak, zaman zaman utangaç, çekingen tavrınızla her zaman yardım etmeye hazır ve hassas bir yapınız vardır.

Hayır işlerinde yer almayı seversiniz. Kapınız her zaman ihtiyacı olanlara açıktır. İnsanlarla ilgilenmek sizin doğanızda olduğu için her zaman "duygusal bir yara bandı" olursunuz. Onlar sizin tarafınızdan her zaman iyi karşılandıklarını bilir ve size güvenebileceklerini hissederler.

Kardeşlerinizle, anne ve babanızla, genel olarak ailenizle yakından ilgilenirsiniz. Her tür kayıp sizin için acı vericidir ve bir tür güvensizliği temsil eder. Kendinize yakın olan insanları, arkadaşlarınızı, paranızı ve işinizi kaybetmekten korkar ve aşırı koruyucu bir davranış sergileyebilirsiniz.

Kendinizi güvensiz hissettiğinizde, çevrenizde güvenlik yaratma konusunda takıntılı bir hale gelebilirsiniz. Saldırgan biri değilsinizdir ve saldırgan tavırlardan da hiç hoşlanmazsınız. Ancak, sevdiklerinizin tehdit altında olduğunu ya da kendinize ve onlara haksızlık yapıldığını hissederseniz, herhangi bir uyarıda bulunmadan büyük bir güçle saldırabilirsiniz.

Bazen o kadar aşırı temkinli olursunuz ki çevrenizdeki insanlar tarafından kendinize güvenmiyormuşsunuz ya da kendinizden emin değilmişsiniz gibi algılanabilirsiniz.

Halbuki temkinli tutumunuz, korumacı yapınız ve kendinizi güvende hissetme ihtiyacınızdan kaynaklanır. Fakat bu özelliğiniz insanlar tarafından her zaman anlaşılmadığı için, bazen sizin soğuk, aşırı savunmacı, kibirli, içine kapanık ve biraz da cimri olduğunuz düşünülebilir. Bu aslında doğru değildir. Çünkü siz, her fırsatta başka insanların yardımına koşan ve fedakarlık yapmakta sınırları olmayan bir insansınız. İnsanları düşündüğünüz ve onlar için endişelendiğiniz kadar kendinizi de düşünmeye başlarsanız o zaman çok daha mutlu olduğunuzu göreceksiniz.

1. HANE

3 Rakamı

Birinci hanedeki 3 rakamı, ilk bakışta dikkat çeken, dışa dönük, askeri bir tarza sahip, sorumluluk sahibi ve disiplinli bir kişiliği anlatmaktadır.

Güç, öz denetim ve disiplin sergileyen bir görünümüz vardır. Yüz hatlarınız insanlarda saygı uyandırır. Diğerlerinden hemen ayırt edilirsiniz. Keskin hatlarınız, topluluklarda dikkat çekmenize neden olur. Gözleriniz, var olan durumu herhangi bir akıl karışıklığına yer bırakmadan değerlendirir.

Zaman zaman yüzünüzdeki ifade tedirgin edici olabilir. Sakin, kararlı ve sert ifadeniz insanların size yaklaşmadan önce ikinci bir kez düşünmelerine neden olur. İnsanlarla konuşurken son derece ciddisinizdir. Bazen, insanlar sizinle konuşurken kendilerini bir generalin karşısındaymış gibi, bazen de kendilerini sorgu masasındaymış gibi hissedebilirler. Üç rakamı askeri ve disiplinli bir rakam olduğundan insanlar sizin huzurunuzda bulunduklarında dikkatlerini size yönlendirirler. Yürürken bile adeta uygun adımda ilerlersiniz.

Ünlü öfke patlamalarınız dillere destandır. Öfkelendiğinizde insanlar yolunuzdan kaçışırlar. Dikkatli olun belli bir görüş ya da inançlarınız konusunda fanatik bir hale gelebilirsiniz.

Karmaşadan düzen yaratmak için varsınız ve size göre böyle bir şeyi ancak bir 3 insanı başarabilir. Sizinle rekabete kalkışan insanın doğrudan gözlerinin içine bakar, adeta ona meydan okursunuz. Herkes sizin için bir meydan okuma olabilir ve siz, bu meydan okumaya karşılık vermeye hazırsınızdır. Buna karşın gözlerinizde herhangi bir endişe ifadesi bulunmaz, aksine doğrudan karşınızdakinin gözlerinin içine bakarsınız. Sıcağa dayanamayan mutfaktan çıkabilir diye düşünürsünüz. Size göre zayıf olan bu insanlar, sizi takıntılı ve talepkar bulsalar da bu pek umurunuzda olmaz. Bir hedefiniz vardır ve ona giden yol ne kadar acı olsa da sonuca ulaşırsınız.

Bu kelimeleri kullanmasanız da sık sık "Ben demiştim" duygusu yaşayan bir insansınızdır. Genellikle bir işe baktığınız anda onun tüm adımlarını başından sonuna görürsünüz. Bu özelliğiniz sizi, herhangi bir işi yapmak ve organize etmek için en uygun adaya dönüştürmektedir. Sorumluluklarınızı asla bırakmaz, elinize aldığınız işi mutlaka sonuca ulaştırırsınız. Fakat sonuca doğru kesin bir irade ile hareket ederken, iş yaptığınız insanların duygularına aldırmaz, işin tamamlanıp hedefe ulaşılmasını her şeyin üzerinde görürsünüz.

Boş işlere zaman ayıramayacak bir insan gibi görünürsünüz. Disiplinli tavrınız, yönetiminiz altında çalışan insanların, yapacakları bir iş yokken bile meşgul görünmelerine neden olur. Düzen ve disipline çok önem verirsiniz. Karşınızdaki kişi üzerinde, disiplinli ve eline aldığı işi iyi organize edebilecek bir insan izlenimi bıraktığınız için insanlar, sizin yönlendirmeniz altında çalışmak isterler. Bir parça daha nazik, yumuşak ve çekici olmayı başarırsanız, insanlarla olan ilişkilerinizi çok daha başarılı yönetebilirsiniz.

1. HANE

4 Rakamı

Birinci hanedeki 4 rakamı, dışa dönük, meraklı, cazibeli ve belirsiz görünen bir kişiliği anlatmaktadır.

İlk tanıştığınız anda insanlar, yüzünüzdeki merakı hemen fark ederler çünkü her şeyi en ince ayrıntısına kadar incelersiniz. Karşınızdaki insanda sorgulayan ve meraklı bir insan izlenimi yaratırsınız. Aynı zamanda geleneklere ve alışıldık düzene uymayan bir havanız bulunmaktadır. Zaman zaman beklenmedik konuşmalar yapar, karşınızdaki insanların dengesini bozabilirsiniz.

İnsanlar cazibenize kapılıp adeta biraz sonra bir sihirbazlık numarası yapacakmışsınız gibi size doğru çekilirler. Bu ifade o kadar doğaldır ki, yalnızca size yakın olanlar fareli köyün kavalcısı olduğunuzu bilebilirler. Gözleriniz zevkle dans eder. Yüzünüzde, insanların daha derinden incelemek istedikleri bir gizemin ipuçları vardır.

İnsanlarla anlaşılmaz akıl oyunları oynarken (elbette ki masumca) olta uzatır ve yemi yemelerini sağlarsınız. Kelimelerle akrobasi yapar, çift anlamlı kelimeler kullanır, imalarda bulunursunuz. Eğer yaptığınızı anlayıp sizi yakalarlarsa güler geçersiniz. Ardından yeni bir denemeye girişirsiniz; elbette masumca. Fakat, sizi yakalamak tahmin ettiğinizden daha kolaydır; Çünkü kendinizi açık etmek üzeresinizdir. Kendinize özgü stiliniz ve konuşma biçiminiz sizi ele verir. Başkalarını huzursuz edebilecek şeyler söylemenize ve zaman zaman diğer insanları rahatsız etmenize engel olamazsınız.

Bir odaya girdiğinizde, gözleriniz son derece doğal bir şekilde hızla odayı tarar. Bir bakışta var olan durum ile ilgili gerekli bilgileri toparlar ve hızla sonuca varırsınız. Eğer araştırma yaparken kendinizi rahat hissederseniz, sorular sormaya başlarsınız. Fakat önemli soruların tümünü sormayı tamamlamadan önce sözel bir akrobasi yaparak akıl karışıklığı yaratırsınız. Böyle bir fırsat yakaladığınızda, sizden şüphelenmeyen kurbanınıza aklını karıştıracak sorular sorarsınız. Kurbanınız genellikle size verecek yanıt bulamaz ama siz kelimelerinizle ya da tavırlarınızla ne istediğinizi ifade edersiniz. Herkesi şaşırtır ama aynı zamanda da düşünmelerine neden olursunuz. Bu durum tıpkı kedi-fare oyununu andırır ve buna bayılırsınız. Kurbanınız kendini toparlamaya çalışırken siz gülümser ve bir sonraki hedefinize doğru ilerlersiniz. Yarattığınız gerilimi ortadan kaldırmak için hemen bir şaka yaparsınız. Şakanız biraz şifreli ve belirsiz olur. İnsanlar zaman zaman şaşkınlıkla ve neşeyle gülerler.

Bunu, insanları hayretler içinde bırakmak için bilinçli bir şekilde yaparsınız. Diğerleri kendilerini toparlamaya çalışırken siz onlar ile ilgili değerlendirmenizi çoktan yapmışsınızdır. Hedefinize ulaşmış, gerçeği açığa çıkarmışsınızdır. Gerçekleri açığa çıkarma yönteminiz biraz sıra dışıdır ama hayatın eğlencesi de buradadır. Sürekli olarak bilgi kırıntılarını toplarsınız: Oradan bir kelime, buradan bir cümle ve ardından bir sihirbaz ustalığıyla onları bir araya getirir ve ortaya çıkan şeyi incelersiniz.

Bazıları tavırlarınızdan yorulup sizi önceden kestirilemez olmakla suçlayabilirler çünkü her cümlenizle kalenin yerini değiştirebilirsiniz. Bunu eğlence olsun diye yaptığınızı söylemenin bir faydası yoktur. Hayatı fazlasıyla ciddiye alan insanlar vardır ve sizi hilekar olmakla suçlayabilirler. Siz, "aşkta ve savaşta her şey mübahtır" söylemine inanır ve dürüstlük adına bunu dile getirmekten çekinmezsiniz.

Doğrudan konuşmalar söz konusu olduğunda üzerinize yoktur; hatta rol yapsanız bile. Gerçi rol yapsanız da bunu kimse anlamayacaktır çünkü 4 rakamı en iyi aktörlerin rakamıdır.

Küçük bir uyarı, bazen dilinize hakim olmayı öğrenmeniz gerekebilir. Ama büyük olasılıkla siz zaten bunu öğrenmiş durumda olabilirsiniz. Buna ek olarak insanlar hakkında edindiğiniz ipuçlarından hızla yargıya ulaşmak yerine onlarla konuşmayı ve kelimeler yardımıyla ne düşündüklerini anlamayı denerseniz ilişkilerinizin bir anda rahatladığını fark edeceksiniz.

1. HANE

5 Rakamı

Birinci hanedeki 5 rakamı, içe dönük, zeki, entelektüel, asi, meraklı, dikkatli ve icat etme becerisi bulunan bir kişiliği tanımlamaktadır.

Gözlerinizin içine bakarak,"evet" demeniz istendiğinde, içgüdüsel olarak "hayır" dersiniz. Aslında amacınız "hayır" demek değildir. Yeni veya ani bir durumla karşılaştığınızda, zihinsel olarak ayrıntıları incelemek istediğinizden, ilk anda hayır demek evet demekten daha kolay gelir.

İnsanlar sizinle tanıştıkları anda son derece zeki ve sıra dışı bir insan olduğunuzu düşünürler. Keskin yüz hatlarınız ve insanın içine işleyen bakışlarınız hemen dikkat çeker. İçe dönük bir enerjiniz olsa da kişilik olarak dışa dönüksünüzdür. Bu da, zihninizin sürekli meşgul olduğu anlamına gelmektedir. İnsanlarla ilişkiye geçmekten hoşlanırsınız ama yalnızlığınıza da çok değer verirsiniz. Zihinsel uğraşlar sizi kendine çeker.

İnsanlara şaka yapmaktan çok hoşlanırsınız. Ama mizah duygunuzu anlayamadıkları zaman kendi şakalarınıza kendiniz gülersiniz. Yine de dikkatli olun; diliniz keskindir. İnsanlar kolayca sözlerinizin yıpratıcı, keskin ve iğneleyici olduğunu düşünebilirler. Bu nedenle söylediklerinizin doğru olduğunu düşünseniz de bazen insanları kırabileceğinizi göz ardı etmeyin. Eğer bir insanın hata yaptığını görürseniz, hemen ayağa kalkar ve bunun bir hata olduğunu söylersiniz. Elbette gösterdiğiniz bu hızlı tepkiler her zaman hoşlanılmaz. Kimse mükemmel değildir; siz de öyle.

Tam bir adrenalin bağımlısısınız ve heyecana bayılırsınız. Bu durum, hızlı kararların alınması gereken iş dünyasında son derece etkili olabilir. Ayrıca, sporu seversiniz; yapmasanız bile izlemekten keyif alırsınız.

Huzursuz bir ruhunuz var çünkü siz, gerçek bir çingenesiniz. Sürekli hareket halinde olmaktan ve seyahat etmekten çok hoşlanırsınız.

Gergin enerjinizi sürekli olarak denetlemeniz gerekmektedir. Aşırı heyecanlanıp tepkiselleşebilirsiniz ve bu da baskı altında bulunduğunuzda iyi sonuçlar doğurmaz. Değişken ve tepkisel davranmamaya dikkat edin.

Yaratıcı ve analitik bir zihniniz var ve herhangi bir problemin çözümüne hızla ulaşabilirsiniz. Sezgiselliğinizle evrenden bilgi çekebilirsiniz. Strateji kurma konusunda akıl almaz bir beceriniz bulunduğu için bu yeteneğinizi doğru kullanmalısınız. Karşılaştığınız herhangi bir problem, zekanız için bir tür meydan okumadır; özellikle de zihninizi bir başka insanın zihni ile yarıştırıyorsanız.

İnanılmaz bir İletişimcisiniz. Pek çok insan tanırsınız. Yabancılar, sizin için henüz tanımadığınız arkadaşlardır.

Ayrıntılar söz konusu olduğunda gerçek anlamda takıntılı bir insana dönüşebilirsiniz. Belli bir konuyu aşırı titiz bir şekilde inceleyerek asıl meseleyi gözden kaçırabilirsiniz. Ayrıntılara dikkatinizi aşırı yönlendirmeniz diğerlerinin canını sıkabilir. Duygularınızla iletişime geçin ve her şeyi ölümüne analiz etmekten vazgeçin. Bunun için eğer insanlara soru sorar ve onları dinlemeyi öğrenirseniz ilişkileriniz çok daha başarılı olacaktır. Mutlaka, stresinizi kontrol altına almayı öğrenmelisiniz. Böylece hayatınız çok daha rahat ve huzurlu olacaktır.

1. HANE

6 Rakamı

Birinci hanedeki 6 rakamı, içe dönük, çekici, fiziksel olarak etkileyici, yumuşak, keyifli ve zarif bir kişiliği anlatmaktadır.

Dikkatlerin merkezinde bulunabileceği bir sosyal ortama davet ettiğiniz 6 insanı, bu mutlulukla, gece boyunca sizinle dans eder.

Bir 6 insanı olarak siz diğer insanlardan daha fazla cazibeye sahipsiniz. Sevgi dolu gülümsemenize direnmek çok güçtür. Çevrenize bir sıcaklık ve hoşluk yayar, insanların bir mıknatısa çekilircesine size çekilmelerine neden olursunuz. Sizi daha önceden tanımasalar bile göz göze geldiğinizde size gülümserler.

Bulunduğunuz ortamdaki insanlar kesinlikle varlığınızın büyüsüne kapılacak ve size yakınlaşmak isteyeceklerdir. Dost canlısısınız ve insanlarla birlikte olmaktan hoşlanırsınız. Arkadaşlarınız varlığınızdan büyük bir keyif alırlar ve toplantılarına sık sık sizi davet ederler. Sosyal ortamlarda yüzünüzde bir gülümseme bulunur, her zaman nazik ve hoş görünürsünüz.

Halk arasına karıştığınızda nasıl göründüğünüz, sizin için her şeyden önce gelir. Saçlarınız asla dağınık değildir. Her zaman köşeden fırlayacak bir fotoğrafçıya hazırsınızdır. Zevksiz ve uyumsuz şeylerden hoşlanmazsınız. Bahçede çalışırken bile giyim kuşamınıza dikkat edersiniz. Ancak böyle davranmak sizin için bir alışkanlık olduğundan size sorsalar "hayır görünüşüme hiç aldırmam" diyebilirsiniz.

Orijinal olmak sizin için çok önemlidir. Başkalarını taklit etmekten hiç hoşlanmazsınız. İnsanların, stilinizden etkilenmeleri ve size hayran olmaları kendinizi iyi hissetmenizi sağlar. Her şey bir yana sizin için hayatın temeli, kendinizi iyi hissetmektir.

Eviniz özenli bir şekilde dekore edilmiştir. Yaşadığınız mekanları güzelleştirme konusunda özel bir beceriniz bulunmaktadır.

Her zaman açık ve rahatlıkla birlikte olunabilecek bir insan izlenimi bırakırsınız. Başka insanları harekete geçirebilir ve iyi bir konuşmacı olabilirsiniz. İnsanlar genellikle, sizin içten ve dürüst olduğunuzu düşünürler.

Gizlenemeyecek kadar duygusal olma eğiliminiz, duruşunuzu ve kendinizi ifade biçiminizi etkiler. İnsanlara, yalnızca sizinle birlikte olmanın zevkini tatmak için size yaklaşmalarına neden olan bir görüntü sunarsınız.

Zaman zaman son derece talepkar olabilir, eğer talepleriniz karşılanmazsa ayağınızı sertçe yere vurabilirsiniz. Bu tepkinize insanlar inanamaz gözlerle bakarlar. Bu patlamanız özellikle bir insana yönelmez ama genel olarak ortama yayılır. Merak etmeyin, kısa sürede kendinize gelirsiniz ve her şey eski haline döner.

Nezaketiniz, iyi kalpliliğiniz, cazibeniz, zarafetiniz, uyumluluğunuz, sosyalliğiniz ve sevecenliğiniz güçlü yanlarınızı oluşturur.

Kendinizi aşırı beğenmeniz ve zevklere fazla kapılmanız ise zayıf yanlarınızı oluşturur. Biraz daha az bencil olmaya çalışın.

Kendi cinsinizden olanlar bazen kıskançlıkla sizden uzak durmaya çalışabilirler. Bu nedenle çoğunlukla karşı cinsten insanlarla daha iyi anlaşabilirsiniz. Bu da kaşların havaya kalkmasına neden olabilir. Çekici dış görünüşünüz insanların kafasında, tahmin etmeyeceğiniz bir takım düşüncelerin ve beklentilerin doğmasına neden olabilir. Bu durum açığa çıktığında çok şaşırırsınız. Size göre, yaptığınız şey insanlara dostça davranmak, yakın olmak ve onlarla iyi zaman geçirmektir; hepsi bu. Fakat karşınızdaki insanlar, tavırlarınızda cinsel bir ima bulunduğunu düşünebilirler ve bu da sizi rahatsız eder.

Dokunulmak ve dokunmak sizin için çok önemlidir. O nedenle sevdiğiniz insanın size sarılmasını ve dokunmasını çok seversiniz. Yeterli ilgiyi görmediğinize inanırsanız talepkar ve kıskanç bir insana dönüşebilirsiniz. Böyle durumlarda tepkiselleşmemeyi başarırsanız aradığınız uyumu ve dengeyi daha kolay yakalarsınız.

1. HANE

7 Rakamı

Birinci hanedeki 7 rakamı, içe dönük, mistik, gizemli, sanatsal, mahrem, soğuk ve savunmacı bir kişiliği anlatmaktadır.

İnsanlar ilk tanıştıkları anda sizi soğuk, içine kapanık ve hatta biraz kibirli bulabilirler. Oysa siz kibirli bir insan değilsinizdir ama utangaçlığınız, sakin ve kendi halinde tavırlarınız bazen kibirlilikle birbirine karıştırılır. Oysa bu her zaman doğru değildir, yalnızca kendi başınıza bırakılmak istiyorsunuzdur. Arkadaşlığınız ilerledikçe insanlar, sizin soğuk bir insan olmadığınızı ve eğlenceli olduğunuzu fark ederler.

Dünyaya çok az şey gösterirsiniz; tıpkı bir buzdağı gibi yalnızca kişiliğinizin minik bir parçasını. Hiç kimse tam olarak duygularınıza ulaşmayı başaramaz; aslına bakarsanız duygularınızın olmadığını bile düşünebilirler. Keşke gerçeği bilebilseler... Kafanızı yastığınıza gömüp ağlayabilirsiniz ama insanların önünde asla. Hatta kafanızın içinde çığlıklar atıyor olabilirsiniz ama ağzınızdan tek bir kelime çıkmaz, gözünüzü bile kırpmazsınız; işte bu nedenle insanlar sizi mesafeli ve kontrol delisi olarak adlandırırlar.

Duyarlılığınız nedeniyle dünyadan saklanmak isteyebilirsiniz. Duygularınızı maskelersiniz ve tıpkı poker oyuncularına özgü renk vermeyen bir yüzünüz vardır. Çevrenizdeki insanlar zaman zaman sizin, duygularını göstermeyen ve aşırı kontrolcü bir insan olduğunuzu söyleyebilirler. Bu nedenle eğer kendi dünyanızdan çıkıp insanlara biraz daha ilgi göstermeyi başarabilirseniz çevrenizdeki insanlarla ilişkilerinizin çok daha kolay bir hal aldığını göreceksiniz. Olayları incelerken elinizden geldiğince tarafsız olmaya çalışırsınız. Genellikle sessiz bir insansınızdır ama kendinizi rahat hissettiğiniz bir ortamda bazen kendinizi kaybedip sürekli konuşmaya başlayabilirsiniz.

Çevrenize soğukkanlı bir öz denetim duygusu yayarsınız; bu da diğer insanların duygusal çöplerini sizin üzerinize boşaltmalarına neden olur. Tıpkı bir sünger gibi, diğer insanların atıklarını emersiniz. Başkalarının duygusal sorunları ile ilgilenmekte iyisinizdir ama bu duygusal atıkları sisteminizden uzaklaştırmayı başaramayıp ve hastalanabilirsiniz.

Çoğu zaman zihniniz bir şeylerle meşgul olduğu için insanlar, onlardan uzak durduğunuzu düşünebilirler. Bu düşünceli ve dalgın ifadeniz endişeli gibi algılanmanıza neden olabilir.

Adanmışlığınız ve kararlığınız güçlü yanlarınızı oluşturur. Sakin ve tetiktesinizdir. Sadık, karmaşık ve sanatçı bir ruhunuz vardır.

Affetmeyen tutumunuz, içinize çekilmeniz, somurtkanlığınız, aşırı temkinliliğiniz, asabiliğiniz, kontrol etme takıntınız, hesapçılığınız ve kibriniz ise zayıf yanlarınızdır.

Gerçek bir mükemmeliyetçisinizdir. Mükemmeliyetçilik sizin hata yapma korkunuzdan kaynaklanmaktadır. Eğer buna dikkat eder ve utangaçlığınızı denetim altına almak için sağlıklı yollar bulursanız kendinizi daha mutlu hissedersiniz.

1. HANE

8 Rakamı

Birinci hanedeki 8 rakamı, güçlü, güvenilir, sorumluluk sahibi, içe dönük, ağır başlı ve dürüst bir kişiliği tanımlamaktadır.

Fiziksel olarak iri olmasanız dahi heybetli bir görünüşünüz vardır. Bir mekana girdiğinizde genellikle dikkat çeker ve beraberinizde güçlü ve büyük bir aurayı da getirirsiniz. Soğuk ve sakin bir görünüşünüz olduğu için bazen insanlar size yaklaşmakta zorlanabilirler.

Bazı zamanlar bir şeye karar vermek için çok düşünme ihtiyacında olmanız çevrenizdeki insanlar tarafından sanki tembellikmiş gibi algılanabilir. Oysa oldukça sabırlı ve çalışkan bir insansınız.

İnsanlar tarafından fazla buyurgan ve güçlü algılanırsınız ama bu sizi rahatsız etmez. Bir amacınız vardır ve ona ulaşmak için güç kullanmanızda yanlış olan bir şey yoktur. Gece boyunca uyanık kalıp, kazanmak için ne söylemeniz gerektiğini düşünebilirsiniz.

Herkese ilgi gösterir, bakar ve kollarsınız; özellikle de ailenizi. Aile üyeleriniz sizin patronluk tasladığınızı, fazla zorlayıcı hatta kontrol delisi olduğunuzu düşünürler.

İstediğinizi kazanıncaya kadar pazarlık yaparsınız. Kolay kolay öfkelenmez ve ne olursa olsun sakinliğinizi korumaya çalışırsınız; ne de olsa öfkeli bir sesle konuşmak kaybetmenize neden olacaktır. İnanılmaz bir sabrınız vardır ve üzerinde odaklandığınız konudan sapılmadığı sürece uzlaşmaya hazırsınızdır.

Sorunları ortadan kaldırmak için utangaç görünürsünüz ama bu yalnızca, pazarlık sırasında insanların üzerinize gelmelerine engel olmak için takındığınız bir maskedir. Diğer insanların kararlılığınızı etkilemelerine izin vermez ve istediğinizi son derece net bir şekilde ifade edersiniz.

İnsanlar kabadayı gibi davrandığınızı düşündüklerini söylerlerse şaşırmayın. Çünkü bir şeyler yapabilmek için bir alanı ele geçirmeye çalışırsınız ve bu durum bazen diğer insanlar için dayanılmaz olabilir. Nazik bir dev olduğunuzu biliyorsunuz; en azından genellikle.

Başarıya odaklı yapınız nedeniyle çevrenizdeki insanlar sizin inatçı olduğunuzu düşünebilirler ama bu sizi endişelendirmez. İnsanların seçtiğiniz yolu engellemelerine izin vermezsiniz.

Zamanın değerli olduğuna inandığınız için gününüzü işle doldurur ve araya spor salonuna gitmek gibi ek aktiviteler sıkıştırıp sürekli meşgul görünürsünüz.

Sadakatiniz, güvenilirliğiniz, dayanıklılığınız, samimiyetiniz ve içtenliğiniz en güçlü özelliklerinizdir. Sıkı çalışır ve samimi davranırsınız.

Zayıf yanlarınız ise buyurgan olmanız, tahakküm altına almak istemeniz, kontrolcülüğünüz, inatçılığınız, katılığınız, suçluluk hissiniz ve zalimliğinizdir.

1. HANE

9 Rakamı

Birinci hanedeki 9 rakamı, hem içe hem dışa dönük, çocuksu, saf, oyuncu, iyimser ve bilge bir kişiliği anlatmaktadır.

9 insanları, devrim yapmak, tarihi öğretmek ve tarihin akışını değiştirmek için yaratılmışlardır. Bunu felsefe aracılığıyla yaparlar. Dünyaya öğretecekleri bir bilgelikleri vardır.

9 insanı olarak sizi tanımak kolaydır.Yüzünüzde dalgın, hülyalı, çocuksu, sevimli, bazen endişeli ve sıkılmış bir ifade vardır. Yanaklarınız ve çenenizin biçimi tıpkı bir bebeğin yuvarlak ve sevimli hatlarına sahiptir. Bu da insanların size adeta bir çocuğa yaklaşır gibi kolayca yaklaşmalarına neden olur. İnsanların dış görünüşünüze aldanmamaları gerekir. Zihniniz dünyayı kurtarmakla fazlasıyla meşguldür ve oradan oraya dolaşır. Aslında bu hüzünlü, çocuksu, masum yüzünüz, son derece parlak ve yetenekli bir zihin ile bilgeliği saklamaktadır.

İlk bakışta insanlar, aklınızın karışık olduğunu düşünebilirler. Bu bir ön yargıdır çünkü siz, bu dünyadaki en parlak ve sevgi dolu zihinlerden bir tanesine sahipsiniz. Yalnızca olup bitenleri ve elde ettiğiniz verileri beyninizde derleyip toplamak için zamana ihtiyacınız vardır.

İnsanlar sizi son derece sevimli ve saf bulurlar, açık bir kitap gibi olduğunuzu ve kolayca anlaşılabileceğinizi düşünürler. Bu hem doğru hem de yanlıştır. Siz, iç dünyanızı saklamadığınız için insanlara içinizdekileri ifade edersiniz ama iç dünyanız o kadar renkli ve canlıdır ki insanlar her zaman onu anlamayı başaramazlar.

Bu dalgın profesör bakışınız ve güvenmeye hazır doğanız nedeniyle bazen kötü niyetli insanlar için kolay kandırılabilir, iyi bir av olarak görünebilirsiniz. Hatta acımasız bir işadamının karşısında durmakta zorlanırsınız. Bir süre sonra tüm o değerli fikirlerinizi, karşınızdaki insanın tüm kalbini size açtığını düşünerek ona verirsiniz. Ancak bunu yapmamalısınız, sonunda beş parasız kalabilirsiniz. Buna karşın sonsuz bir iyimser olarak, her şeye baştan başlayabilirsiniz.

Affedici bir insansınız ama zaman zaman inatçı ve sabit fikirli olursunuz. İnatçı tarafınızın, her zaman sahip olduğunuz neşenizi ve hevesinizi kaçırmamasını sağlayabilirseniz hayatınız çok daha kolay olacaktır.

Girdiğiniz ortamın enerjisine hızla uyum sağlar ve bu enerjiyi geriye yansıtırsınız. Bu da çoğu zaman insanların size baktıklarında bir yandan da kendilerini görmelerine neden olur. Eğer bir öğretmenseniz ya da bu durumun bilincindeyseniz, insanlara gerçek yüzlerini gösterebilme yeteneğine sahip olabilir ve yapmak için yaratıldığınız şeyi yaparak insanların hayatlarını dönüştürebilirsiniz. Ancak eğer bu durumun farkında olmazsanız o zaman insanların kendilerinde rahatsız oldukları her şeyi sizde gördüklerini sanmalarına neden olabilirsiniz.

Bilgiye aç bir zihniniz vardır ve sürekli olarak bir şeyler öğrenmek istersiniz. Bir konu ilginizi çektiğinde, o konuyu araştırmak için saatlerinizi harcarsınız. O konuda yeterli bilgi sahibi olduğunuzda, sıkılır ve ilginizi çeken başka bir konuya yönelirsiniz.

Evren, tüm bilgeliğini 9 rakamında taşır ve siz de bu bilgeliği paylaşmanız gerektiğini düşünürsünüz. Genç yaşınızdan itibaren insanlar bunu fark edip sizi "olgun bir ruh" olarak tanımlarlar.

En güçlü yanınız nazik olmanız, gerçekleri söylemeniz ve güçlü bir zihne sahip olmanızdır. Tam bir Polyannasınız. Bu, hem bir güç hem de bir zayıflık olabilir. İyi bir doğanız var, oyuncu, filozof, idealist ve olumlu bir insansınız.

Zayıflıklarınız ise aklınızın karışık olması, şaşkın, ihmalkar, olgunluktan uzak, dramatik ve çocuksu görünmenizdir. Zaman zaman bazı şeyleri abartabilir, yaramaz, inatçı ve mantıksız davranabilirsiniz.

En hızlı öğrenen insanlardan bir tanesisiniz. Aynı zamanda şifa konusunda da bir takım yetenekleriniz olabilir. Eğer özelliklerinizi iyi kullanırsanız dünyanın en iyi öğretmeni olabilirsiniz.

2. HANE

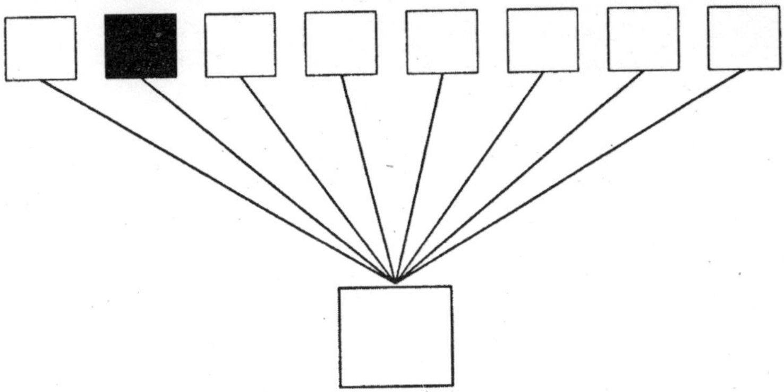

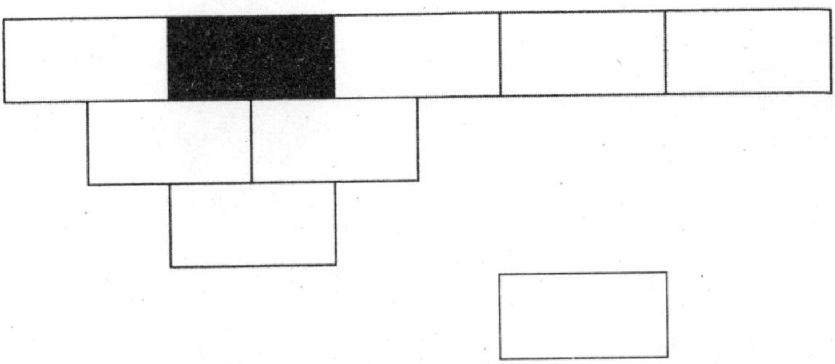

Bu şema 28. sayfada belirtilen orijinal Pin Kod formülüne aittir.

2. HANE

DUYMA DUYUSU

Ses tonunuz ve konuşma biçiminiz

Ses tonunuz ve konuşma biçiminiz hakkında bilgi veren bu hane sosyal bilinç hanesidir.

Evinizin kapısından dışarıya adım atıp da toplumun arasına karıştığınızda karakterinizin işlemeye başlayan yanları sosyal bilincinizdir. Bu, insanlarla daha yüzeysel bir düzeyde ilişki kurma biçiminiz ya da fazla tanımadığımız kişiler ve iş arkadaşlarınızla olan ilişkinizde gösterdiğiniz kişiliktir.

Yüzünü tanımadığınız bir insanla telefonda konuştuğunuz oldu mu hiç? Ya da fotoğrafını görmeyip de yalnızca radyoda sesini dinlediğiniz bir insan? Bu durumda karşınızdaki insanın sesini dinlersiniz ve bu sesin tonu ve tınısı kafanızda, o insan ile ilgili bir görüntü yaratır. Yaptığınız şey, karşınızdaki insanın ses tonunu bir tür görsel malzeme olarak kullanıp, onun neye benzediğini yorumlamak ve kafanızda sanal bir görüntüsünü yaratmaktır.

Karşınızdaki insanı radyoda yalnızca birkaç dakikalığına dinlemek ya da telefonda birkaç kelime etmek yeterlidir. Böylece ilk kelimeleri duyduğunuz anda aklınızda o kişi ile ilgili görüntü oluşmaya başlayacaktır. Eğer daha önceden bu durumu yaşamadığınızı düşünüyorsanız, bir arkadaşınızın cep telefonundan sizin tanımadığınız bir başka arkadaşını aramasını ve ardından bir deney yaptığınızı söyleyerek telefonu size uzatmasını rica edin. Konuştuğunuz kişiye hangi ayda doğduğunu sorun ve biraz sohbet edin. Bunu yaparken kafanızda, o kişiyle ilgili bir görüntü belirecektir.

İkinci hanedeki rakam sizin dış dünya ile kurduğunuz iletişimdeki ikinci aracınızdır ve dış görünüşünüzden bağımsız olarak, ses tonunuzun insanlar üzerindeki etkisinden bahsetmektedir. Ses tonunuz, karşınızdaki insanın sizinle ilgili bir tür görsel imaj yaratmasına neden olmaktadır. O kişi, eğer sizi daha önceden hiç görmediyse o zaman sizi ikinci hanedeki rakamınızın ifade ettiği insan gibi algılayacaktır. Ancak, eğer karşınızdaki insan sizi görüyorsa bu durumda ortaya çıkan etki, 1.hanedeki rakam ile 2. hanedeki rakamın karışımı olacaktır. Bu durumda, 2. hanedeki rakamınızı değerlendirirken onu hem tek başına, hem de 1. hanedeki rakamınız ile etkileşim içinde değerlendirmelisiniz.

2. HANE

1 Rakamı

Ocak ve Ekim

İkinci hanedeki 1 rakamı, güçlü, saygı uyandıran, liderlik becerisine sahip olduğu izlenimini yaratan bir ses tonunu ifade etmektedir.

Eğer Ocak ya da Ekim aylarında doğduysanız, ses tonunuz canlı, güçlü, bir patron ya da yönetici gibi olacaktır. Doğal bir liderin ses tonuna sahipsiniz; siz 1 numarasınız ve herkesin sizi dinlemesi gerekir. Ses tonunuz berraktır ve kendinize duyduğunuz güveni yansıtır.

Her şey yolunda olduğunda sesiniz bir tür gurur ve hevesle çınlar. Konuşmalarınız genellikle doğrudan ama hoştur ve sizi dinleyenler sesinizin neşeli olduğunu hissederler. Konuşurken çevreye, kendinize ne kadar güvendiğinizle ilgili net bir mesaj verirsiniz.

İkna edici ses tonunuz aynı zamanda anlaşılmanızı da kolaylaştırmaktadır. Çoğu zaman çınlayan ve net bir sesle, bazense yüksek bir ses tonuyla konuşursunuz. Karşınızdaki insanlara kendinizi dinletmek konusunda herhangi bir sorun yaşamazsınız. Eğer insanların sizi dinlemediklerini fark ederseniz ses tonunuz daha da güçlü çıkmaya başlar. Hatta işaret parmağınızı sallayarak konuşma alışkanlığınız olabilir. Buna karşın insanlar sizi dinlemezlerse o zaman kendinize güveniniz azalmaya başlayabilir.

Konuştuğunuz insanın size saygı duyması gerekir. Denetimin her zaman sizin elinizde olmasını tercih edersiniz.

Düşüncelerinize ve emirlerinize itaat edilmesini ister ve ses tonunuzla bu mesajı net bir şekilde verirsiniz. Size iltifat eden insanlara içten bir şekilde karşılık verirsiniz ama patronluk taslamaya kalkarlarsa biraz sertleşebilirsiniz.

Bununla birlikte eğer Ekim ayında doğduysanız biraz daha hassaslaşırsınız. Başkalarının sizi övmesini arzular ve karşılığında siz de onları översiniz. Olaylara ve kişilere karşı alçakgönüllü bir yaklaşımınız vardır ancak içten olmayan insanlara hoşgörü gösteremezsiniz. Zeka gerektiren konuşmaları ve entelektüelliği seversiniz.

İnsanların sizin sözünüzü kesmemeleri gerekir. Eğer sözünüz kesilirse o zaman ses tonunuz daha da emredici bir hâl almaya başlar. Eğer kabalıklarını ya da saygısızlıklarını sürdürürlerse bu duruma içerler, öfkelenir ve hemen gereken cevabı verirsiniz. Saygısız insanlardan hiç hoşlanmadığınız için izin ister ve o ortamdan uzaklaşırsınız.

Çatışmalardan rahatsız olursunuz. Yine de söyleyeceğinizi söylemekten korkmaz ama söyleyeceklerinizi söyledikten sonra o mekandan uzaklaşırsınız.

İşleri diğer insanlar arasında kolayca paylaştırma yeteneğiniz vardır. Patronsanız, yanınızda çalışanlarla sohbet etmekten hoşlanırsınız. Ne de olsa siz, tahtında oturup, çevrenizdeki hayran kitlesine konuşan bir insansınızdır.

Eğer birisi sizi eleştirmeye kalkarsa öfkelenirsiniz. Eleştiri, size göre otoritenize doğrudan saldırı anlamına gelmektedir. Böyle bir durumda kendinizi değersiz hissedersiniz; ses tonunuz umutsuz ve etkisiz çıkmaya veya saldırganlaşmaya başlar. Gittikçe artan bir ses tonuyla konuşmaya ve kibirli bir hale gelmeye başlarsanız, çevrenizdeki insanlar zorbalık yaptığınızı düşünebilirler.

İkinci hanede 1 rakamına sahip bir insan olarak düşüncelerinizi mantıklı bir şekilde kelimelere dökme beceriniz bulunmaktadır. Konuşurken kelime seçimlerinize dikkat edersiniz. Aynı zamanda konuşmayı yönlendirme ve kontrol edebilme yeteneğiniz de bulunmaktadır. İyi bir iletişimci olduğunuz için genelde konuşma ve ikna etme görevi size düşer.

2. HANE

2 Rakamı

Şubat ve Kasım

İkinci hanedeki 2 rakamı, şefkatli, yumuşak, anaç, dinlemekten büyük bir zevk alan, sorumluluk sahibi bir insan izlenimini yaratan ses tonunu ifade etmektedir.

Konuşmaya başladığınızda insanlar, huzur veren sesinizi duyarlar. Tıpkı bir annenin ses tonundaki yumuşaklığa ve rahatlatıcılığa sahiptir. Daima zor durumda olanlara söyleyecek yumuşak bir sözünüz bulunur. Ses tonunuzun doğal tınısı, karşınızdaki insanların içgüdüsel olarak size güvenmelerine neden olur. İnsanlar, sizin konuşmanızı dinlemeye bayılırlar ve sesinizi işittiklerinde bilinçsizce onlarla ilgilenmenizi isterler çünkü sesiniz son derece yumuşak ve yardım etmeye hazır biri olduğunuz mesajını verir.

Ses tonunuz, insanlara bir şekilde hem ilgili hem de utangaç gelir. Şubat ayında doğduysanız koruma, kollama güdüleriniz daha da belirgindir, yumuşak ve şefkatli bir ses tonuyla konuşursunuz. Kasım ayında doğduysanız, ses tonunuz aracılığıyla karşınızdaki insanda, sizinle rahatça konuşabileceği izlenimi yaratırsınız. Sizin için en önemli şey bilgi edinmektir ve içten bir ilgi ile bol bol soru sorarsınız. Aynı zamanda sorularınızı sorarken yüzünüzde nazik bir gülümseme, gözlerinizde yumuşak bir bakış ve duyarlı tavırlarınız olur.

Her iki ayda doğanların ortak özelliği ise konuşacak birine, bir eşe sahip olma ihtiyacıdır.

Konuşma tarzınız, insanları düşünen ve sürekli olarak onların yardımına koşan biri olduğunuz izlenimi yarattığı için insanlar, sırlarını ve dertlerini rahatlıkla sizinle paylaşabileceklerini düşünürler. Bu nedenle çoğu zaman kendinizi onların dertlerini dinlerken ve onlara tavsiyelerde bulunurken bulabilirsiniz. Bu durum sizi rahatsız etmez çünkü siz gerçekten de insanların dertlerine çözüm bulmaktan hoşlanırsınız.

Bazen ses tonunuzda bir tür ketumluk hissedilir; aslında bunun nedeni insanların sırlarını açık ederek onları utandırmak istememenizdir.

Ses tonunuz yumuşak ve şefkatli olmasına rağmen aşırı koruyucu tavrınız kimi zaman takıntılı ve dediğim dedik algılanmanıza neden olabilir. Hatta bazı insanlar ilginizi boğucu ve aşırı bulabilirler. Sesinizin, hayır işleri aracılığıyla daha büyük halk kitleleri tarafından duyulmasına çabalayabilirsiniz.

Eğer kendinizi güvensiz hisseder ya da sevdiklerinizin tehdit altında olduklarına inanırsanız ses tonunuz bir anda arslanın kükremesini andırabilir. Böyle bir durumda, ses tonunuzdaki şefkat, yerini vahşi ve saldırgan bir çınlamaya bırakır.

Durum ne olursa olsun siz, her zaman sevdiklerinizi ve yardıma muhtaç olanları korumak için orada bulunursunuz. Ancak her zaman karşınızdakini düşünme huyunuzdan vazgeçip biraz da kendinizi düşünmeyi öğrenir ve bunu dikkate alarak konuşursanız hayatın sizin için biraz daha kolaylaştığını fark edebilirsiniz.

2. HANE

3 Rakamı

Mart ve Aralık

İkinci hanedeki 3 rakamı, sert, disiplinli, sorumluluk sahibi, organize, işin tamamlanmasına odaklanmış, açık sözlü bir insan olduğunuz izlenimini yaratan bir ses tonu ve konuşma biçimini ifade etmektedir.

Ses tonunuz güçlü ve kararlıdır; neredeyse bir komutanın ses tonunu andırır. Sonuca ulaşmaya karar verdiğinizde ses tonunuz her tür duygudan arınır. İnsanlar sizi işittiklerinde bilinçsiz olarak dikkatlerini size yönlendirme ve söylediklerinize uyma ihtiyacı duyarlar.

Hayvanlar sesinize hemen tepki verir ve emirlerinize itaat ederler. Hayvanların bu tepkisinden hoşlanır, hayvanları ve doğayı seversiniz.

Konuşurken kararsız kalmaz, zaman zaman insanların küçük düşünme aralıkları vermek için çıkardıkları "Eeee.." gibi sesleri çıkarmaz; hatta bundan hoşlanmazsınız.

Açık sözlü olduğunuzdan doğrudan konuya girer, zaman yitirmez ve söyleyeceğiniz şeyi söylersiniz. Bu da karşınızdaki insanların sizi yanlış değerlendirmelerine ve sizi çoğu zaman kaba bulmalarına sebep olabilir hatta sizin saldırgan ve zorlayıcı olduğunuzu hissedebilirler.

Daha nazik ve alıngan biri sizinle konuşurken zorlanabilir. Diğer yandan siz, niyetlerinizi net ve süslemeden ifade etmenin önemli olduğuna inanırsınız. Size göre öncelikli olan, söylemek istediklerinizin net bir şekilde karşınızdaki insana ifade edilmesidir. Bunun da tek bir nedeni bulunmaktadır; açık ve kararlı olmak ve bu sayede de sonuca ulaşmak.

Geri adım atmayan bir tarzınız olduğu için, sözlü meydan okumaları hemen kabul eder ve karşınızdaki insanı kelimelerinizle sindirebilirsiniz.

Eğer o meşhur öfke krizlerinizden bir tanesine kapılırsanız, ses tonunuz o kadar yıkıcı ve sert bir hale gelir ki çevrenizdekiler kaçacak yer arayabilirler.

Konuşurken karşınızdaki insanın sözlerinizden rahatsız olduğunu fark ettiğiniz zamanlarda bile bundan endişelenmez, söylemek istediğinizi söylersiniz. İnsanlar sizin söylediklerinizi doğru anladıklarında alınganlık ve kırgınlık göstermemeyi başarabileceklerdir.

Elinizdeki işe kendinizi adarsınız; ama ilk olarak o işe inanmanız gerekir. Bu sayede de mesajınızı karşınızdaki insana net bir şekilde aktarırsınız. Belli bir proje üzerinde konuşurken, karşınızdaki insanın o proje ile ilgili her şeyi başından sonuna kadar bildiğinize emin olmasını sağlarsınız. Zaten bir projeyi başından sonuna kadar bilmiyorsanız onun üzerinde zaman ve enerji harcamanıza gerek olmadığını düşünürsünüz.

Ama şunu aklınızdan çıkarmamalısınız; eğer konuşurken gülümsemeyi başarır ve söyleyeceklerinizi biraz daha yumuşak bir şekilde söylemenin yolunu bulabilirseniz mesajınızı karşınızdaki insana ulaştırmakta herhangi bir zorluk çekmezsiniz. Bu sayede zaten gelişmiş olan iletişim yeteneğinizi daha yumuşak ve etkili bir hale getirebilirsiniz.

2. HANE

4 Rakamı

Nisan

İkinci hanedeki 4 rakamı, aceleci, meraklı, sıra dışı, beklenmedik konuşmalar yapan ve eğlenceli bir insan olduğunuz izlenimini yaratan bir ses tonunu ifade etmektedir.

Ses tonunuz canlı ve eğlencelidir; her zaman binlerinin dikkatini çekmeye çalışırsınız.

İkinci Hane'de 4 rakamı bulunan çoğu insanın ses taklidi yapma konusunda bir hayli becerisi bulunmaktadır. 4, aktörlerin rakamı olduğu için bu rakamın verdiği taklit yeteneği ses tonunuza da yansır.

Oldukça hızlı ve daldan dala atlayan bir konuşma tarzınız vardır. Konuşurken adeta soru sorar gibisinizdir. Bu nedenle insanlar kendilerini sorguladığınızı düşünebilirler. Sizin böyle bir amacınız olmasa bile ses tonunuz karşınızdakinin bu izlenime kapılmasına neden olabilir. Bu özelliğiniz sayesinde, karşınızdaki insandan bilgi almak konusunda oldukça beceriklisinizdir.

Ses tonunuzda bir tür sabırsızlık vardır. Zaman zaman karşınızdaki insanlar biraz geri çekilir ama siz çabucak onları yeniden kendi alanınıza dahil edersiniz. Cümlenin tam ortasında konu değiştirdiğinizde karşınızdaki insanlar söylediklerinizi hazmetmeye çalışırken ve size henüz soru sorma fırsatı bulamadan önce harekete geçersiniz, konuyu hızla derleyip toplarsınız.

Önemli bir soru sormadan önce kelimelerinizle akrobasi yaparak karşınızdaki insanın aklını karıştırırsınız. Bunu başardığınızı düşündüğünüzde bir anda son derece garip bir şekilde sorunuzu sorarsınız.

Kurbanınız genellikle bir adım geri çekilir çünkü verecek bir yanıtı yoktur; ama siz söylemek istediğiniz şeyi zaten söylemişsinizdir. Herkesi şaşırtır ve düşünmelerine neden olursunuz. Kurbanınız kendisini toparlamaya çalışırken gülümser ve kayıtsızca bir sonraki sorunuzu sorarsınız.

İnsanlar sıklıkla, yanınızdan ayrılırken akıl karışıklığı içinde kafalarını kaşırlar. Söylediklerinizi anlayabilmek için kafalarının içinde belli bir işlemin oluşmasını beklemek zorundadırlar ama sonunda bu işlem tamamlanır ve söyledikleriniz bir anlam ifade eder. Büyük olasılıkla üzerinde konuştuğunuz konu ile ilgili sonraki haftalarda birkaç soru ile karşılaşırsınız ve açıkçası karşınızdaki insanın neden bahsettiğine dair en küçük bir fikriniz bile olmaz.

Dürüstçe sorular sorma huyunuza engel olabilmeniz sizin için neredeyse olanaksızdır. Fakat insanların sorularınızdan şüpheleneceklerini bilerek, sorularınızı bir sis bulutunun ardına gizlersiniz. Sorularınızı öyle becerikli bir şekilde kurgularsınız ki, karşınızdaki insanlar gönüllü bir şekilde size bilgi verdiklerini fark etmezler.

Anne ve babanız daima, en son sözü söylemeye çalıştığınızdan yakınabilirler. Yalnızca tartışma olsun diye tartışmaktan keyif alırsınız. Tartıştığınız konu üzerinde ikna edici olabilir ve aynı zamanda şeytanın avukatını oynayabilirsiniz. Basitçe söylememiz gerekirse her konuda tartışmanız gerektiğini hisseder; haklı ya da haksız olmaya aldırmazsınız. Bu, sizin için bir tür zihinsel akrobasi gibidir.

Zihniniz bir şimşek kadar hızlıdır ve hazırcevaplığınızla eğlenceli bir yorumda bulunursunuz. Kendinize her zaman bir dinleyici kitlesi çekersiniz. Soytarıca mizah anlayışınız sayesinde her zaman insanlardan tepki almayı başarır ve bundan çok hoşlanırsınız. İnsanları eğlendirmeyi seversiniz: her zaman hızlı bir yorumunuz, çoğu zaman da çift anlamlı bir sözünüz olur. Sözleriniz insanların düşünmesine neden olur ve tavırlarınızla, karşınızdakileri sizin sözlerinizi yorumlamalarına yardımcı olursunuz. Başkalarını eğlendirmek için kolayca para alabilir, komedyen, aktör ya da konuşmacı olabilirsiniz. Ses tonunuzla adeta sihirbazlık yapabilir, aynı zamanda hem palyaço hem de drama kraliçesi olabilirsiniz.

Eğer gözünüze ilginç bir şey takılırsa, konuşmayı sürdürürken bir yandan da gözünüzü kırpmadan o şeyi izlersiniz. Aslında, konuşurken göz temasına ve beden dilini okumaya ihtiyaç duyduğunuzdan bu durum sizin için biraz sıra dışıdır. Daha büyük resmi oluşturmak için beden diline ve diğer seslere ihtiyaç duyarsınız. Gözleriniz, konuştuğunuz insana döner, ardından saliseler içinde ilginizi çeken diğer şeye yönelir, o şeyi hızla tarar ve yeniden konuştuğunuz insana dönersiniz.

Konuşma sırasında oluşan bir gerilimi ortadan kaldırmak için fıkra anlatmaya karar verebilirsiniz. Fıkranız birden fazla anlam ifade ediyor gibi görünür ve sizi dinleyenler hem biraz utanarak hem de eğlenerek gülerler. Bunu, insanları hayret içinde bırakmak için bilinçli bir şekilde yaparsınız. Kendilerini toparlamaya çalışırlarken onlar hakkında bir hükümde bulunursunuz.

Yapmanız gereken bir konuşmanın metnini sizin adınıza başka biri hazırlamışsa, saatlerinizi harcayıp metni değiştirirsiniz. Kelimeleri değiştirme ve istediğiniz sonuca ulaşmaya çalışma huyunuzdan vazgeçemezsiniz. Sık sık, ilgi çekici ve gizemli öyküler yaratır ve bu sayede karşınızdaki insanlardan tepki alıp ardından kahkahalarla gülersiniz. Fakat kendi ördüğünüz ağa yakalanmamaya dikkat edin. Doğrudan konuşmalar söz konusu olduğunda üzerinize yoktur hatta rol yapsanız bile. Gerçi rol yapsanız da bunu kimse anlamayacaktır çünkü Nisan ayında doğanlar bu konuda yeteneklidir.

İnsanlar sizi dinlerken sanki nefes almadan konuştuğunuzu düşünürler. Kelimeleriniz zaman zaman sıra dışı olur ve insanları şaşırtır. Fakat dikkat etmelisiniz, bazen ağzınızdan istemediğiniz kelimeler dökülebilir. Eğer bilgi alma merakınızı ve sorgulayıcılığınızı biraz olsun sakinleştirebilirseniz o zaman karşınızdaki insanla daha etkili bir iletişim kurabilirsiniz.

2. HANE

5 Rakamı

Mayıs

İkinci hanedeki 5 rakamı, zeki, sabırsız, macera tutkunu, keskin bir zekaya ve son derece gelişkin bir mizah anlayışına sahip olduğunuz izlenimini yaratan bir ses tonunu ifade etmektedir.

Gerçek bir kelime cambazı ve söz söyleme ustasısınız. Kıvrak zekanız ve inanılmaz mizah anlayışınız konuşmalarınızı daima eğlenceli ve sıra dışı bir hale getirir.

Bütün aylarda doğan insanlar arasında siz, en hızlı, en doğrudan ve en zekice konuşursunuz. Ses tonunuz hafif ve uçucu ama kelimeleriniz keskindir. Bazı insanlar, onlara kelimelerinizle saldırdığınız yanılgısına kapılırlar. Ses tonunuza daha yakından dikkat etmeleri gerekir çünkü gerçek amacınız, elinizden geldiğince fazla miktarda entelektüel bilgi elde etmeye çalışmaktır.

Konuşurken, zaman zaman şaka mı yaptığınız yoksa ciddi mi olduğunuz anlaşılmaz. Ses tonunuzda her zaman haylaz bir hava vardır. Bir arkadaşınızla telefonda konuşurken "Merhaba" dediğinizde bile telefonun diğer ucundaki insan kendine şaka yapıldığını sanabilir. Kelimeleriniz, 5 rakamının kendisi kadar asi ve özgür olabilir. Hareket halinde olmaktan çok hoşlanır ve şimşek hızında işleyen zihninizle konudan konuya atlayıp karşınızdaki insanları şaşırtabilirsiniz.

Karşınızdaki insanlarla akıl oyunları oynamaya eğiliminiz vardır. İlginç bir insan gördüğünüzde, sadece onunla konuşmak istersiniz.

Eğer strese kapılırsanız, konuşma temponuz hızlanır ve sesiniz, stres ya da heyecanla yükselmeye başlar. Kelimeler ağzınızdan adeta birbirleriyle yarışıyorlarmış gibi dökülür ve diğer insanların sizin hızınıza yetişmeleri güçleşir. Bazen o kadar aceleniz vardır ki, cümlelerinizi tamamlamadan bırakırsınız. Buna rağmen kolay anlaşılır bir dille anlatmak istediğinizi dolandırmadan anlatabilir ve karşınızdaki insanı ne dediğinizi bildiğinize inandırırsınız.

Zihniniz o kadar hızlı ilerler ki, sabırsız ruhunuzla kimi zaman kendi sorularınızı kendiniz yanıtlarsınız. Yavaşlık sizi çok rahatsız eder. Hızlı ve parlak zihinleri çok seversiniz.

Sizin için notlardan okuyarak konuşma yapmak kolay bir şey değildir. İhtiyacınız olan şey tek bir kelimedir ve geri kalan boşluğu kendi kelimelerinizle doldurursunuz.

Başkalarıyla kolayca konuşabilen arkadaş canlısı bir insansınızdır. Ancak konuşkanlığınız bazen biraz abartılı olur ve insanları yorabilir. Zaman zaman asilik yaparsınız. Bazen de keskin bir dille konuşarak insanları şaşırtabilir hatta onları kırabilirsiniz. Elbette insanları kırmak gibi bir niyetiniz yoktur; size göre gerçekler açık bir biçimde ifade edilmelidir. Konuşmadan önce düşünmeyi öğrenmeniz gerekir. Sık sık ağzınızdan bir şeyler kaçırdığınız için özür dilemek zorunda kalırsınız.

Bazen size anlatılanları elinizde olmadan diğer insanlara aktarırsınız. Bu nedenle size verilen bir sırrı saklayacağınıza yemin etmeniz gerekir ki bu durumda bile zorlanabilirsiniz. Eğer bir dedikodu varsa, bunun aktarılması gerekir. Size göre, dedikodu sağlıklı bir şeydir ve herkesi canlı tutar.

Her zaman insanlara anlatacak garip ve sıra dışı bir hikayeniz vardır. Genellikle de bir hikayenin içinde bir başka hikaye saklıdır. Öyküleri bir araya getirmek konusunda gerçek bir ustasınızdır. Öyküleriniz o kadar gerçekçidir ki insanlar bunlara inanmak isterler.

İnsanlar üzerinde entelektüel bir etki yaratırsınız ama aynı zamanda asi tavırlarınız da dikkatlerden kaçmaz. Zaman zaman karşınızdaki insana o kadar fazla bilgi verirsiniz ki insanlar kendilerini bunalmış hissedebilirler. Bu nedenle, onlara bilgi verirken soru sormayı, isteklerini anlamayı öğrenirseniz daha başarılı bir İletişimci olabilir ve monologdan diyaloga daha hızlı bir geçiş yapabilirsiniz.

2. HANE

6 Rakamı

Haziran

İkinci hanedeki 6 rakamı, çekici, yumuşak, cazibeli, aceleden hoşlanmayan, sakin ve uyumlu bir ses tonunu ifade etmektedir.

Konuşmaya başladığınızda, ilk dikkati çeken yanınız kadifemsi sesinizdir. Sesinizin özel rengi, insanların büyülenmesine neden olur. Sesinizin cazibesine dayanabilmek insanlar için çok zordur. Sesinizin sıcak, ipeksi dokusu adeta karşınızdaki insanları ipnotize eder.

Kelimeleriniz her zaman yumuşak, dostane ve kahkahalarla doludur. Ancak zaman zaman bir anda sertleşip herkesin hayretler içinde size bakıp kalmalarına neden olabilirsiniz. Bunun nedeni kimsenin sizden bu tür bir çıkış beklememesidir. Fakat merak etmeyin, hiddetiniz ve inatçılığınız çabuk geçer ve kısa süre içinde eski çekici ses tonunuza yeniden kavuşursunuz.

Eğer bir sunucu veya DJ'seniz, dinleyiciler sesinizin tonundan çok etkileneceklerdir. İnsanlar daima biraz daha konuşmanızı isterler.

Konuşmaya başladığınızda karşınızdaki insanlar, büyük bir işitsel zevk ve tatmin duyarlar. Sizinle daha önceden tanışmamış olsalar bile, sesinizi işittikleri zaman gülümserler. Siz konuşurken eğer biri gözlerini sizden kaçıramadan sizi izlerse şaşırmayın. Sesiniz, herhangi bir şarkıyı, seksi bir hale dönüştürebilir. Aslına bakarsanız, bütün aylar içinde en seksi ses tonu size aittir. Konuşmaya başladığınızda insanlar büyülenir ve size yaklaşmak isterler. Kısacası, sesiniz herkesin aklını başından alır.

Net bir şekilde konuşur, içten ve nazik olursunuz. Konuşmaya başladığınızda, ses tonunuz yumuşak bir şekilde kelimelerin üzerini örter. Gerçek bir romantik olduğunuz için insanlar, yaydığınız sevecenlikten huzur bulur ve rahatlarlar. Yalnızca sizin yayabildiğiniz sıcaklıktan nasiplerini alabilmek için sizinle aynı ortamda bulunmak isterler.

Bütün bu yumuşaklığınızı, kelimelerinizi biraz daha düzenli ve organize seçerek çok daha güçlü bir hale getirebilirsiniz. O zaman, insanlar sizin yalnızca keyifli ve güzelliklerden hoşlanan bir insan olduğunuzu düşünmeyecek aynı zamanda elinize aldığınız işi tamamlayabileceğinize de inanacaklardır.

2. HANE

7 Rakamı

Temmuz

İkinci hanedeki 7 rakamı, soğuk, çekingen, içe kapalı ve gizemli izlenimini yaratan bir ses tonunu ifade etmektedir.

Temmuz doğumlu birisi olarak, soğuk ve uzak durursunuz. Konuştuğunuzda sesiniz o kadar kısık çıkar ki insanlar sık sık söylediklerinizi tekrarlamanızı isterler. Bu, biraz utanç vericidir; öne eğilir ve ses tonunuzu biraz daha yükseltirsiniz.

Bazen ses tonunuz insanlar tarafından son derece soğuk bulunabilir. İnsanlar, ifadesiz olduğunuzu ve mizah anlayışınızın yeterince gelişmemiş olduğu düşünebilirler. Bununla birlikte bunun en önemli nedeni çekingenliğinizde. Eğer kendinizi bulunduğunuz ortamda rahat hisseder ya da konuştuğunuz konuya hakim olduğunuza emin olursanız, kelimeleriniz bir anda bilgeleşir ve eğlenceli bir hale gelir. Bu durumda insanlar sizi dinlemekten çok zevk alırlar ve sesinizdeki içtenlikten hoşlanırlar.

Ses tonunuz ender olarak yükselir. Yüksek sesleri, gürültüyü sevmediğiniz gibi kendiniz de alçak bir ses tonuyla konuşursunuz. Felsefeden, sanattan ve gizemli konulardan konuşmayı sevebilirsiniz. O kadar ruhani bir ses tonunuz vardır ki bazen ürkütücü olabilirsiniz. Zaman zaman sesinize biraz duygu vermeye çalışabilirsiniz.

Konuşmaktan pek hoşlanmazsınız, utangaç, sessiz ve içine kapanık algılanırsınız. İnsanlar tam olarak kim olduğunuzu anlamakta zorlanırlar. Genellikle gölgelere saklandığınız için insanlar sizinle konuşmakta zorlanırlar. Kendinizi umutsuzluktan korumak için içinize kapanır ve fazla bir şey söylemezsiniz. Sık sık bir cümlenin ortasında duraklar, kararsız kalır ve ardından konuşmanızı sürdürürsünüz. Samimi olmak gerekirse siz de insanların, hakkınızda fazla şey bilmelerinden hoşlanmazsınız. Hayatınız size özeldir ve öyle de kalması gerekir.

Kendinizle o kadar meşgulsünüzdür ki insanlara uzak durabilirsiniz. Bunalımda olduğunuz düşünülebilir. Bunun nedeni sesinizin monoton olması ve adeta derin bir bunalımdaymışsınız gibi trajedilerden ya da duygulardan bahsetmenizdir. Ses tonunuzda çoğu zaman bir kırılganlık vardır.

Canlı hayal gücünüz nedeniyle herhangi bir şeyi tıpkı bir masal gibi anlatmayı başarabilirsiniz. Bu nedenle de kendinizi şiir ya da edebiyatın diğer alanlarıyla daha rahat ifade edebilirsiniz. Aslına bakarsanız küçük notlar yazmayı, konuşmaya tercih edersiniz çünkü dikkatleri üzerinize çekmekten hoşlanmazsınız.

Mükemmellik tutkunuz başkalarıyla konuşurken de önceliğinizdir. Utangaçlığınız kendinize güven duymanıza engel olabilir. Bu nedenle ilk kelimeyi söylemeyi başarmanız büyük bir çaba ve kendine güven gerektirir. Bununla birlikte bir kez kendinize güveninizi kazandınız mı, gittikçe akışkanlık kazanmaya başlarsınız ve sözleriniz daha berrak ve konuya odaklanır hale gelir. İlgi alanlarınız olan müzik, sanat, şiir ve tasarım gibi yaratıcı alanlarda konuşmaktan zevk alırsınız.

Başkalarının hayatlarının ayrıntılarını araştırmanın nazik olmadığını düşündüğünüz gibi kendi hayatınızın ayrıntıları hakkında konuşmayı da pek sevmezsiniz. Eğer daha az endişelenmeyi ve insanlara biraz daha yakınlaşmayı başarabilirseniz çok daha iyi iletişim kurduğunuzu göreceksiniz. İnsanlarla kendi hayatınız ve onların hayatları ile ilgili küçük sırlar paylaşmak ya da iç dünyanızdan bahsetmek çoğu zaman yakın arkadaşlığın kapısını açan bir anahtar olabilir.

2. HANE

8 Rakamı

Ağustos

İkinci hanedeki 8 rakamı, sağduyulu, güvenilir, sorumluluk sahibi, cesur ve becerikli bir yönetici olduğu izlenimini yaratan bir ses tonunu ifade etmektedir.

Ağustos ayında doğmuş bir insan olarak, eğer diğer insanları etkileyecek büyük bir hikayeniz varsa sesiniz çok mutlu çıkar. Kesinlikle devasa tonlarla, abartılı mimik ve jestlerle konuşmayı çok iyi bilirsiniz.

Konuşmaya başladığınız anda herkesin dikkatini çekersiniz. Cesur, güçlü ve net bir ses tonunuz vardır. Adeta tüm dünyanın sorumluluğu sizin üzerinizdeymiş gibi konuşursunuz. İşler yolunda gitmediğinde, ses tonunuz hüzünlü, üzgün, morali bozuk ve bunalımda çıkabilir.

Mutlaka işitilmek ister, çevrenize bakıp herkesin sizi dinlediğine emin olursunuz. Eğer dikkat çekmediğinizi fark ederseniz ses tonunuzu daha da yükseltebilirsiniz. Sesinizde kesin bir otorite vardır ve insanlar size hayır demekte zorlanırlar. Etkileyici ve ikna edici sesiniz, insanlara istediğinizi yaptırmanızı sağlar. Bu özelliğiniz iş dünyasında hoş karşılanır ve karşınızdaki kişiyi ilgili iş için doğru insan olduğunuza ikna edebilirsiniz.

Sesinizde bulaşıcı bir şey vardır ve insanlar sizi dinlemekten zevk alırlar. Sesinizin tınısı, içgüdüsel olarak kendilerini güvende ve rahat hissetmelerine neden olur. Son derece eğlenceli birisi olabilir ve dinleyenleri avucunuzun içine alabilirsiniz.

Kalabalık önünde rahat konuşur ve insanları kendi düşüncelerinize çekebilirsiniz.

Konuşurken sağduyulu olduğunuz hemen hissedilir. Kelimeleriniz daima bilgece olduğu için başkaları, sorunlarını sizinle paylaşır ve onlara yardım etmenizi isteyebilirler. İnsanlara akıl verme konusunda çok başarılısınızdır. Gerçek dışı tavsiyelerden hoşlanmaz insanları gerçekliğe çekmeyi seversiniz. Buna karşın zaman zaman, gerçeklikten çok hoşlansanız da, belli sınırlardan oluşan kendinize özgü bir dünya ve anlayış geliştirebilirsiniz ve bunu, konuşmalarınıza yansıtırsınız.

Konuşma tarzınız bazen insanların üzerinde sanki onlara durmadan emir veriyormuşsunuz gibi bir izlenim yaratabilir. Oysa siz kendinizi, sabırlı, ciddi ve sorumluluk sahibi bir insan olarak görür ve konuşmalarınız sırasında hayalperest yaklaşımlara fazla itimat etmezsiniz. Uçucu fikirler canınızı sıkabilir. Bu nedenle sözlerinizle, karşınızdaki insana bir şey anlatmaya, ayaklarını yere basması için onu teşvik etmeye çalışırsınız.

İnsanların sorumluluk almaları gerektiğini düşünürsünüz. Fakat insanlara "neyi" yapacaklarını söylerken, "ne şekilde" yapacaklarını da söylerseniz o zaman onların üzerindeki baskıyı ortadan kaldırabilirsiniz. İnsanlar için her şeyi siz düzenlemek zorunda değilsiniz, bırakın hata yapsınlar. Hatalar hepimizi olgunlaştırmak için vardır. Bir şeyleri kendi bildiğiniz şekilde yapmak yerine ve gerekli miktarda bilgi verdikten sonra insanları kendi kararlarını vermeleri için serbest bırakma cesaretini gösterin.

2. HANE

9 Rakamı

Eylül

İkinci hanedeki 9 rakamı, çocuksu, neşeli, oyuncu, iyiliksever, hevesli ve sanki ne söyleyeceğinden emin değilmiş izlenimini yaratan ses tonunu ifade etmektedir.

Tam olarak aklınıza geleni söyleme eğiliminiz vardır. Zihniniz, kelimeler yerine resimlerle çalışır. Bu sayede resimde ne olduğunu söyleyebilme yeteneğiniz vardır. Elbette bu durum kelimeleri biraz ters yüz edebilir ya da garip cümleler söylemenize neden olabilir. Örneğin:"İki nokta arasındaki en kısa yol, sineğin uçuş rotasıdır," gibi... İnsanlar ne söylediğinizi anlamaya çalışırken akıl karışıklığı ile kafalarını kaşıyacaklardır. Bazen de söyledikleriniz o kadar derindir ki diğerleri söylediklerinizi anlayamazlar. Akılları karışıp başlarını sallar ve doğru şeyi duyup duymadıklarına emin olmaya çalışırlar.

Siz ise sanki zevk alıyor gibi görünürsünüz. Konuşmanız çoğu zaman, belli bir neden yokmuş gibi görünse de kendi kıkırdamalarınızla ya da kahkahalarınızla kesilir. Şakalaşmaları, oyunculuğu seversiniz. Ses tonunuzda çocuksu bir tını vardır ve bu da, bir şey söylüyormuş gibi değil de bir şey istiyormuşsunuz gibi algılanmanıza neden olur. Sesinize genellikle kendinizden emin değilmişsiniz gibi bir ton hakimdir ve karşı tarafta aklınızın karışık olduğu ve ne söyleyeceğinizden emin olmadığınız izlenimi yaratır.

İnsanlar ilk başta kelimelerinizi çocuksu bulsalar da bu yalnızca bir yanılsamadır. Bu çocuksuluğun ardında dünyanın en parlak zihinlerinden bir tanesi bulunmaktadır. Hiç beklenmedik bir anda ağzınızdan inanılmaz derecede bilgece laflar dökülür ve insanlar bu sözleriniz karşısında derinden etkilenirler. Kelimelerinizle insanları peşinizden sürükleme beceriniz vardır. Üstelik insanların, sizin niyetlerinizin iyi ve doğru olduğuna inanmaları etkileyiciliğinizi daha da artırır.

İçten pazarlıklı bir insan değilsiniz ve durum neyse onu söylersiniz. Bu, sizin konuşma tarzınızı anlamayan insanları rahatsız edebilir. Utançla kafalarını sallar ve dürüstlüğünüz karşısında şaşkınlığa düşerler.

Kelimeleri kafanızda birbirine karıştırıp ardından aklınızda ne olduğunu görmek için onları dile dökebilirsiniz. İnsanlara bir hikaye anlatmaya kalktığınızda, onları hikayenizle etkilemek ister ve bu nedenle biraz abartabilirsiniz. Hikaye anlatırken gözlerinizi kocaman açmanız alışılmadık bir şey değildir ve adeta tüm ayrıntıları bir anda anlatmaya çalışırken soluk soluğa kalmış gibi olursunuz.

Sürekli olarak bir şeyler öğrenmek istersiniz. Bir konu ilginizi çektiğinde, o konuyu araştırmak için saatlerinizi harcar ve keşfettiğiniz tüm bilgiyi kim isterse ona vermekte bir sakınca görmezsiniz.

Kelimeleriniz her zaman biraz uçarı olabilir. Adeta kendini oyuna kaptırmış ve hayal dünyasının sınırlarını zorlayan bir çocuk gibi. Oysa siz, o an içinde bulunduğunuz duruma kendinizi tümüyle verip ve tükenmez bir enerji ile o konu üzerinde konuşuyor olursunuz. Eğer o muhteşem kararlılığınızı, zekanızı ve eşsiz fikirler sunma yeteneğinizi daha fazla kullanırsanız, karşınızdaki insanlar üzerindeki etkileyiciliğinizin daha da arttığını göreceksiniz. Bununla birlikte, o muhteşem fikirlerinizi bu kadar teklifsizce paylaşmamayı öğrenir ve biraz daha temkinli davranırsanız, çalınmalarını da önleyebilirsiniz.

3. HANE

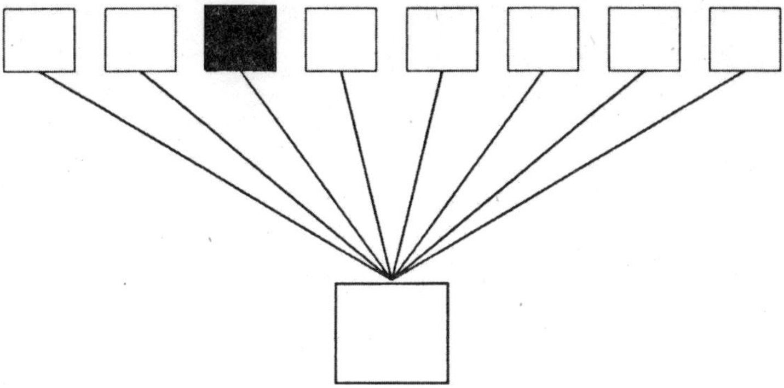

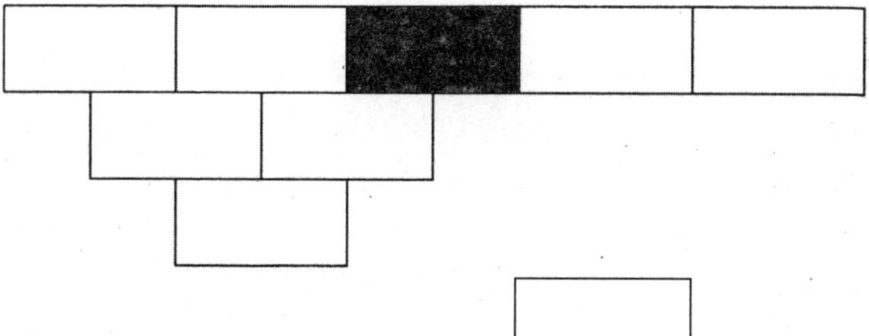

Bu şema 28. sayfada belirtilen orijinal Pin Kod formülüne aittir.

3. HANE

TATMA DUYUSU

İnançlarınız ve dünyayı algılama biçiminiz

İnançlarınızı ve dünyayı nasıl algıladığınızı ifade eden bu hane küresel bilinç hanesidir.

Üçüncü hanedeki rakam ile ifade edilen Tatma Duyunuz, sizin dış dünyayı algılamanızı, görüşlerinizi, inançlarınızı, dünya sahnesinde nasıl bir rol almak istediğinizi, iş alanındaki seçimlerinizi ve genellikle üzerinde konuştuğunuz konuları anlatır.

Sizin ne tür bir tat anlayışına sahip olduğunuzu ve çevreniz üzerinde ne tür bir etkiniz bulunduğunu bu hanedeki rakam anlatmaktadır.

Yaşamdan nasıl bir tat aldığınız ve ondan ne elde etmek istediğiniz yaşamınıza yansımaktadır. Sadece bir şişe bira alacak paranız olsa da bir şişe pahalı şampanyayı takdir edecek tat duyusuna sahip olabilirsiniz. Sahip olduklarınızla sahip olmak istediklerinizi nasıl birleştireceğiniz ise tümüyle size kalmış bir meseledir.

Bu hanedeki rakam sizin ilk hanedeki ve ikinci hanedeki rakamlarınızı, yani görünüşünüz ve ses tonunuz ile ilgili rakamları kullanarak dış dünya ile etkileşiminize ne şekilde yön verdiğinizden bahseder. Bu anlamda, ikinci hanedeki rakam ses tonunuz aracılığıyla karşınızdaki insana sizinle ilgili bir mesaj verirken, üçüncü hanedeki rakam genellikle o ses tonunu kullanarak nelerden bahsettiğinizi anlatır. Bu açıdan üçüncü hanedeki rakam birinci ve ikinci hanelerdeki rakamlardan etkilenecektir. Bu etkileşim, Pin Kodunuzu oluşturan tüm hanelerdeki rakamlar arasında vardır ve etkileşimin doğru yorumlanması gerekir. Dünya görüşünüzü belirlemenizde bu rakamın güçlü bir etkisi bulunmaktadır.

Gelin yaşamdan nasıl bir tat aldığınıza birlikte bakalım...

3. HANE

1 Rakamı

Üçüncü hanedeki 1 rakamı, dünyadaki sorunların büyük bir kısmının yeterince iyi liderler olmamasından kaynaklandığını düşünen hatta bilge kralların yönetimde olmaları gerektiğine dair güçlü inancı olan bir kişiliği anlatır.

Gerçek bir lider olma potansiyeliniz var. Elbette bunun için bilgeleşmeyi ve insanların düşüncelerine önem vermeyi öğrenmeniz gerekiyor. Tüm liderlerin bilge danışmanlara ihtiyacı vardır; sizin de öyle. Eğer çevrenizdeki insanların ihtiyaçlarını doğru belirler, onların düşüncelerine önem verir ve kendinize duyduğunuz güvenin eksilmesine izin vermezseniz çok başarılı bir lider olabilirsiniz.

Hedefleriniz son derece net ve basittir; zirveye ulaşmayı istersiniz. Bunu varlığınızın derinliklerinde hissedersiniz. Başarıya duyduğunuz arzuyu asla reddedemezsiniz. Bu nedenle insanların sizi, liderleri olarak kabul etmeye hazır olmaları gerekir.

Yaşamınız iyi olduğunda gurur ve hevesle coşarsınız. İnsanların da bu durumun farkında olmaları ve dünyadaki yerinizi anlamaları gerekir. Yaşam ile ilgili tat duyunuz, yüce gönüllü, bağışlayıcı, sosyal ve açık olmanızı sağlar. Çevrenizdeki insanların, sizin kendinize olan güveni görmeleri ve size saygı duymaları önemlidir.

Geleceğe odaklanmış bir insan olduğunuz için sürekli olarak plan yapar, geleceğinizi garanti altına almak istersiniz. Geçmişinizdeki insanlarla bağlantılarınızı korumaya çalışır, aile ve arkadaşlarınıza çok önem verirsiniz.

Geçmişinizdeki insanlarla ilişkilerinizi sürdürmeyi ve onlara her zaman ortalıkta olduğunuzu belirtmeyi seversiniz. Kontrolün sizde olması gerekir; enerjinizin tamamını elinizdeki projeye büyük bir hevesle adarken, zayıflara yardım etmeyi ihmal etmezsiniz. En iyi sonucu elde etmeye çalışırsınız çünkü sizin için yeterince iyi olan tek şey zirvede olmaktır. Yönlendiren tavırlarınızla saygı bekler ve yaşamınızda mutlaka zirveye doğru ilerlersiniz.

Otoriteyi ele geçirdiğinizde çok iyi iş çıkarırsınız çünkü herhangi bir şüphe hissetmeden iş verebilir ya da sorumluluk paylaştırabilirsiniz. Eğer insanlar size karşı bir hata yaparsa onları kolayca affedersiniz.

Eğer kabul görmezseniz, gerçekliğinizin zemini sarsılır, kendinizi zayıf ve güçsüz hissedersiniz. Bu da umutsuzluk krizlerine kapılmanıza, etkisiz olmanıza ve kendinizi çaresiz hissetmenize neden olabilir. Bu durumda hayat, dayanılmaz bir hâl alır. Zirvede olmamak sizin için büyük bir üzüntü kaynağıdır. Tüm yaratıcılığınız bir anda buhar olup uçar.

Eleştirildiğiniz zaman, kendinizi reddedilmiş ve öfkeli hissedersiniz. Size göre eleştiri, bir anlamda otoritenize saldırı anlamına gelmektedir. Bununla birlikte kendinizi değersiz hissetmeyi reddeder, başkalarının üzerinde otoritenizi daha güçlü gösterir ve kontrolü ele geçirmek için zorbalaşabilirsiniz.

Kibirli olmayın. Egoistliğinizle çevrenizdekileri güçten düşürür ve güç duygusunun aklınızı başınızdan almasına izin verirsiniz.

Gururunuz ve kendinize duyduğunuz güven en kolay yara alan yanınızdır. Eğer güveninizi yitirmemeyi başarırsanız çok başarılı bir lider olabilirsiniz. Yöneticilik sizin için son derece uygun bir meslektir.

Konuşmalarınızdaki canlı hava ve liderlik, karşınızdaki insan tarafından algılanır. Sağduyulu bir insansınızdır ve bir iş yapılırken iyi bir planın olmamasından ya da uçarı düşüncelerden hoşlanmazsınız. Kısa vadeli çözümler sizi rahatsız eder. Çözümlerin uzun vadeli olmaları gerekir.

İyi bir eğitim yardımıyla hayatta oldukça ilerleyebilirsiniz. Herhangi bir işe giriştiğinizde lider tavırlarınız hemen dikkat çeker. İnsanlar size güven duyup, sizin yönetiminiz altında çalışmaktan hoşlanabilirler. İşleri kendi bildiğiniz tarzda yapmayı seversiniz. Kendi patronunuz olmaktan hoşlanır ve bağımsızlığınızı kazanmak istersiniz. Bu nedenle de her zaman kendi küçük krallığınızı kurmak ya da en azından kendi işinizi yapmak istersiniz.

3. HANE

2 Rakamı

Üçüncü hanedeki 2 rakamı, dünyadaki sorunların insanların yeterince şefkatli olmamalarından, birbirlerini yeterince sevmemelerinden ve birbirlerine yardımcı olmamalarından kaynaklandığını düşünür ve bu sorunların şefkatli yaklaşımlarla çözülebileceğine inanır.

2 insanı olarak siz de çevresindekileri koruyup kolladığınız, beslediğiniz, ihtiyacı olanları desteklediğiniz, ailenize ve sevdiklerinize özen gösterdiğiniz zaman yaşamdan daha fazla tat alırsınız.

Nazik, yumuşak ve sınırsızca karşınızdakinin yardımına koşmak ve onları yönlendirmek sizin için çok önemlidir. Tükenmez şefkatiniz herkesin dikkatini çeker ve insanlar yaralarının sarılması için hemen sizin yanınıza gelirler. Onları sabırla dinler ve avutursunuz. Ancak zaman zaman karşınızdaki insanların sorunlarına fazla kaptırıp kendinize zarar verebilirsiniz. Bu nedenle yardımlarınızın bir sınırının olması gerektiğini unutmamalısınız.

Hayır için yapılan işler sizin için çok değerlidir ve sık sık kendinizi hayır işlerinde bulabilirsiniz. Herkesin yardımına koşan bir insan olmanıza karşın kendiniz yardım kabul etmekte çok zorlanırsınız. Ancak, almanın da vermek kadar önemli olduğunu unutmamalısınız.

Ailenize, arkadaşlarınıza ve doğal olarak da ilişkilerinize çok önem verirsiniz. Sevdiklerinizi koruma ihtiyacıyla kara günler için mutlaka bir köşede birikim oluşturmaya çalışır ve geleceğinizi garanti altına almak istersiniz. Ayrılıklar sizin için çok yıpratıcı olduğundan elinizden gelen çabayı göstererek ilişkilerinizi korumaya çalışırsınız.

Korkularınıza dikkat edin. Sevdiklerinizi korumak amacıyla aşırı baskıcı bir hale gelebilirsiniz. Sevdiklerinizin kendi ayakları üzerinde durmalarına ve kendi hayatlarını yaşamalarına izin vermek onlar için yapabileceğiniz en önemli destektir. Bu tutum, aynı zamanda kendinizi yıpratmanızı da engelleyecektir.

İnsanları beslemek sizin için çok önemli olduğundan gıda alanında oldukça başarılı olabilirsiniz. Elbette hangi işi seçeceğiniz pin kodunuzun tüm hanelerindeki rakamlar tarafından belirlenmektedir. Örneğin eğer rakamlarınız spor için uygunsa çok iyi bir savunma oyuncusu olabilirsiniz.

3. HANE

3 Rakamı

Üçüncü hanedeki 3 rakamı, dünyadaki sorunların önemli nedenlerinden bir tanesinin yeterince disiplinli ve organize olmamaktan, insanların kendilerini işlerine adamamasından ve inançlarının yeterince güçlü olmamasından kaynaklandığına inanır.

Hayattan tat alma anlayışınız, kendinizden emin bir şekilde, düzen yaratmak (hatta karmaşadan bile) ve organize etmektir. Amacınız basittir; dikkatle tasarlanmış bir plan yardımıyla kazanmak. Gerektiğinde, var olan düzensizliğe saldırır, katı ve disiplinli davranırsınız. Bir işi yönetme ve organize etme beceriniz hemen göze çarpar. Size ilginç gelen bir işten bahsedildiği anda zihniniz onun ayrıntıları ve organizasyonu üzerinde çalışmaya başlar, hedefinize ulaşmak için en hızlı yolu seçerek kısa bir sürede ilgili her tür planı yapmış olursunuz ve kararınızdan asla dönmezsiniz.

Zihninizde, bir işin başarılması için yalnızca tek kişilik yer vardır. Bağımsız olmayı seversiniz. Bu nedenle işi siz yapar ve diğerlerine nasıl yapılacağını gösterirsiniz.

Üç rakamı askeri ve devrimseldir. Elinize aldığınız her işi askeri bir düzen içinde hakkıyla yerine getirerek yapabilecek tek kişi sizsinizdir ve bunu kimse sizin kadar iyi başaramaz.

Kendinizi tam anlamıyla elinizdeki işe adarsınız; ama ilk olarak o işe inanmanız gerekir. Eğer yapacağınız şeye inanmıyorsanız o zaman o işi yapmanın bir anlamı yoktur; bunun zaman ve enerji kaybından başka bir şey olmadığını düşünürsünüz.

Her şeyin yerli yerinde olması ve doğru yapılması gerekir. Disiplinsizliğe, zayıflığa, kararsızlığa tahammül edemezsiniz. Sizi yavaşlatan insanlar varsa, çekip gitmelerini söylersiniz.

Hedefinize ulaşmaya çalışırken, denkleme duygusallık etkenini koymazsınız. Bunun nedeni, bir iş yapılırken duyguların devreye sokulmamaları gerektiğine inanmanızdır. Çabalarınız sırasında bazen kabalaşabilirsiniz ancak yaptığınız işten asla yakınmazsınız.

Son derece tutkulusunuz ve işlerin dürüstlük, açıklık ve azimle başarılabileceğine inanırsınız. Bir kez hedefinizi belirlediniz mi hiçbir şey sizi durduramaz, zorluklar sizi korkutmaz. Hedefe ulaşıncaya kadar gerekirse dağları yerinden oynatır, baskı uygulamayı ve çaba sarf etmeyi sürdürürsünüz. İnsanlar, başarınızı hayranlıkla izlerlerken siz bu duruma aldırmadan bir sonraki iş ile ilgilenmeye başlarsınız.

Çevrenizi yalnızca etkili ve iş yapabilecek kişilerle donatırsınız. İnsanlar, yönlendirmelerinize saygı duyar ve onlara harfiyen uyarlar. Emirlerinizin kesin bir şekilde yerine getirilmesi ve gecikme olmaması konusunda son derece hassassınızdır. Eğer herhangi bir şekilde rahatsızlık yaşayan olursa onları uzaklaştırır ve yerlerine doğru düzgün davranan ve işini hakkıyla, zamanında yerine getirebilecek insanlar bulursunuz.

Büyük bir şeylerin parçası olmaktan hoşlandığınız için dini düşünceler ya da siyasi ideolojiler sizi kendine çekebilir. Ancak belli bir görüş konusunda fanatikleşmemeye dikkat etmeniz gerekmektedir. Yoksa, insanlar, sizin yanlış yönlendirilmiş olduğunuzu düşünebilirler

Olağanüstü organizasyon yeteneğinize, kararlılığınıza ve disiplininize biraz keyif ve güzellik de eklerseniz çok daha başarılı olabilirsiniz. Gülümsemek, insanlarla aranızdaki iletişimin çok daha rahat ve başarılı olmasına yardımcı olabilir.

Kurumsal yapılarda kendinizi rahat hissettiğiniz için düzen gerektiren askerlik, organizatörlük, mühendislik ve benzeri alanlarda oldukça başarılı olabilirsiniz.

3. HANE

4 Rakamı

Üçüncü hanedeki 4 rakamı, dünyadaki sorunların ortadan kaldırılması için olayların ardındaki gerçeklerin gün ışığına çıkarılmaları gerektiğine inanan, aynı zamanda devrim yanlısı ve değişimden asla korkmayan bir bakış açısını ifade etmektedir.

Siz, meraklı, kaşif, öğrenmekten hoşlanan, birden fazla işe yetenekli ve sorgulayıcı bir zihne sahipsiniz.

Yaşam ile ilgili tat anlayışınız o kadar çeşitlidir ki, dünyanın her yanına yayılsanız bile gerçekte ne istediğinizi bilemezsiniz. Zihniniz sürekli olarak yaşamın ve çevrenizdeki insanların etkisi altındadır.

Ayaklarınızın nerede yere basacağını bilemezsiniz; bu dünyadaki en yaratıcı zihinlerden bir tanesisiniz. Kelimenin gerçek anlamında bir dedektifsiniz ve insanların dürüstlüğünü korumak için yaratılmışsınız; algılarınızın saptayabildiği küçük ayrıntıları yakalar ve dünyanın yaratıcı yanını anlayıncaya kadar bu bilmeceyi incelersiniz.

İnsanların kendilerini mutlu hissetmelerinden çok hoşlanırsınız. Keskin bir mizah anlayışınız vardır ve bu mizah anlayışınız sık sık yanlış anlaşılır.

Farkında olmadan bilgi toplarsınız ve bu konuda başarılı olmak için insanlarla akıl oyunları oynarsınız. Bu oyunlar masum olabilir ama bazen sınırı aşarsınız ve insanlar sizin işlerine burnunuzu soktuğunuzu düşünebilirler. Biraz fazla bireysel davranır ve insanların araştırmalarınıza itiraz etmelerine aldırmazsınız. Onlardan, ihtiyaç duyduğunuz tüm bilgiyi alıncaya kadar durmazsınız. Diğer insanların size karşı biraz tahammülsüz olmalarına neden olabilir ama yine de araştırmanızı bırakmazsınız. Amacınız başkalarının hayatına burnunuzu sokmak değildir; öğrenmek istediğiniz, her şeyin nasıl işlediğidir.

Bilgi edinme yöntemleriniz inanılmazdır. Sorular, sorular ve daha fazla sorular; istediğiniz tek şey, insanların kendilerini keşfetmelerine yardımcı olmaktır ama bazen biraz aşırı meraklı bulunursunuz.

Araştırmalarınız sırasında konunun en derinine iner, oldukça utandırıcı ve araştırıcı sorular sorabilirsiniz. Kısacası, patavatsız davranabilirsiniz. Bakış açınızın, insanların inanmasını istediğiniz şeyi değil, gerçekleri yansıttığına emin olmalısınız. Yalnızca ne yapacaklarını anlamak için lafları insanların ağızlarına tıkamak konusunda esrarengiz bir beceriniz vardır, akılları karıştırmayı ve şaşırtmayı seversiniz.

Olayların görünüşüne kanmaz, var olan şeyleri, daha iyi bir seçenek bulunup bulunmadığını görmek için bir kez daha düzenlersiniz. Yani bir şeyi okur, ardından onu yeniden yazar ve biraz daha düzenlemeyi sürdürürsünüz. Sizin için hiçbir şey göründüğü gibi değildir; eğer öyleyse bile değişecektir. Basit bir şekilde, son sözü sizin söylemeniz gerekmektedir. Bu, çileden çıkarıcı olabilir ama bir konuşma sırasında her tür bilgiyi çekip çıkarırsınız. Konuyu enine boyuna tartışır ve şeytanın avukatını oynamayı çok seversiniz. Zaman zaman bir projenin raydan çıkmasına neden olabilirsiniz ama genellikle diğer insanlar size, gizli kapaklı bir takım niyetlerin açığa çıkmasını sağladığınız için teşekkür edeceklerdir.

Bir şeylerin yerini değiştirme huyunuza engel olamazsınız; duvardaki resimlerin yeri, mobilyalar ve ofisiniz... Değişime ihtiyaç duyarsınız. Zaman zaman sıra dışı yaklaşımlarınız ve bir şeyleri değiştirme huyunuzla çevrenizdekileri rahatsız edebilirsiniz. Fakat siz bir olayın iki yanını da görmek isteyen bir insan olduğunuz için bunu yapmadan duramazsınız.

Doğal merakınız ve sürekli olarak mekan değiştirme ihtiyacınız turizm alanında da başarılı olmanızı sağlayabilir. İşte bu nedenle seyahat etmekten hoşlanır ve başkaları için de seyahat tasarlamaktan çok zevk alırsınız.

Hemen her konuda bilginiz vardır. Her şeyden biraz anlarsınız. Birden fazla işle uğraşabilir, yine birden fazla alanda yetenek geliştirebilirsiniz. İnsanları da bir konuda harekete geçmeleri için cesaretlendirmekte üzerinize yoktur.

Gelişmiş sorgulama yeteneğinizle pek çok konuda bilgi almak sizin için çocuk oyuncağıdır. Büyük olasılıkla aranız elektronik araçlar ve teknolojiyle de oldukça iyi olduğundan internet, cep telefonu gibi araçları kendi araştırmalarınızda bolca kullanabiliyorsunuzdur. Ancak bir işi yaparken hızla sonuca ulaşmadan önce insanlarla konuşmayı, onlardan bilgi almayı ve onları bilgilendirmeyi öğrenirseniz iş dünyasında çok daha başarılı olabilirsiniz.

3. HANE

5 Rakamı

Üçüncü hanedeki 5 rakamı, dünyadaki sorunların önemli nedenlerinden bir tanesinin insanların yeterince özgür olmamalarından, istediklerini yapmalarına izin verilmemesinden kaynaklandığını düşünür. Bu sorunun, insanların inançları doğrultusunda hareket etmeleri, ideallere sahip olmaları ve iç seslerini izlemeleri ile çözülebileceğine inanır.

Sizin için önemli olan, ne olursa olsun özgür olmanız ve asla bir yere hapsedilmediğinizi bilmenizdir. Saniyeler içinde kısıtlandığınızı hissedebilir, asileşebilir ve hemen o an kaçabilirsiniz. Bununla birlikte, eğer özgür olduğunuzu bilirseniz, bir bilgisayarın önünde saatlerce oturabilir ve bilgisayar programının nasıl işlediğini anlamaya çalışabilir, hatta programı kendiniz yazabilirsiniz. Çalışma kararı size ait olduğu sürece herhangi bir sorun yoktur.

İşinize karışılmadığında çok daha etkili olursunuz. Bunu kabul edin; siz bir asisiniz. Bu sizin gerçekliğiniz olduğu için, insanların işleri kendi tarzınızda yapacağınızı bilmeleri gerekir. Zihniniz, yepyeni fikirlerinizin etkisiyle o kadar heyecanlıdır ki, aklınızda dolaşıp duran fikirleri açıklamakta zaman zaman çok zorlanabilirsiniz. Hayatın tadı sizin için özgürlük ve kimse tarafından kısıtlanmadan hareket halinde olmaktır.

Değişimden korkmadığınız için var olan bir durumu ya da olayların akışını değiştirmekten hiç rahatsız olmazsınız. Fikirler ve iletişim konusunda mükemmelsinizdir. Beyniniz ışık hızında düşünebilir ve aklınızdan çok fazla düşünce geçtiği için odaklanmakta zorlanabilirsiniz. Düşünmeden konuşabilirsiniz.

Bu da kendinizi adeta iki adım ileri, bir adım geri gidiyormuşsunuz gibi hissetmenize neden olabilir.

Rekabet ve yarışma sizin asla karşı koyamayacağınız bir meydan okumadır çünkü adrenalini hissetmenizi sağlar. Konu ne olursa olsun, şansınızı denemek istersiniz.

Kelimelerin kullanımı konusunda gerçek bir ustasınızdır. Herhangi bir hazırlığa ihtiyaç duymadan konuşma yapabilir ve kitleleri harekete geçirebilirsiniz. Kelimeleriniz o kadar etkileyici ve ikna edicidir ki dünyanın en iyi satıcılarından bir tanesi olabilirsiniz. Sattığınız şey bir görüş de olsa bir ürün de olsa onu satmakta başarılı olabilirsiniz.

Bir komedyen olarak kesinlikle en iyisisinizdir. İnsanları (sıkıntılı zamanlarda bile) güldürme beceriniz vardır. İnsalcısınızdır ve herkesle arkadaşlık kurabilirsiniz. Bununla birlikte tüm enerjinizi tembel ve zayıf insanlara vermemeye dikkat etmelisiniz. Sahip olduklarınızı paylaşmak, yaşamdan daha fazla zevk almanızı sağlar.

Bütün gerçekleri öğrenmek sizin için çok önemlidir; bu da sizi iyi bir analizci yapar. Her ayrıntıyı dikkatli bir şekilde incelerancak bazen ayrıntıda kaybolduğunuz için büyük resmi göremezsiniz. Fazla seçici olmamaya ve eleştiri yapmamaya özen göstermelisiniz.

Bir öğretmen olarak, öğrenmeyi öğrencileriniz için heyecan verici bir hale getirirsiniz.

Son derece zeki bir insansınız. Keskin zekanız sizi gerçek bir kelime ustası yaptığı gibi aynı zamanda gerçek bir mucit de yapar. İnanılmaz bir hızla sorunlara çözüm geliştirebilir ve baskı altında çok iyi iş çıkarırsınız.

Dünyayı görmek sizin için dayanılmaz bir istektir. Başka insanları ve başka yaşamları merak edersiniz. Seyahat etmek sizin için tatil değil bir yaşam tarzıdır. Özgürce seyahat edebileceğiniz fırsatlar sizi çok mutlu eder.

Bununla birlikte bazen inatçı ve sabit fikirli olursunuz. Değişim yaratmadan önce insanların düşüncelerini öğrenmeniz ve onların düşüncelerini de hesaba katmanız başarınızı daha da güçlendirecek ve yaptığınız değişimlerin, o değişime maruz kalan insanlar tarafından da onaylanmasını sağlayacaktır.

3. HANE

6 Rakamı

Üçüncü hanedeki 6 rakamı, dünyadaki sorunların, güzelliklerin yeterince takdir edilmemesinden, denge ve uyum eksikliğinden kaynaklandığını düşünür.

Dünyayı daha iyi bir yer haline getirmek için doğmuşsunuzdur ve her şeyin daha iyi görünmesini sağlamaya çalışırsınız. Fakat kendi gücünüzü hafife alıyor, hatta görmezden geliyorsunuz.

Kendinizi dünyaya ne şekilde sunduğunuzu anlatmak için sadece "gösterişli" kelimesi yeterli değildir. Sosyal ve renkli olmak, sizin için daha uygun tanımlar olabilir. Ne yapıyor olursanız olun yapılan şeyin mükemmel görünmesi gerekir.

İyi bir etki bırakmak için bir tek şansınız olduğunu bilir ve hayatınız boyunca bunu en iyi kullanacak şekilde kendinizi eğitirsiniz. Tek sorun, bu fırsatın ne zaman karşınıza çıkacağını bilmemenizdir ve bu nedenle de işi şansa bırakmazsınız. Sırf pratik yapıyor olsanız bile her seferinde yaptığınız işi iyi yapmak istersiniz. Sonradan pişman olmamak için her zaman dikkatli olursunuz çünkü kim tarafından izlendiğinizi bilmezsiniz.

Yaşama karşı keyifli bir tutumunuz vardır; hatta o kadar keyifli olabilirsiniz ki insanlar sizin bir hayal dünyasında yaşadığınızı bile düşünebilirler. İçten bir şekilde başkalarının da hayattan keyif almalarını istersiniz ve eğer karşılaştığınız insanların keyifli olduklarını düşünürseniz onlara katılmak için yolunuzu değiştirebilirsiniz. Hayatın tadına varabilme beceriniz bulunur. İnsanların sizin arı gibi koşuşturan bir insan olmadığınızı anlamaları gerekir.

Mükemmel tasarımlar ve zevkli uğraşlarla son derece ilgilisinizdir. Tasarım, kozmetik, moda, reklam, sosyal faaliyetler gibi her tür uğraş size son derece uygundur. Güzel olmayan şeyler sizi rahatsız eder. Bir işin doğru yapılması yeterli değildir; onun güzel olması ve iyi sunulması da gerekir. Herhangi bir düşünceyi ya da ürünü kolaylıkla satabilir, onu çok çekici hale getirebilirsiniz. Genel olarak, sunumu gerektiren her alanda başarılı olabilirsiniz.

Soğukkanlı bir insansınızdır. İnsanların zarafetlerini korumaları sizin için çok önemlidir. Zor şartlar altında bile temel nezaket kurallarının yitirilmemesi ve güzelliklerin fark edilmesi gerektiğine inanırsınız. Bu görüşteki insanlar, sizin gerçek çevrenizi oluştururlar.

Dünyanın güzel bir yer olmasını ister ve bunun için çaba sarf edersiniz. Ancak inanılmaz sunum yeteneğinizi biraz daha organize olarak desteklerseniz o zaman başarınızın önünde kimse duramaz.

3. HANE

7 Rakamı

Üçüncü hanedeki 7 rakamı, dünyadaki sorunların ortadan kaldırılması için şefkatin ve bilgeliğin geliştirilmesi ve sanata öncelik verilmesi gerektiğine, bununla birlikte insanların özel yaşamlarına özen gösterilmesi gerektiğine de inanır.

Yaşam ile ilgili tat anlayışınız son derece basittir: Daima içsel bir huzur ve ruhunuzun rahatça hareket edebileceği bir sakinlikle yaşamın daha derin anlamını ararsınız. Yaşam yolunuzun özünü belirleyen şey evrenin genişliği ve derinliğidir.

Yaşamın gizemlerini keşfetmek için sürekli bir yolculuk içindesinizdir. Sizin için evrensel enerjiyi çekmenin tek yolu sakinlik ve huzurdur. Bu sakinlik düzeyine ulaşmak için sessizleşmeniz gerekir. Bu nedenle insanları kendinizden uzak tutan bir aura yayar ve adeta çevrenize görünmez duvarlar örersiniz. Duygularınızı ait oldukları yerde, zihninizin derinliklerinde tutarsınız. Sırlarınızı yalnızca, bu görünmez duvarlarda delik açmayı başarabilenlerle paylaşır; onlara tüm sıcaklığınızı sunarsınız.

İnançlı bir insan olmasanız da insanın ruhu ve evren arasındaki ruhsal bağlantının sırlarını keşfetmek için içsel bir arayışınız vardır. Yanıt arayışı içinde kitaplara para ve zaman harcarsınız. Bu araştırmanız ruhsallığı, melekleri, perileri, medyumlarla yapılan seansları ve tapınakları da içerir. Mistikler ve rahipler dikkatinizi çeker ve dini kuramlardan da hoşlanabilirsiniz.

İçsel huzurdan ve kendi özel alanınızın sakinliğinden hoşlanırsınız. Budist felsefe size uygun olabilir; sizin ruhunuzun derinliklerine hitap edebilir. Her şey bir yana, Budist felsefenin kendisi kadar yumuşaksınız.

Dünyayı mükemmelleştirmeye ihtiyaç duyarsınız ama bu görev size olanaksız görünür. Çevrenize bakar ve dünyadaki üzüntüyü, acıyı ve olumsuz etkileri görür, bunun üzerine görünmez duvarlarınızın ardındaki güvenli alanınıza çekilirsiniz. Fakat kendinize yaşamın devam ettiğini hatırlatarak mükemmel dünyanızı kurma çabanızı da sürdürürsünüz.

Kendinizi büyük bir ağırbaşlılıkla taşırsınız ve bu durum çevrenizdeki insanlar tarafından, adeta kendinizi dünyanın geri kalanından yalıtmak istiyormuşsunuz gibi algılanır. Dünya o kadar kusurlu bir yerdir ki, elinizden geldiğince oradan uzak durmaya çalışırsınız.

Sonu gelmeyen mükemmeliyetçiliğiniz zaman zaman bunalıma girmenize neden olur ve sizi, çevrenizdeki dünyanın trajedilerine ve zararlarına açık hale getirir. Duygularınızı ifade edebilmek için sanata ihtiyaç duyarsınız. Sizin için sanat eserleri, ister müzik, ister resim isterse edebiyat olsun, mükemmelliğe ulaşmak için gösterilen çabayı ifade eder.

Gelecek korkunuz vardır ve sık sık endişe krizlerine kapılırsınız. Kendinizi yalnız hissetme ve korkmanın neden olduğu güvensizlik duygunuzu, banka hesabınızı şişirerek ortadan kaldırmaya çalışırsınız. Bu güvenlik arayışı, eğer doğru kullanılırsa, varlık edinmenize neden olur. Para kazandıkça daha fazla kazanmak istersiniz ama güvenliğiniz tıpkı sırtınızda bir kambur gibi kalır. Maddi varlık size güvenlik duygusu verse de aslında paraya o kadar da aldırmazsınız. Paranın tek amacı size rahatlık ve güven sağlamaktır.

Yaşamı denetleme biçiminiz mükemmel bir sanatçı, muhasebeci, hesap uzmanı, müzisyen, dekoratör, mimar veya girişimci olmanızı sağlayabilir. İster bir sanatçı, hesap uzmanı, muhasebeci, müzisyen, dekoratör, mimar, isterseniz serbest meslekte çalışıyor olun kesinlikle mahremiyetinize çok önem verir ve insanların bu ihtiyacınıza saygı duymalarını beklersiniz. Eğer birisi size efendilik taslayarak çevrenizde dolaşırsa bir anda patlayabilirsiniz. Gelecek ile ilgili planlarınızı insanlarla tartışmaz, zamanı geldiğinde uygulamaya başlarsınız.

İşleri kendi bildiğiniz tarzda ve tek başınıza yapmak istersiniz. Finans ve para konusunda başarılı olabilirsiniz. Titiz ve ayrıntılara özen gösteren bir yapınız vardır ve yaptığınız işlerin mükemmel olmasını istersiniz. Bu da, seçtiğiniz meslekte çok başarılı olmanızı sağlar.

Mahremiyetinizden çok hoşlanan bir insansınız. Çok güçlü sezgileriniz ve zengin bir hayal gücünüz vardır. Zengin hayal gücünüzü ifade etmenin en iyi yollarından bir tanesi sanat olduğu için sanatın her alanında büyük bir başarı gösterebilirsiniz. Aynı zamanda ruhsallık ve felsefe de başarılı olabileceğiniz diğer alanlardan bazılarıdır. Evrenin gizemleri konusundaki merakınız, ruhsal alanlarda ilerlemenize yardımcı olabilir. Şifa konusu sizi her zaman kendinize çeker ve tıbbın pek çok alanında, özellikle de psikolojide çok başarılı olabilirsiniz.

3. HANE

8 Rakamı

Üçüncü hanedeki 8 rakamı, dünyadaki sorunların ortadan kaldırılması için insanların daha fazla sorumluluk almaları, sağduyulu olmaları, sınır çizmeyi öğrenmeleri, hatta ülkelerin birer şirket gibi yönetilmeleri gerektiğine inanır.

Güvenilir, sorumluluk sahibi, kararlı, yönetici, güçlü ve sınır çizmekten hoşlanan bir kişisiniz. Sınırlar sizin için gereklidir ve işlerin daha başarılı yönetilmesini sağlarlar. Ancak bazen aşırıya kaçarak insanların kendilerini baskı altında ve kısıtlanmış hissetmelerine neden olabilirsiniz.

8 rakamı olarak yaşam ile ilgili tat anlayışınızı anlamak kolaydır; para karşılığı elde edilen değer. Söz konusu ister aileniz, ister kasabanız isterse ülkeniz olsun, her şart altında güvenilebilecek bir insansınız.

Ya dünyanın tepesindesiniz ya da dünya sizin tepenizde! Dünyayı omuzlarınızda taşımak üzere tasarlanmışsınız. Fakat eğer işler yolunda gitmezse, o zaman somurtkanlaşır ve bunalıma girersiniz. Gününüzü dolduracak bir iş olduğu sürece kendinizi mutlu hissedersiniz. Yapacak bir şey yoksa da mutlaka kendinizi meşgul edecek bir şeyler bulursunuz.

İşler yolunda gitmediğinde tek sorumlu sizmiş gibi suçluluk duyarsınız. Bu duygudan kurtulmanın tek yolu sürekli olarak çalışmaktır. Bu da sizi, bütün rakamlar içindeki en güvenilir insan yapar. Diğer insanların baskı olarak gördükleri şeyler sizi teşvik ederek sonuca ulaştırır. Şirket dünyası ve şirketler size çekici gelir. Daha da iyisi bir tür imparatorluk kurmanızdır.

Güvenilir bir insansınız ve elinizdeki görevi mutlaka tamamlarsınız. Başarıya odaklı bir insan olduğunuz için çevrenizdekiler sizin inatçı ve kontrol delisi olduğunuzu düşünebilirler ancak bu, sizi endişelendirmez. Büyük bir sabrınız vardır ve eğer üzerinde odaklandığınız konudan sapılmazsa uzlaşmaya hazırsınızdır.

Sorunları ortadan kaldırırken bazen içe dönük ve çekingen davranırsınız ama bu, yalnızca arzu ettiğiniz sonuca ulaşmak için hareket ederken insanları sizden uzak tutacak bir maskedir.

Güvenilir biri olduğunuz için, insanlar duygusal çöplerini size boşaltabilirler. Bu durum sıkıcı olsa da sizi iyi bir doktor ya da avukat yapabilir. Aynı zamanda iş dünyasında, özellikle de bankacılık ve finans sektöründe başarılı olabilirsiniz. Öğretmek, danışmanlık yapmak ve sosyal çalışmalar sizin için çok iyidir ve siyaset, hayat amaçlarınıza ulaşmanıza yardımcı olur.

Son derece sorumluluk sahibi bir insansınız ve bu, çevrenizdeki insanlar tarafından hemen anlaşıldığı için sorumluluk gerektiren işlerde sizinle birlikte çalışmaktan çok hoşlanırlar. Bu özelliğiniz size iş dünyasında büyük bir avantaj kazandırır.

Kurumsal yapıları ve şirket ortamlarını çok seversiniz. Daha büyük bir yapının parçası olarak çalışmaktan ve sorumluluk almaktan hoşlandığınız için, eğer Pin Kodu'nuzun diğer hanelerinde bu durumu engelleyen bir rakam yoksa kendi işinizi yapmak yerine büyük bir işin parçası olmayı tercih edersiniz.

Pin Kodu'nuzda, üçüncü hanedeki 8 rakamını destekleyecek başka rakamlar yoksa da sorumluluk alırsınız ama liderlik yapmak istemeyebilirsiniz. Ancak göreviniz olmayan işlere bile el atmanız veya aşırı iş yüküne "hayır" diyememeniz kendinizi bir kurban gibi hissetmenize neden olabilir. Eğer sorumluluk aldığınız kadar liderlik yapmayı ve işleri uygun bir şekilde paylaştırmayı öğrenebilirseniz çok daha başarılı olursunuz.

3. HANE

9 Rakamı

Üçüncü hanedeki 9 rakamı, dünyadaki sorunların, insanların hayal güçlerini kullanmamalarından, hayallerinin peşinde koşmamalarından, yeterince bilge olmamalarından ve iyimserliklerini yitirmelerinden kaynaklandığını düşünen bir kişiliği anlatır.

9 rakamı olarak, çocuksu, saf, tutkulu, oyuncu, bilge, felsefeden hoşlanan ve paylaşımcı bir yapınız vardır. Dünyanın mucizelerle ve keşfedilmeyi bekleyen harikalarla dolu bir yer olduğuna inanırsınız. Dünya sizin oyun alanınızdır ve siz, hayal gücünüzü sınırlamadan bu oyun alanında serbestçe oynamak istersiniz.

Yaşam ile ilgili tat anlayışınız, siz farkında olsanız da olmasanız da son derece basittir: Yaşamda karşılaştığınız herhangi bir sorunun üzerine cesaretle yürürsünüz. Affedici bir insansınız ve tüm dünyayı daha bilge hale getirecek bir tür devrim yaratmak istersiniz. Öğretmek ve dünyayı felsefe aracılığıyla değiştirmek için tasarlanmış bir insansınız ancak çoğu zaman kendinizi günlük işlerde yitirir ve asıl önemli olan şeyleri kolayca unutursunuz. İşlerinizi kafanızda derleyip toplamaya ihtiyacınız vardır.

Bilgiye aç parlak bir zihniniz olduğu için sürekli olarak bir şeyler öğrenmek ve bilgilerinizi tanıştığınız herkesle paylaşmak istersiniz. Bir konu ilginizi çektiğinde, o konuyu araştırmak için saatlerinizi harcarsınız. O konuda yeterli bilgi sahibi olduğunuzda, sıkılır ve ilginizi çeken başka bir konuya yönelirsiniz.

Diğer insanlarla ilgilenirken dikkatli olun; insanlara çok çabuk güveniyor ve saf davranıyorsunuz. Bu nedenle kolayca kandırılabilirsiniz. Buna karşın aşırı iyimser olduğunuz için bu insanlara yeniden güvenirsiniz.

Ayaklarınızdan bir tanesini fantezi dünyasına, diğerini ise gerçeklere basarsınız. Sorununuz, gerçek ile fanteziyi birbirine karıştırmanızda. Aldırmayın; nasılsa birisi tarafından kandırıldığınızda bir anda gerçekliğe döner ve ayaklarınızı yeniden yere basarsınız.

Her gün uyandığınızda içinizde olumlu ve iyimser bir duygu olur. Akşama kadar yapacak bir sürü şeyiniz ve şaşırdığınız pek çok şey olur. Bu durum biraz aklınızı karıştırsa da, sürekli olarak dünyayı kurtaracak bir takım büyük projelerin ya da ihtiyacı olanları iyileştirmenin bir yolunu bulmanın hayalini kurmaya devam edersiniz. İster pratiğini yapın isterseniz konuşun, felsefe, hayatınızda önemli bir rol oynar.

Çevrenizdeki insanlardan ve akımlardan kolayca etkilenebilirsiniz. Birden fazla ilgi alanınız olabilir ve uzun süren işlerden sıkılabilirsiniz. Bununla birlikte eğer ilginizi çeken bir uğraş ile karşılaşırsanız kimse sizin kadar çalışkan ve kararlı olamaz. Büyük bir inatla o işi sonlandırana kadar çalışırsınız.

Felsefe ve şifa alanları sizi her zaman kendine çeker. Bitmek bilmeyen bir öğrenme merakınız vardır ve bu da sizi diğer rakamlar içinde en iyi öğrenci ve öğretmen yapar.

İlginizi çeken bir işe kendinizi öylesine verirsiniz ki dünyayı unutursunuz ancak bazen iş ile oyunu birbirine karıştırırsınız. Kendinizi hayallerinizde ve işin oyun kısmında fazla kaybetmemeye ve fazla inatçı olmamaya dikkat ederseniz yaptığınız işlerde çok daha başarılı olabilirsiniz.

4. HANE

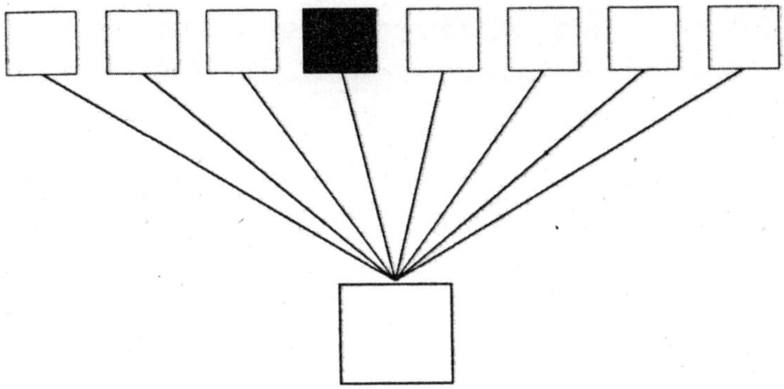

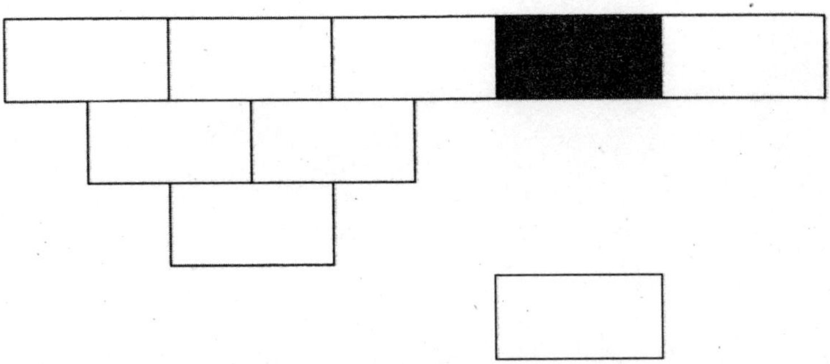

Bu şema 28. sayfada belirtilen orijinal Pin Kod formülüne aittir.

4. HANE

KOKU DUYUSU

İş yapma biçiminiz

Yaşamınızdaki değişimleri nasıl değerlendirip yönettiğinizi, iş yapma biçiminizi, kısaca yaşamı nasıl deneyimlediğinizi anlatan bu hane yaşam döngüsü hanesidir.

Koku alma duyusunun gelişmişliğini doğumdan itibaren gözlemleyebiliriz. Bebekler, annelerini bu duyu aracılığıyla tanırlar. Koku duyunuz, parmak iziniz kadar size özgüdür ve çalışmayı asla bırakmaz. Her zaman uyanık ve son derece etkilidir. Uykudayken bile koku alma duyusu, kokulardaki değişimleri bir şekilde algılamayı sürdürür. Örneğin, yangın gibi bir tehlikede önce koku duyusu hisseder ve diğer duyuları uyandırır.

Koku alma duyusunu duyma duyusu, ardından dokunma, görme ve tatma duyusu izler.

Dördüncü hanedeki rakam sizin, ilk üç hanedeki rakamlarınızı ve bunlara ek olarak sekizinci hanenizde bulunan rakamı kullanarak iş yapma biçiminizi, bir işe nasıl yaklaştığınızı ya da o işten nasıl uzaklaştığınızı anlatır.

Ayrıca, belli aralıklarla tekrarlanan, yaşam döngüleriniz sırasında oluşan sorunlu ya da değişim yaratma potansiyeli bulunan zamanların tespit edilmesini sağlar. Bu zamanlar tespit edilip, o dönemde Pin Kodunuz doğru yönetildiğinde sorunların ortadan kaldırılması ve başarının yakalanması çok daha kolay olacaktır.

Şimdi, yaşama ne şekilde yaklaştığınızı anlayabilmek için bu hanede bulunan rakamınızı okuyun.

4. HANE

1 Rakamı

Dördüncü hanedeki 1 rakamı, işleri kendi tarzında ve bildiği gibi yapan, bağımsız, liderlikten ve yönetmekten hoşlanan bir kişiliği anlatmaktadır.

Herhangi bir işi yaparken onu mutlaka kendi bildiğiniz şekilde yapmayı seversiniz. Başka insanların yöntemlerini kullanmak hiç hoşunuza gitmez. Hangi alanda olursa olsun diğer insanları taklit etmekten hoşlanmadığınız için kendi iş yapma biçiminizin de size özgü olmasını istersiniz.

Denetimin sizde olduğu işleri sever ve denetimin tümüyle sizde olmadığı durumlardan çok rahatsız olursunuz. Size göre ya yönetiyor ya da yönetiliyorsunuzdur; arası yoktur. Eğer bir iş denetiminizde değilse onu bırakmaktan çekinmezsiniz.

Herhangi bir işe, kendinize değer vererek yaklaşırsınız. Canlı tavırlarınız ve içten gülümsemeniz insanları kendinize çekmenizi kolaylaştırır. Başarıya ulaşacağınıza emin olduğunuzu belli eden tavırlarınızla çevrenize bir güven verirsiniz.

Denetimin sizde olması gerekir. Açık sözlüsünüz ve çevrenize, kendinize güvenen bir enerji yayarsınız. Herhangi bir durumun denetimini elinizde bulundurur ve eyleme geçmek için tereddütte bulunmaz, çevrenizdeki insanları belli bir düzende, kendi denetiminiz altında tutarsınız.

Hedefe odaklı doğal bir lidersiniz ve çevrenizdeki herkesin de bunun farkında olması gerekir. Patron olduğunuzu bilirsiniz ve konuşkanlığınızla, gururlu ve hevesli havanızla ışıltılar saçarsınız. Diğer insanlar bu tavırlarınızı otorite göstergesi olarak algılarlar ve siz de asil duruşunuzla bu kanılarını güçlendirirsiniz.

Kendinizden emin bir tavırla konuşur, başkalarına kolayca yetki verir ve bütün bunları yaparken saygı görmek istersiniz. Sürekli her şeyi kontrol etmek ister, en iyi sonuçları almak için zayıf olanlara büyük bir hevesle yardım edersiniz. Hayran olunmak hoşunuza gider. İnsanlardan övgü aldığınızda ışıltılar saçarsınız ama eğer samimi olmadıklarını anlarsanız güveninizi yitirirsiniz. Eğer size karşı yanlış bir şey yapılırsa kolayca affedersiniz ama önce içten bir şekilde özür dilenmesi gerekir.

Liderlik yapmaktan hoşlansanız da hem hayatın hem de iş dünyasının tek bir kişinin alanı olmadığını anlar ve takım oyuncusu olmanın önemi kavrarsanız hem özel yaşamınızda hem de iş dünyasında çok daha başarılı olabilirsiniz.

4. HANE

2 Rakamı

Dördüncü hanedeki 2 rakamı bir işi yaparken herkesin faydalanacağı bir iş olmasına önem veren ve diğer insanların ne yaptıklarına, ne hissettiklerine ve ne düşündüklerine dikkat eden bir yaklaşımı anlatır.

Yapılan işin herkesin hayrına olmasını istersiniz. Başka insanları desteklemeyi, onları ön plana çıkarmayı seversiniz ve kendiniz geri planda kalmaktan hiç rahatsız olmazsınız.

Son derece ilgili ve sevgi dolu olmanıza rağmen herhangi bir duruma yaklaşırken biraz utangaç ve temkinli davranabilirsiniz. Utangaç görünseniz de, bu oldukça yanıltıcıdır çünkü size ihtiyaç duyulduğunu hissettiğiniz zamanlarda açık sözlü ve girişken olabilirsiniz.

Size yeterli fırsat tanındığında (çünkü talepkar değilsinizdir), başkaları ile ilgilenirsiniz; özellikle de yiyecek ya da içecek bir şeylere ve korunmaya ihtiyaçları varsa.

Kötü günler için birikiminiz olmadığında kendinizi güvensiz hissedersiniz. Bu nedenle tasarruf hesabı oluşturmak iyi hissetmenizi sağlar. Paranızı riske atmayı sevmediğinizden, harcamadan önce birkaç kez düşünürsünüz. Ancak zevkleriniz söz konusu olduğunda paranın sizin için pek bir anlamı olmaz.

Sahip olduklarınız sizin için çok değerlidir ve kendinizi rahat hissetmenizi sağlar. Eğer birisi, sizin için önemli olan bir şeye istemediğiniz bir şekilde dokunursa onu, vahşice savunursunuz. Ani çıkışınız bazen gerçek bir sözel saldırıya dönüşebilir.

Hassas ve duyarlı bir kişiliğiniz olduğundan çevrenizdeki insanların sömürüldüklerini, mutlu olmadıklarını görürseniz çok rahatsız olursunuz. Ancak sürekli olarak diğer insanların ne hissettiklerini düşünerek yaşayamazsınız. Eğer yalnızca başka insanlar mutlu olduklarında mutlu olacağınıza inanırsanız mutsuzluğa davetiye çıkarmış olursunuz.

Sürekli olarak başka insanların ne hissettiğini düşünmeyi bir yana bırakıp biraz da kendinizin ne hissettiğini düşünmeniz gerekiyor. Bu tavır, size sanki şefkatsiz ya da bencilmiş gibi gelebilir. Fakat bu doğru değil. Unutmayın, başka insanlara şefkatli davranmak ve onları desteklemek kadar kendinize şefkatli davranmak ve desteklemek de sorumluluğunuzun bir parçası.

4. HANE

3 Rakamı

Dördüncü hanedeki 3 rakamı, disiplinli, kararlı, zorluklardan yılmayan, yoğun çalışmalardan hoşlanan, kendini işine adayan, işleri kendi bildiği gibi yapan ve gelişmiş organizasyon yeteneği olan bir kişiliği anlatır.

Karmaşık bir durumda ortaya çıkıp, o durumu organize etmeyi en iyi siz yapabilirsiniz. İlk tepkiniz, diğerlerini yolunuzdan çekmektir; bu sayede var olan bir durumu yeniden düzenleyebilirsiniz. Sadece düzenleme işini değil, birçok farklı işi başkalarından daha hızlı ve etkili bir şekilde yaparsınız. Sahip olduğunuz heves ve enerji ile çok az insan yarışabilir; işte bu nedenle her şeyi kendi bildiğiniz şekilde yapmak istersiniz. Daima direksiyonda olmak sizi mutlu eder.

Kendinizi rahat hissettiğiniz işi yapmak için dayanılmaz bir dürtünüz ve hevesiniz vardır. Kapasitenizin sınırı yoktur; bu pek az insanın sahip olabileceği bir özelliktir. Ne yapılacağına ve elde edeceğiniz şeyin sizi tatmin edeceğine karar verdiğinizde, büyük bir enerji ile işe girişirsiniz.

Yaşama büyük bir zevk ve tutkuyla yaklaşırsınız. Siz değişim yaratmak için varsınız ve bu nedenle var olan süreçlerde devrim yaparsınız. İnsanlar sizin karşınızda dikkat kesilirler ama siz düzen yaratmakla meşgul olduğunuz için bu durumun farkında olmazsınız.

Keskin bir şekilde ve doğrudan doğruya karşınızdaki insanın gözlerinin içine bakarsınız. Çevrede olduğunuzda insanlar bu durumdan biraz rahatsız olabilirler ve şimşeklerinizi üzerlerine çekmemek için kenara çekilirler. Siz en sıkı rakiple bile başa çıkabilirsiniz; gözlerinizi üzerlerine diker ve karşınızda titreyip erimelerini izlersiniz. Herkes sizin için bir meydan okuma olabilir ve bunu açıkça gösterirsiniz. Kararlı yüz ifadeniz insanların size yaklaşmadan önce ikinci bir kez düşünmelerine neden olur.

Kendinizi elinizdeki projeye adarsınız ve hiçbir şey sizi durduramaz. Denetimi elinizde bulundurmak ister, her şeyin yerli yerinde olmasına ve düzenli bir şekilde işlemesine özen gösterirsiniz. Hazırlıklar sırasında zaman zaman sabırsız olabilir ve eğer tehdit edilirseniz kabalaşırsınız. Her şeyin düzgün bir şekilde ilerlemesini sağladıktan sonra gülümser ve çevrenize dostça davranırsınız.

Bir düzen içinde yapılmayan işler sizi sıkar. Eğer yapılan bir işte organizasyon hataları olduğunu ve işin size bırakılmadığını görürseniz o işi terk etmekten çekinmezsiniz. Ağzınızdan sık sık "ben demiştim" cümlesi dökülür. İnsanlar çoğu zaman bunu sizin ağzınızdan duymaktan hiç hoşlanmasalar da söylediğiniz şeyin doğru olduğunu bilirler. Bu organizasyon yeteneğinizi biraz da işin içine keyif ve eğlence katarak kullanırsanız herkesin çok daha iyi bir şekilde işbirliği yapmasını sağlayabilirsiniz.

4. HANE

4 Rakamı

Dördüncü hanedeki 4 rakamı, meraklı, kaşif, değişimden korkmayan ve olayların iki tarafını da görmekten hoşlanan bir yaklaşımı anlatır.

Herhangi bir işe büyük bir öğrenme ve bilgilenme hevesi ile yaklaşırsınız. İnsanların nasıl hissettikleri ile ilgilenmezsiniz, ilgilendiğiniz tek şey bilgi toplamaktır ve bunu düşünebildiğiniz her yöntemi kullanarak yaparsınız. Bazen bu yöntemler sizi ahlaki değerlerden uzaklaştırabilir ama siz zaten insanların zaman zaman ahlaksız olmalarında bir sakınca görmezsiniz.

Bir iş sırasında bazen insanlara aşırı yüklenerek, rahatsızlık verirsiniz. Hemen ardından bu durumu toparlamak için ortamı yumuşatırsınız. İnsanları, asla başaramayacaklarını düşündükleri şeyleri başarmaları için harekete geçirebilirsiniz.

Yegane amacınız bilgi edinmektir. Gerçek bir dedektifsiniz ve yaşamda ilerlerken sürekli olarak insanları test edersiniz. Bunu yaparken de kelimeleri ustaca kullanma yeteneğinize başvurursunuz.

Sıkıldığınız bir ortamda birini seçer ve bir tartışma başlatırsınız. Hemen ardından tartışmanızda taraf değiştirir ve şeytanın avukatını oynarsınız. Kılı kırk yaran tavırlarınızın ve garip saptamalarla insanları sinirlendirmenizin ardında yatan tek neden onlardan bir tepki almak istemenizdir. Tıpkı bir piknikte insanları rahatsız eden bir maymun gibi davranırsınız. Sürekli olarak rolünüzü değiştirirsiniz.

Kesinlikle ayrıntılara takılan, onları inceleyen ve ilginçliklere açık bir insansınızdır. Detaycı, yenilikçi ve sıra dışı yaklaşımlarınız ender olarak anlaşılır. Dobra, kurnaz ve yaramazsınızdır ama insanlar sizi sever. Onların kendilerine gülmesini sağlar ve hayatı başka bir açıdan görmelerine yardımcı olursunuz. Sokaklara özgü bir bilgeliğiniz vardır.

Var olan bir işin içine girdiğiniz anda o işin zayıflıklarını görür ya da onu test etmeyi seversiniz. Durumun tüm ayrıntılarını, bütün derinliği ve çıplaklığı ile görmek istersiniz. Durum ile ilgili parça parça bilgileri kullanarak onlardan bir bütün yaratırsınız.

Konuları farklı yönlerden incelemeyi sevdiğinizden bir durumu alt üst etmekten ya da tersine döndürmekten çekinmezsiniz. Bu da zaman zaman çevrenizdeki insanlar tarafından düzen bozucu olarak adlandırılmanıza neden olabilir. Bir işi yönetmek ya da yapmak yerine o işi incelemek ve kusurlarını bulmak konusunda daha başarılısınız. Bu nedenle danışmanlık yapmak, araştırmak, olayları test etmek sizin son derece başarılı olduğunuz alanlardır.

Değişime olanak tanımayan, durağan işlerden hoşlanmaz ve böyle bir ortamda bulunmak istemezsiniz. Girdiğiniz ortamlarda bir şeyleri değiştirmeden önce insanlarla konuşmayı ve onların fikirlerini dinlemeyi öğrenirseniz, herkes değişimlere daha rahat uyum sağlayabilir.

4. HANE

5 Rakamı

Dördüncü hanedeki 5 rakamı, bir işi, entelektüel bir bakış açısıyla kendi bildiği yollarla pratik çözümler üreten, baskı altında hissetmesine rağmen iyi iş çıkarabilen ama aynı zamanda yalnız çalışmayı tercih eden bir tavrı anlatır.

Herhangi bir duruma karşı verdiğiniz ilk tepki "hayır"dır. Kendinizi herhangi bir işe adadığınızda önce ayrıntıları inceleme ihtiyacı duyarsınız. İçinde bulunduğunuz her tür durum strese kapılmanıza neden olabilir. Cesaret kırıcı bir görevle karşılaştığınızda, meseleyi hafife alarak geriliminizi saklamaya çalışırsınız ve çevrenizde size destek olacak insanlara ihtiyaç duyarsınız. Buna rağmen geriliminiz hemen hissedilir. Eğer insanlar sizi izliyorsa, yarattığınız gerilimi ortadan kaldırmak için yaratıcı zekanızı kullanıp akıllıca bir çözüm bulursunuz.

Aslına bakarsanız sorumluluk almayı hiç istemez ve yapmak zorunda olduğunuz işten kaçmak için elinizden geleni yaparsınız. Çoğunlukla başka bir yerde olmayı tercih edersiniz ama ışık hızında hareket ederken detayları kaçırabilirsiniz.

Kendinizi kolayca aptal durumuna düşürebilirsiniz ama durumu düzeltmek için daima zekice bir yorumda bulunursunuz. Ne yaptığınızı bildiğinizi farz ederken ortaya birkaç komik kelime atarsınız.

Bir işi yaparken yavaş tavırlar, uzun düşünme süreçleri ve kararsızlıklar canınızın sıkılmasına neden olur. Serbestliğinizin ve özgürlüğünüzün kısıtlanmasından hiç hoşlanmazsınız. Bu nedenle de sosyal bir insan olmanıza karşın, diğer insanlar sizin hızınıza yetişemedikleri için yalnız çalışmayı tercih edebilirsiniz. Eğer kendi halinize bırakılırsanız, herkesin beklediğinden daha kısa sürede sonuçlara ulaşırsınız. Sonuca nasıl ulaştığınızı yalnızca siz bilirsiniz.

Problem çözmek, sizin en zevk aldığınız alandır.

Bir görev ile karşı karşıya kaldığınızda mekanikleşirsiniz. Harekete bir kez geçtiğinizde artık plana ihtiyaç duymazsınız. Adrenalini hissettiğinizde çok iyi iş çıkarır, hızlı ve etkili kararlar verirsiniz.

İnsanların sizin keskin zekanızla ve alaycılığınızla başa çıkmayı öğrenmeleri gerekir. Kaçınılmaz olarak sizin uyanık ve zeki olduğunuz fark edilecektir. Tavsiyelerinizin arasında sorular sorar ama asla yanıt beklemezsiniz ve adeta kendi sorunuzu kendiniz yanıtlarsınız.

Gerçeklere çok bağlısınızdır. Tereddüt edebilirsiniz ama bunun nedeni yalan söylemeye hazırlanmanız değil, etkili bir yanıt bulmaya çalışıyor olmanızdır.

Gergin enerjinizin denetim altında tutulması gerekir. Özellikle baskı altında fazla heyecanlı ve tepkisel bir hale gelip aşırı tepki verebilirsiniz. Fakat her tür sorun, zekanız için bir meydan okumadır; özellikle de başka bir insanın zekasına karşı yarışırken. Stresinizi kontrol altına almak için gevşeme egzersizleri yapabilirsiniz.

Her zaman olayları yapmanın bir başka yolunu bulursunuz. İnsanlar sanki bir şeyleri tersten yapıyormuşsunuz gibi bir duyguya kapılabilirler. Bir işi yaparken zaman zaman asileşerek olayların doğal akışında kesintilere neden olabilirsiniz. Hatalar bulmanız ve daha iyi noktaları işaret etmeniz sık sık insanların canını sıkar. Bu nedenle asilik yapıp hemen sonuca varmadan önce tüm verileri yeterince inceleme sabrını gösterirseniz çok daha başarılı olabilirsiniz.

4. HANE

6 Rakamı

Dördüncü hanedeki 6 rakamı, bir işi yaparken, kendini adayan, herhangi bir soruna çözüm getirirken denge ve uyumu gözeten, bununla birlikte estetik duygusuna önem veren bir yaklaşımı anlatmaktadır.

Karmaşaya düzen, huzur ve sakinlik getirirsiniz. Siz, herhangi bir soruna denge ve düzen taşımayı başaran bir insansınız. Çekiciliğiniz, insanların savunma kalkanlarını indirmesini sağlar ve bu sayede dakikalar içinde huzuru sağlarsınız.

Bu huzurlu halinizin bulaşıcı bir etkisi vardır ve kısa bir süre sonra insanlar bu tavrınızı son derece çekici bulurlar ve bu da işinizi rahatça yapmanızı sağlar. Sakin ve anlaşılması kolay bir insan olduğunuz için insanlar tavırlarınızdan çok hoşlanırlar.

Bir görev üstlendiğinizde, her zamanki rahat tavrınızla önce bu konu üzerinde düşünürsünüz. Kendi dünyanıza çekilirken hülyalı ve hayal kuran bakışlarınızla çevrenizden kısa bir süreliğine uzaklaşırsınız. Bu aşamada insanların sizi kendi halinize bırakmaları gerekir. Her tür engellemeden ve huzursuzluktan rahatsız olursunuz; çünkü siz, sabitlik ve düzen insanısınızdır.

İnanılmaz bir yaratıcılığınız vardır ve eğer isterseniz bu dünyada en iyi sunumları ve tasarımları yapan insan olabilirsiniz. Kendinizi günlük işlerinize verirken, güzel bir sahile yapacağınız bir sonraki tatilin planlarını yapar, hayal kurarsınız. Bu da tembelce bir kenarda oturuyor gibi görünmenize neden olabilir. Gerçekten de çalışma alanınızın arka planında deniz ve kumsal bulunan bir resim olması sizin için mutluluğun maddeleşmiş halidir.

Her zaman yaptığınız işle tanınmanıza şaşırırsınız ama her ne yapıyorsanız diğer insanlara göstermekten zevk almayı sürdürürsünüz. Yaptığınız işin mutlaka sizin elinizden çıktığı belli olmalıdır. Siz başka insanları taklit etmekten hiç hoşlanmayan bir insan olduğunuz için ortaya koyduğunuz şeylerin de kendilerine özgü ve son derece güzel olmalarını istersiniz.

Üzerinde çalıştığınız işe kendinizi tam olarak adar ve yaptığınız işte dengeyi ve uyumu ararsınız. İçinde güzellik ve uyum olmayan işler ya da ortamlar rahatsız olmanıza neden olur ve böyle ortamlardan hemen uzaklaşırsınız. Bununla birlikte işinize kendinizi adar ve onu güzelleştirmeye çalışırken bir yandan da daha organize olmanız sonucunda son derece başarılı olabilirsiniz.

4. HANE

7 Rakamı

Dördüncü hanedeki 7 rakamı, bir işi yaparken, yaptığı işe kendini adayan, tek başına çalışmaktan ve iş mükemmel olduğunda ortaya çıkarmaktan hoşlanan bir yaklaşımı anlatır.

Kendinizi herhangi bir işe adamak için zamana ve kendi başınıza olmaya ihtiyaç duyarsınız. Yaklaşımınız açık ve kesindir, tek istediğiniz kendi halinize bırakılmaktır. İnsanlar sizin gizlilik yanlısı olduğunuzu düşünebilirler ama gerçekte çalışmak için kendinize ait bir alana ihtiyaç duyarsınız. Bu nedenle planlarınızı sessizce yürütür ve bir anda ortaya bir ürün çıkarırsınız.

Eğer kendi bildiğiniz tarzda çalışmanıza izin verilmez ya da çalışmalarınız kesintiye uğratılırsa kendinizi yaralanabilir halde ve açıkta kalmış gibi hissedersiniz. Tuhaf çalışma alışkanlıklarınız oldukça sıra dışıdır. Her bir ayrıntıyı inceler ve zihninizde yalnızca kendinizin anlayabileceği bir şekilde birleştirirsiniz.

Yaptığınız işi yalnızca, eğer mükemmel olduğuna emin olursanız diğer insanlara sunarsınız; bu da her bir ayrıntıyı dikkatlice incelediğiniz anlamına gelir. Sürekli olarak ayrıntıları inceler ve her şeyin mükemmel ve yerli yerinde olduğuna emin olur, daha azıyla yetinmezsiniz.

Çalışırken insanlar size fazla yaklaştıklarında eleştirilme olasılığı rahatsız hissetmenize neden olur. Oysa ki yaptığınız mükemmel iş sonucunda pek az insan yorum yapabilir.

Hem kendinizi hem de sır saklamak konusunda o kadar başarılısınızdır ki pek çok insan için gerçek bir bilmecesiniz. Aynı ketum tavrınız iş hayatınıza da yansır.

Ortak çalışmalar yapmaktan hoşlanmadığınız için şirket ortamları sizin için rahatsız edici olabilir. Bir şirket ortamında ya da genel olarak diğer insanlarla birlikte çalışabilmeniz, yapılacak işin ve o işteki görevinizin size bildirilmesi ve ardından işin yapılması sırasında kendi başınıza bırakılmanız koşuluyla mümkündür.

Sanatsal uğraşları çok sever ve bu nedenle iyi bir sanatçı olabilirsiniz. Aynı zamanda mükemmeliyetçi bir insan olduğunuz için para hesabı konusunda da iyisinizdir. Bu da sizi finans bölümünde çalışmak için iyi bir aday yapar.

Baştan savma iş yapılan ortamlardan ya da ortak çalışmalara zorlandığınız işlerden uzaklaşma eğilimindesinizdir. Ortak çalışmalardan ve takım oyuncusu olmaktan hoşlanmasanız da, her şeyi tek başınıza yapmak yerine yaptığınız işlere başkalarını da dahil etmeyi öğrenirseniz o zaman çok daha başarılı olabilirsiniz.

4. HANE

8 Rakamı

Dördüncü hanedeki 8 rakamı, bir işi yaparken, sorumlulukla ve sağduyu ile yaklaşan, ekip çalışmalarına inanan, birlikte çalıştığı insanlardan da aynı sorumluluğu ve bağlılığı bekleyen bir kişiliği anlatır.

Dayanıklılık için yaratılmış, azimli ve güvenilir bir insansınız ve sorumluluklarınızı çok ciddiye alırsınız. O kadar güvenilirsiniz ki insanlar sizi akıl hocaları olarak kullanırlar. Örneğin, kötü bir ilişkiyi bırakıp gitmek yerine üzerinde çalışılmasını tercih edersiniz çünkü her sorunun çözülebileceğine inanırsınız. İşte bu nedenle de tüm dünyayı omuzlarınızda taşırsınız, adeta bunun için yaratılmışsınızdır.

Öğretmek, danışmanlık yapmak ve sosyal hizmetlerde bulunmak konularında da çok başarılısınızdır. Dünyanın düzenli ve belli bir çizgide ilerlemesi gerektiğini düşündüğünüz için siyasette de başarılı olabilirsiniz. Sorumluluktan hoşlanır ve hiçbir şeyin kararlılığınızı engellemesine izin vermezsiniz. Kendi inançlarınız konusunda fanatikleşme eğiliminiz olabilir.

Tutkularınız için çok şeyi feda edebilirsiniz ve kararlı tavırlarınız mutlaka kazanmanıza neden olur. Çok çalışır ve varlıklı olmak istersiniz. Kaderinizde büyük paralar kazanma potansiyeliniz vardır.

Paranın değerini çok iyi takdir edebilir ve paranızın karşılığını en iyi şekilde almak istersiniz. Bu özelliğiniz nedeniyle, kurumsal dünyada, bankacılık, finans, satın alma bölümlerinde başarılı olabilirsiniz.

Zamanın son derece değerli olduğuna ve bir maliyetinin bulunduğuna inandığınız için gününüzün dolu olmasına özen gösterir, bir takım fırsatlar yaratarak kendinizi meşgul eder, sürekli olarak bir yerlere yetişme ve bir şeyleri başarma telaşı içinde olursunuz. Hatta yalnızca zamanınızı iyi değerlendirdiğinizi hissetmek için egzersiz yaparsınız.

Sağduyulu tavırlarınız dikkat çeker ve bir işe başladığınızda hemen o işin içeriğine göre çerçeve çizmek istersiniz. Sınırsızlık duygusu sizi rahatsız eder ve bu şekilde yapılan işleri savruk, dağınık ve etkisiz bulursunuz.

Size verilen göreve kendinizi adadığınız anda onu sorgulamadan yapabilirsiniz. İşin tamamlanması sizin için çok önemlidir ve eksik kalan işlerden inanılmaz bir rahatsızlık duyarsınız. Bu nedenle evdeki şampuanınızı bile tam olarak bitince atarsınız.

Son derece kararlı ve dayanıklı bir insan olarak elinizdeki işi size verilen süre içerisinde yavaş ama emin adımlarla tamamlamaya ihtiyaç duyarsınız. Bu durum, insanların sizin inatçı olduğunuzu düşünmelerine neden olabilir. İnsanların sorumluluk aldıkları işlerde çalışmalarını istersiniz. Tek kişilik gösterilere değil, ekip çalışmalarına inanırsınız. Elbette bu durum sizi çok iyi bir takım oyuncusu yapar.

Ekip çalışmalarından ve sorumluluk almaktan hoşlansanız da liderlik yapmayı sevmezsiniz. Elbette Pin Kodunuzda, liderlik yapmanızı sağlayan bir özellik bulunması durumunda bu yaklaşımınız değişir. Eğer birlikte çalıştığınız takıma liderlik etmeyi göze alabilirseniz işlerinizin çok daha iyi sonuç verdiğini görebilirsiniz. Bir imparatorluk kurup bunu yönetme becerisine sahipsinizdir. İnsanlar sizin liderliğinizi seve seve kabul edeceklerdir. Kendinize biraz daha fazla güvenin. Çünkü 8 rakamının güçlü yanlarını kendi yararınıza kullandığınızda, tüm dünyayı avuçlarınızın içine alabilirsiniz.

4. HANE

9 Rakamı

Dördüncü hanedeki 9 rakamı, bir işi yaparken, saf, oyuncu, hayal gücü zengin ve iyimser bir insan olduğunuzu anlatmaktadır.

Bu hanede bulunan 9 rakamı oldukça saftır, bu nedenle bir işe başlarken o işle ilgili herhangi bir fikriniz olmayabilir. Herkesin saf ve günahsız olduğu inancıyla işlere de saf bir ruh haliyle yaklaşırsınız; ta ki, aksi gerçekleşene kadar. Kolayca kandırılabilmenize karşın yine de dünyanın harika bir yer olduğuna inanırsınız.

Sizin için dünya, son derece heyecan verici bir yerdir, burası sizin oyun alanınızdır. Hayatın hakkını vererek yaşanması ve içinde bolca eğlence bulunması gerektiğine inanırsınız. Sürekli olarak hayatı araştırır ve keşfeder ama sık sık asıl meseleyi gözden kaçırırsınız. Eğer üzerinde çalıştığınız iş yeterince ilginizi çekmiyorsa sıkılabilirsiniz.

Bir işe taptaze bir zihinle başlar ve daha önceden denenmemiş bir yaklaşım denemeye hazır olursunuz. Bu durum, bazen aşırı tutkulu olmanıza neden olur ve diğer insanlar görüşlerinizi paylaşmayabilir. İnsanlar, saf dünyanızı her zaman anlamazlar ve sizin budala olduğunuzu düşünebilirler. Oysa siz meraklı doğanız nedeniyle sürekli bilgi peşinde koşarken daldan atlar, inatçılığınız ile farkında olmadan kendi başınıza iş açabilirsiniz.

Ani değişikliklere kolay ve hızlı uyum sağlarsınız, aslına bakarsanız bu sizin önemli özelliklerinizden bir tanesidir ve diğerlerini uyarmadan bir anda yön değiştirebilirsiniz. Eğer herhangi bir konu yeterince ilgi çekici değilse, zihniniz daldan dala atlamaya başlar ve kendinizi hayallere kaptırabilirsiniz. Başınız bulutlarda yaşarsınız ve insanlar, söyledikleri şeyin ilginizi çekmediğini düşünebilirler. Bir anda aklınızdan geçen bir düşünce ya da gördüğünüz bir şeyle aklınız karışabilir. Kendinizi var olan bir durumdan uzaklaştırıp, kendi hayal dünyanıza çekilirsiniz.

Yaptığınız işlerde hayal gücünüzü kullanmayı çok seversiniz. Bütün yaratımların önce hayal ederek başladığını bilir ve bu nedenle de hayal etmeye büyük bir önem verirsiniz. Aynı zamanda kendinizi sürekli olarak geliştirmek ve yeni şeyler öğrenmek isteyen bir insansınızdır. Bu nedenle kendinizi geliştiremeyeceğiniz ve yeni şeyler öğrenemeyeceğiniz işlerden hoşlanmazsınız. Aynı zamanda hayal gücünüzün kısıtlandığı ya da takdir edilmediği işleri ve ortamları da sevmezsiniz.

Hayattaki en önemli şey, başarmak ve bir eser yaratmaktır. Sizin başarılarınız kişisel, ailevi ve sosyal alanlara odaklanır. Başarıyı, bir şeyleri yapma biçiminizle ölçersiniz. Eğer oyunu doğru bir şekilde oynarsanız, hem eğlenir hem de bol bol para kazanırsınız.

Sık sık aklınız karışır ve neler olup bittiğini durup düşünmek zorunda kalırsınız. Bu, aptal olduğunuz anlamına gelmez, tam tersine son derece parlak bir zihniniz vardır ve devrimsel fikirlerinizle insanların her zaman olduğundan farklı bir biçimde düşünmelerini sağlarsınız. Bilgeliğiniz aracılığıyla dünyada devrim yaratmak konusunda büyük bir potansiyeliniz vardır ve bu nedenle de öğretmekten ve bilgeliğinizi yaymaktan büyük bir keyif alırsınız. Eğer insanlar sizi ciddiye alırlarsa, görüşlerinizle büyük değişimler yaratabilirsiniz.

Başka insanlarla iş yaparken dikkatli olun; insanlara çok fazla güveniyorsunuz ve çok saf olabiliyorsunuz. Boş bakışlarınız ve herkese güvenen karakteriniz, iş dünyasının kurtları için kolay bir yem olmanıza neden olabilir. Acımasız bir rekabete girişemez, hatta inanılmaz derecede değerli olan fikirlerinizi, yalnızca karşınızdaki insana güvendiğiniz için verebilirsiniz. Kendini kandıranlar için ayrılmış bir cennette yaşama eğiliminde olduğunuzdan kurnaz bir işadamının karşısında aklınız karışır. Kaybetseniz bile, daima iyimser olduğunuz için karşınızdaki insana güvenmeyi sürdürebilirsiniz.

Gerçek bir iyi niyet timsalisiniz. İnsanlar size bir işten bahsettiğinde ilk tavrınız,"Niçin yapmıyoruz? Haydi yapalım?" olur. İnsanlara güvenir ve güvenin son derece önemli olduğunu düşünürsünüz. Genellikle elinize aldığınız projelere olumlu bir ruh haliyle yaklaşır ve neşenizi yitirmemeyi başarırsınız. İnsanlara, yeterince değerlendirmeden güvenmek bazen yaptığınız işlerde başarısız olmanıza neden olabilir. Bu nedenle bir işe girişmeden önce insanları ve konuları biraz daha inceler, ilk anki hevesinizi biraz dizginler ve işin olumlu yanlarını görürken biraz da olası sorunları dikkate alırsanız çok daha başarılı olabilirsiniz.

5. HANE

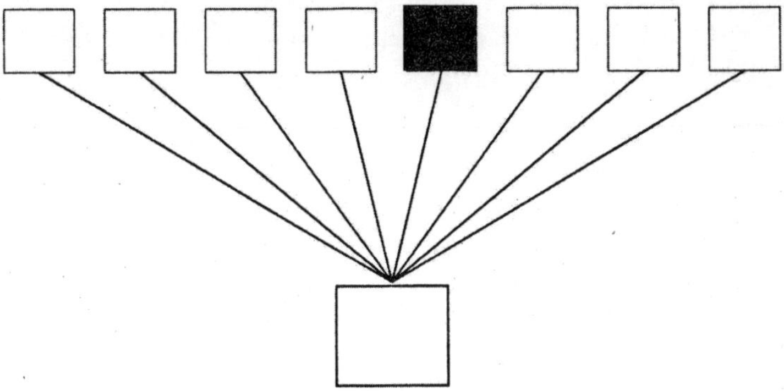

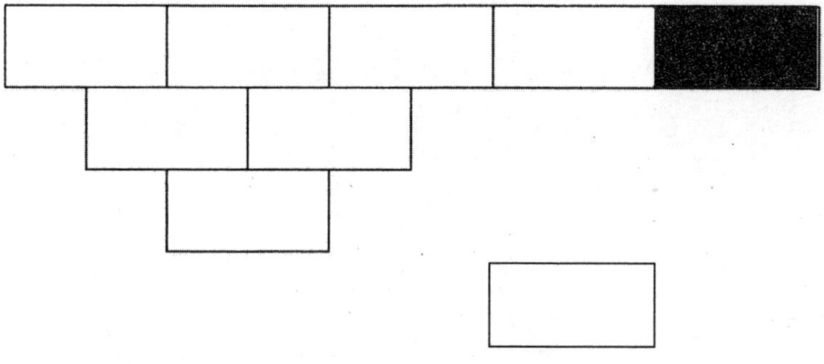

Bu şema 28. sayfada belirtilen orijinal Pin Kod formülüne aittir.

5. HANE

DOKUNMA DUYUSU

Öğrenmeniz gereken hayat dersiniz

Bu hane, kişinin bu hayata öğrenmek için geldiği dersi anlatır.

Beşinci hanedeki rakam ile ifade edilen dokunma duyunuz, Pin Kodu'nuzun yönetilmesinde en önemli rakamlardan bir tanesidir.

Dokunma duyusu denildiğinde akla ilk fiziksel dokunma gelse bile, aslında vurgulanmak istenen: insanların yaşamınıza duygusal olarak nasıl dokunduklarıdır. Örneğin Nelson Mandela ya da Einstein gibi ünlü bir insan, onunla tanışmanıza gerek kalmadan hayatınızı etkileyebilir. Böyle bir insandan esinlenir; başka kelimelerle ifade edersek, bu tür bir insanın size duygusal olarak dokunmasına izin verirsiniz.

Bu hane size, hayatta sık sık karşılaştığınız önemli sorunlar altındaki dinamiği ya da davranış kalıbını anlatır. Kendi hayatınızı, yaşam tarzınızı ve davranışlarınızı incelemeniz gerekir. Çocukluğunuzdan başlayarak, belli davranış kalıplarına uymaya şartlanırsınız. Çoğu zaman kendi güçlü yanlarınız yerine zayıflıklarınızı ön plana çıkarır, bunları kullanarak eyleme geçersiniz. Siz fark etmeden bu tavrınızı alışkanlığınıza dönüştürürsünüz. Eğer bu davranış kalıbını doğru değerlendirip zayıf yanlarınızı ortadan kaldırarak güçlü yanlarınızı açığa çıkarabilirseniz bu durumda Pin Kodu'nuzdaki potansiyelleri en iyi şekilde kullanabilirsiniz.

Hayatı tam olarak anlayabilmek için olumlu bir tavırla davranmayı ve eyleme geçmeyi öğrenmelisiniz.

Yaşam Döngüsü hanesiyle bağlıntılı olarak belirli aralıklarla tekrarlanan bazı özel yıllar ve zamanlar, olumsuzu olumluya, başarısızlığı başarıya dönüştürmenize yardımcı olabilecek "dönüşüm zamanları"dır. Dönüşüm zamanları pek çok etken tarafından belirlenmesine karşın, 5. hanede bulunan rakam ile güçlü bir ilişkisi vardır. Bu nedenle, 5. hanenizde bulunan rakamı doğru yönetmeniz, dönüşümü başarıyla gerçekleştirmenize yardımcı olabilir.

Kitabın bu bölümünde, 5. hanenizdeki rakamın, özellikle dönüşüm yıllarında ne tür etkilere yol açabileceğini ve bu etkileri basitçe nasıl yönetebileceğinizi de bulacaksınız. Elbette ayrıntılı bir inceleme ve destek almak için yetki belgesi olan bir Pin Kod uzmanı ile görüşmeniz daha doğru olacaktır.

5. HANE

1 Rakamı

Beşinci hanedeki 1 rakamının dersi, kişinin kendine güvenmeyi öğrenmesiyle ilgilidir.

Egonuz ve kendinize güveniniz en çok dikkat etmeniz gereken yanınızdır. Kendinize güveninizi yitirdiğinizde Pin Kodunuzda bulunan ve sizi eşsiz bir hale getiren potansiyelleri yeterince iyi bir şekilde kullanamazsınız. Zayıf yanlarınızın etkisiyle hareket ederseniz, başkalarına karşı saldırgan bir tutum sergileyebilirsiniz.

Kavgacı ve sürekli olarak bir şeylerden yakınan bir insana dönüşebilir, tembel görünür ve kendinizi derin bir umutsuzluğun içinde bulabilirsiniz. Ayrıca bu hanedeki 1 rakamı, aşırı emredici, ego sorunları yaşayan ve kibirli davranışlara, acelecilik ve telaşa, sabırsızlığa ve acımasızlığa da neden olabilir. Bu durum, kendi değerinizi takdir etmeniz konusunda iyi değildir.

Kendinizi daha canlı hissetmeyi ve kendinize güven duymayı öğrenmeniz gerekmektedir. İletişim yeteneğiniz oldukça gelişkin olduğu için, kişiliğinizi kelimeleriniz aracılığıyla daha olumlu ve mutlu bir şekilde yansıtmayı öğrenmelisiniz.

Dönüşüm yıllarında yeni bir başlangıca zorlanırsınız. Bu başlangıç sizin için akıl karıştırıcı olabilir ve kendinizi bir belirsizliğin içinde bulabilirsiniz. Böyle bir durum ile karşı karşıya kaldığınızda aşırı baskıcı, talepkar ya da kendinize güveninizi yitirmiş bir hale gelebilirsiniz. Doğru başlangıçları yapabilmek için yeteneklerinize güvenmelisiniz.

Doğru liderlik, tutkulardan arınmayı ve egonun baskısından kurtulmayı gerektirir. Eğer saygı görmek istiyorsanız saygı duymayı öğrenmelisiniz. Alkışlanma ve saygı görme beklentisinden uzaklaşıp mütevazi olmayı öğrenin. Egonuzdan kurtularak en doğru eylemin ve anlayışın ne olduğunu bulun. Bunun için çevrenizdeki insanlardan yardım alın. Yardım almak, liderliğinize zarar vermez.

Doğal bir lider potansiyeliniz olmasına rağmen bu konudaki becerilerinizi kullanmayı ve doğru iletişim kurmayı öğrenmelisiniz. Çünkü liderlik, aynı zamanda insanların düşüncelerine saygı duymayı ve onlarla işbirliği yapmayı da içerir. Bilgilenip doğru eylemlerde bulunduğunuzda, herhangi bir talepte bulunmanıza gerek kalmadan takdir görecek ve bir lider olarak kabul edileceksiniz.

5. HANE

2 Rakamı

Beşinci hanede bulunan 2 rakamının dersi, diğer insanların duygularını anlamak ve onlarla doğru empati kurmaktır.

Bu, duyguları olmayan bir insan olduğunuz anlamına gelmiyor elbette. Yalnızca, insanların ne tür durumlarda ne tür tepkiler vereceklerine dair kendi kafanızda bir düşünce yaratıp bunun doğru olduğuna inanabiliyorsunuz. Bu nedenle, insanlarla ilişkilerinizde onların duygularını dikkate almayı öğrenmelisiniz. Şefkatli davrandığınız inancıyla aşırı koruyucu ya da baskıcı bir hale gelebilirsiniz. Eğer bu tutumunuzu sürdürürseniz insanlar sizin şefkatli bir insan olduğunuzu anlamaz ve onların duygularını asla hesaba katmadığınızı düşünürler.

Duygusal tepkileriniz işinize de yansıyabilir ve iş ile özel yaşamınızın birbirine karışmasına ya da birbirlerinden etkilenmesine yol açabilir. İnsan zihninin beden üzerindeki gücünü önemseyin. Duygusal sorunlar yaşadığınız böyle dönemlerde bedeniniz zarar görebilir ve sağlık sorunları yaşayabilirsiniz. Duygusal dengenizi yeniden kazandığınızda sağlığınızla, işinizle ve ilişkilerinizle ilgili sorunlarınızın da çözümlenmeye başladığını göreceksiniz.

Özellikle dönüşüm yıllarında, yakın ilişkileriniz ve işiniz ile ilgili sorunlar yaşama eğiliminde olursunuz. Bu yıllarda, bir ilişkinizi bitirebilir, sorunlu bir ilişkiye başlayabilir, kendinizin ya da ailenizin sağlık sorunlarıyla ilgilenmek zorunda kalabilirsiniz. Böyle bir durumda, içinde bulunduğunuz duygusal baskı ile insanların size olan sevgilerinden yoksun kalmışsınız gibi hissedebilirsiniz ve her zaman olduğunuzdan daha baskıcı ve talepkar bir hale gelebilirsiniz.

Sahip olduğunuz o muhteşem sevginizi ve şefkatinizi hayatınıza yansıtmalısınız. Başka insanların duygularını anlamak, dönüşüm yıllarında her zaman olduğundan daha büyük bir önem taşıyacaklardır. Bu nedenle duygularınızdan ve tepkiselliğinizden arınıp gerçekten de çevrenizdeki insanların neler hissettiklerini anlamaya çalışın. Eğer bunu başarabilirseniz sorunlu ilişkilerden kaçınıp, var olan ilişkilerinizi korursunuz ve genel olarak ilişkilerinizi çok daha sağlıklı ve başarılı bir şekilde yönetebilirsiniz.

5. HANE

3 Rakamı

Beşinci hanede bulunan 3 rakamının dersi, dikkati bir noktaya odaklamayı, büyük resmi gözden kaçırmamak için ayrıntılarda kaybolmamayı öğrenmektir.

Bir şeylerin ters gittiğini bilip, ters giden şeyin ne olduğunu anlama konusunda çaba göstermeyebilir ve çevrenizdeki insanlara baskıcı bir şekilde davranabilirsiniz.

Bazen bir boğa kadar zorlayıcı olabileceğinizden farkında olmadan çevrenizdekileri kırabilirsiniz. Yorumlarınıza dikkat edin ve zaman zaman insanları rahatsız edebileceğinizin bilincinde olun. Unutmayın, hiç kimse ıssız bir ada gibi yalnız olmak istemez. Hepimiz zaman zaman yardıma ihtiyaç duyarız.

Dikkatiniz azalmaya başladığında, kendinizi rahat hissettiğiniz anlarda ya da hiç beklemediğiniz bir zamanda bir kaza ile karşılaşabilirsiniz. Bu nedenle özellikle dönüşüm dönemlerinde dikkatinizi bir noktaya odaklamak diğer zamanlarda olduğundan daha önemli bir hale gelir. Müzik, kafanızı toplamanıza yardımı olur. Bir müzik aleti çalmayı, dikkatinizi odaklamak için bir araç olarak kullanabilirsiniz. Elbette meditasyon tekniklerini de kullanabilirsiniz.

Özellikle dönüşüm yıllarında en çok, hayatınızı düzenlemek ile ilgili sorunlar yaşayabilirsiniz. Her şey karmakarışık olmuş gibi bir duyguya kapılabilir, adeta hayatınızın denetimi sizin elinizden çıkıyor gibi hissedebilirsiniz. Bu durumda, asıl önemli olan şeyleri gözden kaçırıp tümüyle önemsiz olan ayrıntılar üzerinde büyük bir zaman ve enerji harcamaya başlayabilirsiniz. Üzerinde uğraştığınız ayrıntıların, hayatınızın sorunlarının çözümü oldukları inancıyla, her şeyin denetiminizden çıkmasına neden olur ve arzu etmediğiniz sonuçlara doğru sürüklenebilirsiniz.

Böyle zamanlarda, kendi dünyanızdan çıkmak ya da kafanızı kaldırıp çevrenize bakmak çok önemlidir. Kendinize küçük bir duraklama için izin verin. Bir adım geriye çekilip nelerin üzerinde uğraştığınıza bakın ve büyük resmi görmeye çalışın. Eğer sakinleşip büyük resmi görebilirseniz, olağanüstü organizasyon yeteneğinizle hayatınıza yeniden bir düzen getirebilirsiniz.

5. HANE

4 Rakamı

Beşinci hanede bulunan 4 rakamının dersi, dürüstlüğü ve tutarlılığı öğrenmektir.

Bu rakam garip durumları ve insanları hayatınıza çekmenize ve kendiniz için neyin zararlı neyin yararlı olduğuna karar verirken zorlanmanıza neden olabilir. Bazen düşüncesiz davranarak meseleleri derinlemesine kurcalamak ister ve bunu mutlaka elde edersiniz. Bu tutumunuz, insanları rahatsız edebileceği gibi, sizin de resmin bütününden uzaklaşmanıza neden olur.

Özellikle dönüşüm yıllarında hayatınıza giren tuhaf ve sıra dışı insanlar ve alışılmadık durumlar tarafından etkilenirsiniz. Dikkatli olun. Sizin için insanların ilginç olmaları onların iyi ya da kötü olmalarından daha önemli olabilir. Bu tür insanlar hemen ilginizi çektiği için, savunma kalkanlarınızı indirir ve kendinizi onların hayatlarının içinde, onları da kendi hayatınızın içinde bulursunuz. Bu nedenle onları doğru değerlendirmelisiniz. İşin sırrı, sizin için kimin ve hangi olayın yararlı veya zararlı olduğunu anlamanız ve test etmenizdir. O insanın sıra dışı olması, ilişkinizin biçimi ne olursa olsun, sizin için yararlı olacağı anlamına gelmez. Elbette karşılaştığınız kişi faydalı da olabilir. Yeter ki bu insan ya da durum ile iki sene içinde yollarınızın ayrılma ihtimali bulunduğunu unutmayın.

Yine bu dönemlerde, işinizi değiştirmek ve yepyeni bir iş ile uğraşmak isteyebilirsiniz. Aslına bakarsanız, beşinci hanede 4 rakamı bulunan bir insan olarak, dönüşüm yıllarında hayatınızda ne var ne yoksa değiştirmek için dayanılmaz bir arzu duyarsınız. Ancak bu sizin için bir kaçış noktası olursa o zaman hayatınızı zorlaştırmaya başlayabilirsiniz. Sakin olup, çevrenizdeki durumu net bir şekilde incelemeniz gerekmektedir. İnsanların tavsiyelerini dinlememe eğiliminde olacağınızın bilincinde olun. Güvendiğiniz insanların fikirlerine itimat edin. Sizin yararınızı düşündüklerine emin olabilirsiniz. Bu önerilerle kısıtlanma duygunuzu denetim altına alarak sakinleşin ve durumu soğukkanlı bir şekilde değerlendirin. Kendiniz durumu kolayca çözeceğinizi düşünürken çok daha büyük bir sorunla karşılaşabilirsiniz.

Meraklı, değişken ve amacınıza ulaştığınızda bir anda sıkılan yapınız nedeniyle bazen çevrenizdekileri yüzüstü bırakıyor ve hatta kullanıyor gibi algılanabilirsiniz. Başkalarının ihtiyaçlarını dikkate alarak onlara destek olmayı ve dürüst davranmayı öğrenin.

5. HANE

5 Rakamı

Beşinci hanede bulunan 5 rakamının dersi, aşırı strese kapılmamayı ve stresi yönetmeyi öğrenmektir.

Bu rakam, aşırı strese ve bağımlılıklara eğilimli olmanıza yol açabilir. Kolay strese kapılmanız bazen yanlış kararlar vermenize ya da elde edebileceğiniz şeyleri elde edememenize neden olduğu gibi, sahip olduğunuz özelliklerinizi ve yeteneklerinizi tam olarak kullanmanıza da engel olabilir.

Hızlı düşünme yeteneği ile ödüllendirilmiş bir insansınız ve eğer biraz yavaşlayıp değerlendirme yaparsanız, daima kendinizi içinde bulunduğunuz stresli durumdan çıkaracak bir yol bulabilirsiniz.

Diliniz oldukça keskin olabilir ve bu da karşınızdaki insanlardan oldukça olumsuz tepkiler almanıza yol açar. Çevrenizdeki insanlar konusunda sabırsız ve huzursuz olabilirsiniz. Kabalaşıp öfkeyle tepki vermeden insanlara kendilerini ve duygularını ifade etmeleri için alan ve özgürlük tanımalısınız.

Öncelikle içinde bulunduğunuz durumu tam olarak anlamaya çalışın. Bilgi ve anlayış, beraberinde cesareti ve sakinliği de getirir. Bu nedenle ilk olarak var olan herhangi bir durumu sorgulamayı ve onu anlamayı öğrenmelisiniz. Bu, stresinizi ortadan kaldırmak için ihtiyaç duyduğunuz bilgiyi kazanmanızı sağlayacaktır.

Özellikle dönüşüm yıllarında kendinizi genellikle yoğun stres durumunda ve bağımlılıklarla uğraşırken bulabilirsiniz. Bu bağımlılık, bir maddeye olabileceği gibi, belli bir zihinsel duruma, anlayışa ya da ilişkiye de olabilir.

Dönüşüm dönemleri, bağımlılıklarınızdan kurtulmak için kullanabileceğiniz dönemlerdir. Bu dönemde, eğer bağımlılıklarınızın size zarar verdiklerini ve onları sağlıklı alışkanlıklarla değiştirebileceğinizi öğrenebilirseniz hayatınızı olumlu anlamda değiştirebilirsiniz. Ancak dikkatli olmalısınız. Bu dönem, kendinizi kısıtlanmış hissetmenize neden olacağı için, sizin için faydalı olan şeyleri ve kişileri de hayatınızdan çıkarabilir ya da onlardan uzaklaşabilirsiniz.

Yine bu dönemlerde, kendinizi sürekli olarak seyahat eder halde bulabilirsiniz. Kısıtlanmışlık duygusu dayanılmaz bir hale geldiği için mekan değiştirmek isteyebilir, stresli ve huzursuz hale gelebilirsiniz. Dikkatli olun, bu dönemde seyahat ile ilgili her şeyin ters gitmesi ihtimali vardır. Bavullarınız kaybolabilir, uçağınızı kaçırabilir, yanlış uçağa binebilir ya da kendinizi bilmediğiniz bir yerde yardımsız bulabilirsiniz.

Dönüşüm döneminde, stresinizi kontrol altına almanız her zaman olduğundan daha büyük bir önem taşı maktadır. Yoğun baskı altında çok alıngan ve tahammülsüz bir hale gelir, asabi ve aşırı tepki veren biri olabilirsiniz. Bu nedenle asiliğinizi bir yana bırakıp sakinleşin. İnsanlarla konuşup onların fikirlerini ve niyetlerini doğru değerlendirin, İçsel söyleşilerinizin ve isteklerinizin, sezgilerinizi bastırmasına izin vermeyin. Dinlenin, meditasyon ya da gevşeme egzersizi yapın, kitap okumanın keyfini çıkarın.

5. HANE

6 Rakamı

Beşinci hanede bulunan 6 rakamının dersi, aile değerlerini korumayı, fiziksel dürtüleri denetim altına almayı ve her türden sadakati öğrenmektir.

Flört etme arzunuz çok gelişmiştir ve size çok cazip gelir. Çaba sarf etmenize gerek kalmadan insanları kendinize çekersiniz; son derece çekici ve büyüleyici bir enerjiniz vardır. Bu enerjiyi çoğu zaman hatalı kullanabilir ve ne yaptığınız konusunda bir an durup düşünmeden ardınızda kırık kalplerden oluşmuş bir yığın bırakabilirsiniz.

Özellikle dönüşüm yıllarında, genellikle aile değerlerini ciddi bir şekilde sorgulamaya başlayabilirsiniz ve yasak bir ilişki tarafından aklınız çelinebilir. Bazı zamanlardaysa, şüpheci ve kıskanç bir hale gelebilirsiniz. Kıskançlıkların ve kuruntuların sizi ele geçirerek dengenizi bozmasına izin vermeyin. Aynı şekilde kendinizi aşırı keyfe kaptırarak yapmanız gereken işleri aksatabilir ya da kendinizi herhangi bir davaya körü körüne adayabilirsiniz. Dengenizi koruma yeteneğinize her zaman olduğundan daha fazla ihtiyaç duyarsınız.

Başka insanları tanımak ve onlara yakınlaşmak sizin için önemlidir. Sosyalleşmekten ve insanlara içten davranmaktan büyük bir keyif alabilirsiniz. Ama dikkatli olun; bu keyif, hayatınızda zaman zaman bir tehlikeye dönüşebilir. Beraber olduğunuz biri varken başka bir insanın ilginizi çektiğini fark edebilirsiniz. Karşınızdaki kişinin ilk anda üzerinizde yarattığı etki yalnızca fiziksel bir etki olabilir ama sizin bilinciniz onu bambaşka şeylerle süsleyerek o kişiyi inanılmaz derecede çekici bir hale getirebilir. O anda sahip olduğunuz şeyleri ya da ilişkinizi bir anda unutabilirsiniz. Bu nedenle size tavsiyemiz başka biri ilginizi çektiğinde biraz durup durumunuzu değerlendirmeniz ve yapacağınız şeylerin sonucunu dikkatle incelemenizdir.

Elbette ki çekici bir insansınız ve her zaman çevrenizde sizi çekici bulan insanlar olacak; ancak çekicilik aynı zamanda diğer insanların hayatına güzellik ve anlam katmak için de kullanılabilir. Bu nedenle aile değerlerini bir kez daha gözden geçirip bunun ne kadar önemli olduğunu kendinize hatırlatın. Bu sözlerimizi kesinlikle yanlış anlamayın. Sizin sürekli olarak başka insanları çekici bulan ya da ahlaksız davranan bir insan olduğunuzu söylemiyoruz. Yalnızca doğal olarak insanları kendinize çekme yeteneğiniz var ve zaman zaman bu insanlar sizin diğer önceliklerinizi gölgede bırakabiliyorlar. Eğer diğer insanlarla yakınlaşırken sahip olduğunuz arkadaşlıklara da gerekli özeni gösterirseniz ilişkilerinizi daha başarılı yöneteceğiniz bir hayata sahip olabilirsiniz.

5. HANE

7 Rakamı

Beşinci hanede bulunan 7 rakamının dersi, utanma duygusunu denetlemeyi ve yönetmeyi öğrenmektir.

İnsanlarla mesafenizi korumaya çalışırken sorunlar oluşabilir. Aynı zamanda, dış dünyanın iç dünyanızı belirlemesine izin verir ve mutluluğunuzun ya da mutsuzluğunuzun sorumluluğunu çevrenize yükleyebilirsiniz.

Saygınlığınızı korumak için her şeyi göze alabilirsiniz. Kendinizi utandıracağınızı düşündüğünüz bir durumdan uzak kalmaya çalışırken somurtkan ve aksi olabilirsiniz. Diğer insanlarla uzlaşmaya biraz daha açık olun ve unutmayın ki basit bir gülümseme, aradaki engelleri ortadan kaldırabilir ve büyük bir yol kat etmenizi sağlayabilir.

Özellikle dönüşüm yıllarında genellikle dış dünyanın üzerinizdeki etkisi büyük oranda artmaya başlar. Utangaçlığınız nedeniyle varlık göstermekte ya da yeteneklerinizi kullanmakta zorlanırsınız. Böyle dönemlerde alkol sizin için bir kaçışa ya da rahatlama aracına dönüşebilir.

Dönüşüm yılları, sağlığınız ile ilgili sorunlar yaşamanıza neden olabilecek yıllardır. Bu sağlık sorunları fiziksel olabileceği gibi zihninizin bedeniniz üzerindeki etkilerinden de kaynaklanabilir.

İç dünyanız, dış dünyadan çok fazla etkilendiği için, çevrenizdeki insanları mutlu etmeye ya da şartları uygun hale getirmeye çalışabilirsiniz. Bu dönemlerde, dış dünyayı biçimleme uğraşınız sonu gelmeyen bir kısır döngü halini alabilir. Dış dünyanın üzerinizdeki baskısı nedeniyle mutsuz olup şartları değiştirmeye kalkarsınız ama mükemmelliyetçi bir insan olduğunuz için dış şartların asla istediğiniz hale gelmediğini görür ve mutsuz olmayı sürdürürsünüz. Elbette dışarıdan bakıldığında, yaptığınız hareket sanki egodan tümüyle arınmış ve karşınızdaki insanı mutlu etmeye yönelik gibi görünür. Oysa burada sinsice gizlenmiş, sizi mutsuz eden kocaman bir ego vardır. Kendinize yalnızca dış dünyanın şartları uygun olduğunda mutlu olma hakkı tanıdığınız için başkalarını mutlu ederek mutlu olmaya çalışırsınız. Bazen tam aksine, bu çaba sizi mutsuz da edebilir.

Mutluluğun dış şartlardan bağımsızlaşmakla kazanılabileceğini unutmayın. Mutluluk bir ruhsal durumdur ve tıpkı mutsuzluk gibi bir alışkanlığa dönüşebilir. Mutsuzluğunuzun, utangaçlığınızın ve mükemmeliyetçiliğinizin bir alışkanlığa dönüşmemesi için iç dünyanızı, dış dünyadan bağımsız bir hale getirin ve böylece belli bir koşula bağlamadığınız ilişkilerinizin tadını çıkarın.

5. HANE

8 Rakamı

Beşinci hanede bulunan 8 rakamının dersi, hayır demeyi öğrenmektir.

Hayır diyemediğiniz için sınır çizmekte zorlanabilir, çoğu zaman kendinizi altından kalkamadığınız sorumlulukların ve yüklerin altında bulabilir, hatta para kaybedebilirsiniz. Öğrenmeniz gereken dersi anlatan bu rakam, aynı zamanda kendinizi sürekli bir suçluluk duygusu içinde bulmanıza ve bunalıma girmenize neden olabilir. Hayır demenin ilişkilerinizi bozmayacağını anlamalısınız. Sizden yapamayacağınız şeyleri bekleyen ya da durumunuzu anlayamayan insanlar söz konusu ise belki bu ilişkilerinizi bir kez daha gözden geçirmelisiniz.

Aşırı derecede verici bir yapınız vardır. Ne kadar denerseniz deneyin insanların isteklerine karşılık vermeye ve talep edilmeden yardımcı olmaya eğilimlisinizdir.

Gücünüzü kendiniz için kullanmayı ve biraz daha bağımsız olmayı öğrenmelisiniz. Her zaman herkes için ulaşılabilir olmaktan vazgeçin. Bu, elbette sizin için söylemesi yapmasından daha kolay bir şeydir çünkü hayır demek kendinizi yetersiz hissetmenize neden olur. Adeta sorumluluklarınızı terk etmişsiniz gibi bir duyguya kapılırsınız. Bu durumda da suçluluk duygusu devreye girer ve kendinizi eski alışkanlıklarınızın pençesinde bulursunuz.

Özellikle dönüşüm yıllarında uzun süredir üzerinde uğraşıp geliştirdiğiniz ve sahip olduğunuz şeyleri yitirme tehlikesi ile karşı karşıya kalabilirsiniz. Bu sizin için çok zor bir durum olabilir. İşinizi ya da ilişkinizi sonlandırabilirsiniz. Bu dönemlerde çok dikkatli olmalısınız. Durumun bilincinde olarak, bir şeyleri sonlandırıp sahip olduklarınızı yitirmek yerine, onları dönüştürmeli ve başka bir biçime sokmalısınız. Örneğin kendi işinizi yapıyorsanız, işinizi bırakmak yerine onun biçimini değiştirmelisiniz. Bu dönemleri bir nokta olarak değil, noktalı virgül olarak görmelisiniz.

Aşırı sorumluluk sizin için bir yüke dönüşüp kaçmak istemenize neden olabileceğinden sınırlarınızı iyi belirleyin ve hayır demeyi öğrenin.

5. HANE

9 Rakamı

Beşinci hanedeki 9 rakamının dersi, inatçı ve sabit fikirli olmamayı öğrenmektir.

Size nasıl bir tavsiyede bulunulursa bulunulsun, eğer bir kez karar verdiyseniz fikrinizi asla değiştirmezsiniz.

Karşınızdaki insan sizi ne kadar ikna etmeye uğraşırsa uğraşsın inatçılığınızı sürdürür ve en iyisini kendinizin bildiğini düşünürsünüz.

Son derece belirsiz davranabilir ve insanların ihtiyaçlarını anlamayabilirsiniz. Bu, bencil bir insan olduğunuz anlamına gelmez, yalnızca ayaklarınızı yere sabitler ve hareket etmezsiniz.

Aynı zamanda iş ile oyunu birbirine karıştırabilir, yapmanız gereken şeyi zamanında yerine getiremeyebilirsiniz. Yine bu hanedeki 9 rakamı insanların etkisinde fazla kalmanıza ve onlara karşı tavırlarınızın onların etkisiyle değişmesine neden olabilir. Tarafsızlığınızı koruyun ve zihninizi olasılıklara açık tutun.

Eğer uzlaşmalara ve anlaşmalara daha açık bir hale gelmeyi öğrenemezseniz insanlar er ya da geç sizi terk edeceklerdir.

Özellikle dönüşüm yıllarında her zaman olduğunuzdan daha inatçı ve sabit fikirli hale gelebilirsiniz. Kendinizi hayallerinizden oluşmuş bir dünyanın içinde bulup, gerçeklerden uzaklaşma tehlikesiyle karşı karşıya kalabilirsiniz.

Bu dönemin bir diğer etkisi de çevrenizdeki şartlar ve insanlardan kolayca etkilenebilir bir hale gelmenizdir. Bu nedenle insanlar sizin değişken ve güvenilir olmadığınızı düşünebilirler. Güvenilmez olduğunuza dair inanç, kurduğunuz ilişkilerin ciddi şekilde zarar görmesine yol açabilir.

Ayaklarınızı yere sağlam basmaya ve gerçeklik ile bağınızı koparmamaya çalışın. İnatçılığınızın ve sabit fikirliliğinizin var olan bir durumu tarafsız bir şekilde görmenize engel olmamasını sağlayın. Aksi takdirde gerçek çıkış yollarını göremez, size zarar veren bir durumu inatla sürdürebilirsiniz.

Zihninizi önyargılardan koruyun ve her zaman yeniliklere ve olasılıklara açık bir zihin geliştirin. Bu sayede yaşam yolunuzun çok daha kolay ve zahmetsiz olduğunu göreceksiniz.

6. HANE

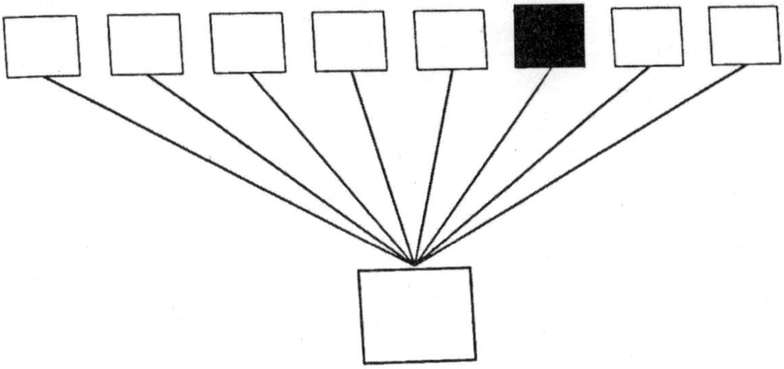

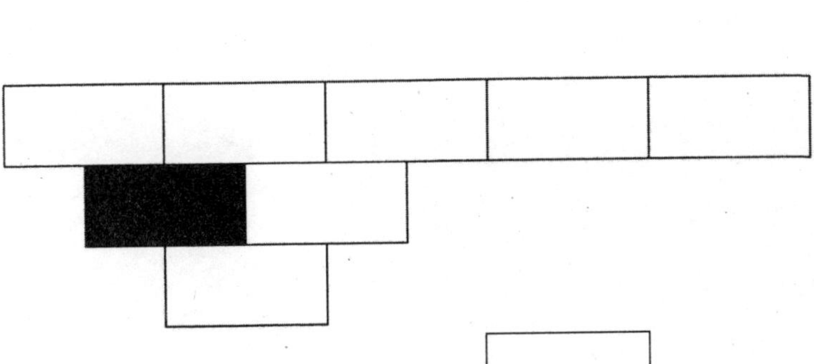

Bu şema 28. sayfada belirtilen orijinal Pin Kod formülüne aittir.

6. HANE

RUH DUYUSU

Kendinizi tanımlama biçiminiz

Kendinizi nasıl gördüğünüzü ve tanımladığınızı anlatan bu hane, içsel benlik hanesidir.

Ruh duyunuz, yaşamınızın son derece mahrem bir yanını oluşturur. Bu, içinizdeki sestir ve bu ses ile içsel söyleşilerinizi yaparsınız. Burası, ruhunuzun özünü oluşturur; hiç kimse bu alana giremez ya da ona müdahalede bulunamaz.

Kırlık bir alanda tek başınıza olduğunuzu düşünün. Tek başınıza, bir ağacın altında, çimenlerin üzerinde oturuyorsunuz ve bol bol boş zamanınız var. Herhangi bir zaman sınırlamanız olmadığı gibi üzerinizde herhangi bir baskı da yok. Kendinizi inanılmaz derecede özgür ve huzurlu hissediyorsunuz. Eğer çevrenizde başka bir insan yoksa bu duyguyu kiminle paylaşırsınız?

Kendinizle içsel bir söyleşi başlatırsınız. Bu, normaldir. Zihin doğal olarak bu şekilde işler. Bu süreç, dış koşullara ve duyu organları aracılığıyla algıladığı dünyaya tepki veren beyniniz tarafından yaratılmaktadır.

Ruh duyusu, zihninizin yaratıcı kısmı çalışırken kullandığınız duyunuzdur. Daha önceden açıklanan beş duyunuzdan gelen ve beyninize iletilen bilginin tamamını işler, kıyaslama yaparak bir dayanak noktası oluşturmak için hafızayı da kullanır. Karar vermek için sürekli olarak analiz eder ve seçenekleri değerlendirir. Kabullenmeye ve kararların verilmesine hazır olduğunda son adım atılır. Bu da, sizin seçenekleriniz olarak adlandırılır. İçinde bulunulan durumun karmaşıklığına ve diğer insanları ne kadar ilgilendirdiğine bağlı olarak karar vermek uzun bir zaman alabilir. Karar bir kez verildi mi, sonuçlarının kişiliğimiz ve seçimlerimiz üzerinde etkileri olur.

İlk iki hane ile 6. hane arasındaki fark, insanlar arasındaki ilişki sorunlarının en büyük nedenlerinden bir tanesini oluşturmaktadır. Bu nedenle 6. hanedeki rakamınızı inceleyerek kendinizi nasıl gördüğünüzü ve bunun insanların sizi gördüğü kişilik ile ne gibi farklılıkları olduğunu anlayarak iletişimde büyük bir adım atabilirsiniz. Aynı şekilde sevdiğiniz insanların, kendilerini nasıl gördüklerini anladığınızda akıl karışıklığınız ortadan kalkabilir ve insanlarla olan iletişiminizde ve ilişkilerinizde daha başarılı olabilirsiniz.

6. HANE

1 Rakamı

Altıncı hanedeki 1 rakamı kendini son derece önemli bir ruh olarak görür.

Özel ve değerli bir insan olduğunuza inanırsınız ve diğerlerinin de bunu bilmesinde bir sakınca görmezsiniz. Önemli olan, zihninizin, egonuzun denetimini eline geçirdiğinin bilincinde olmanız gerektiğidir.

Doğrudan ve konunun özüne yönelik yaklaşımlarınız vardır; buna karşın tavırlarınız hoştur. Sokulgan ve neşeli görünürsünüz. Büyük bir rahatlıkla sohbet ederken kendinize duyduğunuz güvenin dışarıdan hissedilmesini sağlarsınız.

Fiziksel temasta bulunmak sizin için çok önemlidir; karşınızdaki insanı rahatlatmak ve önem verdiğiniz tek insanın o olduğunu hissettirmek için koluna nazikçe dokunmak son derece önemlidir. Dokunuşunuzun ardında yalnızca nezaket yoktur aynı zamanda otoritenizin damgasını da bu sayede vurursunuz. Sık sık geçmişinizdeki insanlarla ilişki kurar, daima ortalıkta olduğunuzu bilmelerini ve sizi unutmamalarını sağlarsınız. Bu, sizin için rahatlatıcı olup size saygı duyulduğuna bu sayede emin olursunuz.

Her zaman zirvede olmayı hedeflediğinizden, sizin için yeterli olan tek şey, en iyisine sahip olmaktır.

Yönetimin sizde olmasına ve kendi tahtınızda oturmaya ihtiyaç duyarsınız. Otoriteyi elinize geçirdiğinizde çok iyi iş çıkarır ve sorumlulukları paylaşmak konusunda rahat davranırsınız. Eğer istediğiniz karşılığı alamazsanız ve çevrenizdeki insanlar sizi görmezden gelirlerse, kendinizden şüphelenme eğiliminde olursunuz. Aklınız karışır ve insanların sizi görmezden gelmeye başladıklarına inanırsınız.

Bu durum kendinize güveninizi yitirmenize neden olduğu için kendinizi umutsuz ve etkisiz hissedersiniz. Yaşam dayanılmaz bir hale gelir; hiç kimsenin sizi sevmediğini ve yaşamın çabalamayı gerektirmediğini düşünürsünüz. Reddedilmişlik duygusu ve uyuşukluk tarafından ele geçirilir, yaratıcılığınızı kullanmakta zorlanabilirsiniz.

Eğer birisi sizi eleştirirse, kendinizi reddedilmiş, kırgın ve kızgın hissedersiniz. Eleştirilmek size göre, otoritenize doğrudan saldırılması ile eş anlamlıdır.

Bazen kendinize güveninizi yitirirsiniz. İşte böyle zamanlarda aşırı talepkar ve baskıcı bir hale gelebilirsiniz. Oysa sizin için en önemli şey alkışlanmak ve takdir görmektir. Takdir edildiğinizde doğru yolda olduğunuzu anlar, takdir edilmediğinizde ise kendinizi yolunuzu yitirmiş gibi hissedebilirsiniz. Eğer size bahşedilmiş olan iletişim becerilerinizi kullanabilirseniz çok başarılı olabilirsiniz.

6. HANE

2 Rakamı

Altıncı hanedeki 2 rakamı, kendisini son derece ilgili ve şefkatli bir insan olarak tanımlar.

Sevdiğiniz insanlar için neredeyse yapamayacağınız bir şey yoktur. Sevdiklerinizin yanı sıra diğer insanların da yararına olan hayır işlerinde çalışırsınız. Önceliği onlara verir, onları beslemeyi, korumayı, kollamayı kendinize görev edinebilirsiniz. Her zaman onların yaralarını iyileştirecek uygun sözleriniz vardır. Size ihtiyaç duyulduğunu fark ettiğiniz anda hemen diğerlerine yardım etmek için harekete geçersiniz. Bu, sizin ilgi ve şefkat gösterme biçiminizdir ve kendinizi iyi hissettirir.

Eğer çevrenizde şefkatsizlikle karşılaşırsanız hemen oradan uzaklaşır, kendinizi yaralanmış ve kırılmış hissederek kendi içinize çekilirsiniz. İnsanlar sizi bir kenarda durmaya zorladıklarında aşırı hassaslaşabilirsiniz; istenmediğinizi hisseder bunalıma bile girebilirsiniz.

Zorlayıcı bir karakter sergilememekle birlikte, kendinizi ancak olayları denetiminiz altına aldığınız takdirde güvende hissedersiniz. İlişkileri bozmak ve ayrılıklar siz 2 insanları için çok zordur: elinizden gelen her şeyi yaparak ilişkiyi bir arada tutmaya çalışır, kaybetme korkusu ve güvensizlik duygusu nedeniyle aşırı koruyucu ve talepkar davranmaya başlayabilirsiniz.

Hayatta riskler almayı sevmez ve kendinizi tehdit altında hissettiğiniz insanlarla bir arada olmak istemezsiniz. Güvenlikte olma ve başkalarını koruyup kollama ve besleme ihtiyacınız nedeniyle olası kara günler için para biriktirirsiniz. Bu tedbirli ve temkinli tutumunuz başkalarının sizi cimri olarak algılamasına neden olabilir.

Çocukları sever ve kendi çocuklarınızın olmasını istersiniz. Bu sizin için çok önemlidir, her şey bir yana, annelik güdüsü başka nedir ki?

Başıboş dolaşan hayvanları, hatta garip insanları evinize getirmeye kalkabilirsiniz. Aşırı cömert davrandığınız için diğer insanların sizden faydalanmalarını engelleyemeyebilirsiniz. Yine de bu durum sizi endişelendirmez; ama sokaktan topladığınız bu hayvanların ya da insanların belli bir zaman sonra kendi yollarına gitmelerini beklersiniz. Eğer gitmez ve evinizde kalmaya kalkarlarsa strese kapılır hatta bunalıma bile girebilirsiniz. Ama sonunda onları kendiniz gönderirsiniz.

Düşüncelerinizi, tıpkı bir anne gibi, ilgili ve rahatlatıcı eylemler şeklinde gerçeğe dönüştürürsünüz. Nazik bir insan olduğunuz için de, genellikle, içinizde yıkıcı düşünceler barındırmazsınız; tabi ki, damarınıza basılmadığı ve sevdiğiniz bir insana saldırılmadığı sürece. Bu durumda son derece düşmanca bir tavır takınabilir ve saldırgan bir hale gelebilirsiniz. Öfkenizin bir belirtisi olarak dişlerinizi gıcırdatır ve saldırıya geçersiniz; elbette kaçınılmaz bir tehlike altında olduğunuzu hissediyorsanız.

Sevdiklerinizi çok önemseseniz ve onlar için endişelenseniz de onları, hatalarından ders almaları için kendi hallerine bırakmayı ve kendi ihtiyaçlarınızı da düşünmeyi ve öncelik vermeyi öğrenmeniz gerekiyor.

6. HANE

3 Rakamı

Altıncı hanedeki 3 rakamı, kendini disiplinli, organize, kararlı, doğayı ve hayvanları seven bir insan olarak görür.

Zihniniz son derece düzenlidir ve bunu dış dünyaya da gösterirsiniz. Karışıklıktan ve düzensizlikten rahatsız olursunuz.

Başka insanların meselesine bulaşmak istemezsiniz ama açık sözlü olduğunuzdan bir şeylerin yanlış olduğunu düşündüğünüzde, hiçbir tereddütte bulunmadan hemen kendi görüşlerinizi belirtirsiniz. İnsanların, söylediklerinizi anlamlı bulacaklarına eminsinizdir ve anlamlı bulmayanların aptal olduklarını düşünürsünüz. İnsanların mesajınızı net bir şekilde almaları çok önemlidir ve bu nedenle onlarla net ve yüksek sesle konuşursunuz. Bu şekilde konuşarak söylediklerinizi bir kez daha tekrarlamanıza gerek kalmayacağına inanırsınız. Bununla birlikte mesajınız, karşınızdaki insana oldukça sert gelir ve diğer insanlar sizin tıpkı bir askere benzediğinizi düşünürler.

Düşüncelerinizi yöneten temel dürtülerden bir tanesi düzen ve disiplindir. Size göre bu, bir takım şeyleri kendi başınıza yapmanızın en önemli nedenidir. Düzensiz ve disiplinsiz insanları biraz rahatsız edici bulur, bu nedenle de onları kendi hallerine bırakırsınız. Yalnızca zamanınızı harcamaktan başka bir şey yapmayan bu insanlarla asla ilgilenmek istemezsiniz; çünkü sizin için zaman son derece değerlidir.

Her şeyin tıpkı bir saat gibi işlemesi gerekmektedir. Eğer dünyayı yönetme şansına sahip olsaydınız, kusursuz işlemesini sağlayabilirdiniz. Bu, elbette bir düşüncedir ama yine de etkili bir düşüncedir. Çünkü yetersiz insanlar sizi inanılmaz derecede hayal kırıklığına uğratırlar. Onlara karşı tahammülsüz ve sabırsızsınızdır. Ayrıca, öfkenizi kontrol altına almayı öğrenmelisiniz.

Sizin inancınıza göre, insanların hayatlarında bir amaçlarının ve bir yollarının olması gerekir. Hayatınızda zayıf, mızmızlanan ve tembel insanlara yer yoktur. İnandığınız bir işe kendinizi tam olarak adarsınız.

Elinize aldığınız işi herhangi bir duraksama göstermeden düzenlemeye başlarsınız. İşleri bildiğiniz gibi yapmak için kendi halinize bırakılmanız gerekir. Durumun analizini yapar (bu sırada gözleriniz belli bir noktaya odaklanır), denetimi elinize alır ve iş bitene kadar kararlı, disiplinli, planlı bir şekilde yolunuza devam edersiniz. Zorlayıcı ve baskıcı olmanız gerekse dahi mutlaka sonuca ulaşırsınız.

Son derece tutkulu bir insansınızdır ve bağımsız bir şekilde çalışmak istersiniz. Eğer insanlar damarınıza basarsa, bunu anlamalarını sağlarsınız. Onlarla ilgilenirken duygulara zerre kadar önem vermezsiniz. İnançlarınız konusunda uzlaşmaz bir şekilde inatçılık sergiler ve görev duygusuyla harekete geçersiniz. Bu da, yüksek beklentileriniz nedeniyle kendinize bir sürü düşman yaratacağınız anlamına gelmektedir.

Kendinize, hayatın yalnızca bir şeyleri organize etmekten ve disiplinden ibaret olmadığını, aynı zamanda gülmeye ve eğlenmeye de ihtiyacınız olduğunu hatırlatmalısınız. Biraz daha keyifli olmayı ve insanların da yaptığınız organizasyonlar içinde birazcık hayatın tadını çıkarmalarına izin vermeyi öğrenirseniz, hem siz daha mutlu olacaksınız hem de çevrenizdeki insanlar.

6. HANE

4 Rakamı

Altıncı hanedeki 4 rakamı, kendini meraklı, kaşif ve araştırmacı bir insan olarak tanımlar.

Zihniniz düşüncelerle ve hayat hakkında bitmek bilmeyen sorularınızla sürekli olarak meşguldür. Neler olup bittiğini bilmeniz gerekir. Aslına bakarsanız eğer ilginç bir şeyler yoksa bu durumda hayatı biraz daha sıra dışı hale getirmek için ortalığı karıştırabilirsiniz.

Üretken zihninizde sürekli olarak fikirler yeşerir ve bunlardan kurtulmanın tek yolu onları insanlara anlatmaktır. Tek sorun, bu olağanüstü fikirleri, zavallı ölümlülerle paylaşmak konusunda fazla seçici davranıyor olmanızdır.

Zihninizde nelerin uçuştuğunu bilirsiniz ama diğer insanların düşüncelerinizin hızına yetişebilmeleri çok zordur. Karşınızdaki insanlar kaşlarını çatmaya başladıklarında biraz yavaşlamaksınız. En azından bunu denemelisiniz.

Gelecek her zaman ilginizi çeker ve gelecekle ilgili bir resim oluşturmak için elinizden gelen her şeyi yaparsınız. Zihniniz geçmişte, bugünde ve gelecekte yaşar; sürekli olarak ileri ve geri hareket etmekle, bir sorunun çözümüyle ilgili olasılıklarla uğraşmakla meşguldür. Olayların en dibine ulaşmak konusunda engel olamadığınız bir takıntınız bulunmaktadır. Depolarınızda bulunan bütün silahlarınıza bu amaçla başvurabilirsiniz: astroloji, tarot kartları, numeroloji, melekler, kehanetler... kısaca elinizdeki bilmeceyi çözmenize yardımcı olacak her tür araç.

Bu hanede bulunan 4 rakamı oldukça psişik bir özellik kazandırır. Sizin için dünya görüldüğü gibi bir yer değildir ve sürekli olarak onun içinde saklı olan sırları açığa çıkarmaya çalışırsınız. Topladığınız bütün o olağanüstü bilgilerle diğer insanların hayatlarını o kadar kesin bir şekilde tanımlarsınız ki adeta falcı ya da kahin gibi görünürsünüz.

Karşınızdaki insanın söylediği her şeyi, sözlerinin ardındaki gerçeğe ve niyete ulaşmak için hızla parçalara ayırırsınız. Hemen çıkarımlarınızı yapar ve ardından sözlerini doğru yorumlayıp yorumlamadığınızı anlamak için onları sorgulamaya başlarsınız. Oldukça tacizkar bulunan dobra konuşmanız ve bazen kabalaşabilen sorularınızla ortalığı karıştırarak karşınızdaki insanın dengesini bozarsınız ama verdiğiniz rahatsızlığın farkında olmadan, yarattığınız bu durumdan büyük bir haz alırsınız.

İnsanlar sorularınızı yanıtlamakta tereddüt ediyorlarmış gibi görünür ya da yeterince hızlı yanıtlar vermezlerse, şüphelenip bir şeyleri sakladıklarını düşünürsünüz. Kafanızda senaryolar yazar ve hatta planlar yaparsınız. Eğer iyi niyetli düşüncenizi ve dürüstlüğünüzü korumayı başarıp sakince beklerseniz, ihtiyaç duyduğunuz bütün yanıtları çabalamanıza gerek kalmadan alabilirsiniz.

Bazen de aşırı meraklılığınız bazı sorunlara neden olabilir. Ne de olsa insanlar her zaman hayatlarının en ince ayrıntısına kadar incelenmeşinden mutlu olmazlar. Bir konunun her tür ayrıntısını öğrenmeye ihtiyaç duyduğunuz için kararsız kalıp bir sonuca yaramayabilirsiniz. Kararsızlık hayatınızın önemli sorunu olabilir. Ardından kendinizi baskı altında hissederek bir anda ve beklenmedik kararlar verebilirsiniz.

Sürekli olarak sakladıkları bilgiler olduğunu düşünüp, bunları merak etmekten kendinizi alamazsınız. Niçin bilgiye ihtiyaç duyduğunuzu bilmezsiniz ama ileride bir zaman bu bilgiye ihtiyacınız olacağına kesinlikle eminsinizdir. Size göre uygun zaman geldiğinde bu bilgiyi tüm ayrıntılarıyla aktarırsınız; bu da insanları şaşırtır ve çok rahatsız eder.

Siz bir dedektifsiniz: her tür ayrıntıyı yakalar, diğerlerinin ne düşündüğünü yorumlar ve bir sonraki hareketlerinin ne olacağını tahmin etmeye başlarsınız. Bir dedektif romanı okurken ya da cinayet filmi izlerken bile çoğu zaman katilin kim olduğunu bulabilirsiniz. Bilgi edinmek söz konusu olduğunda oldukça sabırlısınızdır ve genellikle sonuca ulaşırsınız.

Seyahat etmekten çok hoşlanırsınız ve özellikle de diğer insanlar için seyahatler planlamayı çok seversiniz. Özellikle, 8. hanenizde de 4 rakamı varsa, sürekli olarak mekan değiştirmek istersiniz ve bir yere gittiğinizde aklınız burada, buradayken de orada olur. Bir yerde uzun bir süre kalmak, sizin için kapalı yerde kalma korkusuna benzer bir korku yaratabilir. Bu hissin etkisiyle aniden değişip, beklenmedik bir anda tam tersi bir kişilik sergileyebilirsiniz.

Kendi alanınıza sahip olmaya ve özgürlüğünüze büyük bir değer verirsiniz.

Birisi sizi hazırlıksız yakalar ya da aldatırsa, bedeli ne olursa olsun öç almak istersiniz. Yıllarca beklemeniz gerekse de harekete geçmek için en uygun zamanı kollarsınız. Bununla birlikte bu konuda saldırgan bir tavrınız yoktur; yalnızca karşınızdaki insanla aranızdaki durumu eşitler ve ardından gülerek uzaklaşırsınız.

Eğer bilgi edinirken bir yandan da bilgi vermeyi öğrenirseniz öğrenmeyi iki taraflı bir hale getirebilirsiniz.

6. HANE

5 Rakamı

Altıncı hanedeki 5 rakamı, kendini zeki, analitik, asi ve bir şeyleri değiştirmekten çekinmeyen bir insan olarak tanımlar.

Zihniniz asla durmaz ve dinlenmez. Sürekli ve tekrarlayan bir şekilde bilgi ve veri peşinde koşar ve her detayın analizini yaparsınız. İhtiyaç duyduğunuz yanıtlara ulaşıncaya kadar senaryo üzerine senaryo üretmeyi sürdürürsünüz. Bilgilerin tümünü derleyip sınıflandırdığınızda, bir sonraki konuya geçersiniz.

Bir insan size bir soru sorduğunda, zihninizde o soru ile ilgili başka sorular doğmaya başlar. Beyninizdeki veri bankasını araştırıp oradan bir yanıt bulmaya çalışır ve yaratıcılığınız sayesinde insanları şaşırtan dahiyane fikirlerle ortaya çıkarsınız. Bununla birlikte sıra dışı zihninizle her zaman takdir görmeyebilirsiniz çünkü aklınızdaki fikirleri aktarırken, insanların akıllarının karışmasına neden olabilirsiniz.

Zihniniz o kadar hızlıdır ki bir anda ortaya eğlenceli ve zekice laflar atabilirsiniz. Siz komik bir insansınız. Düşünmeksizin konuştuğunuzda sarf ettiğiniz hatalı sözler için sık sık özür dilersiniz oysa insanlar sempatiyle gülerler.

Zihinsel meydan okumaları çok seversiniz ve bir bilgisayarın başına oturup programın nasıl işlediğini keşfeder; hatta onu kendiniz yeni baştan yazmaya bile kalkışabilirsiniz. Elbette kendinizi bir yerde oturmaya ikna edebildiğiniz sürece. Çünkü her an hareket edebilme özgürlüğüne sahip olmanız gerekir.

Bağlanmaktan ve kendinizi kısıtlanmış hissetmekten hiç hoşlanmazsınız. Bu durum, kendinizi oldukça daralmış ve baskılanmış hissetmenize neden olabilir ve bedeli ne olursa olsun özgür kalmak istersiniz. Rüzgarın saçlarınızda oynaştığını hissetmek ve herhangi bir şekilde kısıtlanmamak sizin için çok önemlidir.

Fikir üretmekte ve iletişim konusunda mükemmelsinizdir. Bununla birlikte çoğu zaman odaklanamayacak kadar hızlısınızdır. Gerçek bir asisinizdir ve buna engel olamazsınız. İşleri kendi bildiğiniz şekilde yapmak istersiniz.

Rekabete bayılırsınız. Matematik ve bilimin çoğu alanında başarılı olabilirsiniz çünkü problem çözmekten çok hoşlanırsınız. Herhangi bir problem zihniniz için bir meydan okumadır; özellikle de zihninizi bir diğer insanın zihniyle yarıştırdığınız zamanlarda.

Hayattaki en büyük meydan okuma, meydan okumanın kendisidir ve siz, sadece meydan okumuş olmak için bile meydan okuyabilirsiniz. Durum ne kadar tehlikeli ve riskli olursa olsun şansınızı denersiniz.

Yalnızca eğlence olsun diye inanılmaz derecede ilginç öyküler yaratabilirsiniz. Gazeteci, yazar ya da mucit olmaktan büyük bir keyif alabilirsiniz.

Heyecana bayılır ve sürekli olarak hareket halinde olmak istersiniz. Seyahat etmekten büyük bir zevk alırsınız. Son derece huzursuz ve yerinde duramayan bir ruhunuz vardır ve harekete geçmek için büyük bir heves duyarsınız. Az dostunuz vardır ama inanılmaz derecede çok insan tanırsınız.

Asi olmak ve bir şeyleri değiştirmek size zevk verir. Yeterince zeki olduğunuz için, her zaman asiliğinize bir neden bulabilirsiniz. Fakat çoğu zaman yalnızca asilik yapmış olmak için asilik yaptığınızın farkında mısınız? Bu, hayatınızda pek çok önemli fırsatı yitirmenize neden olabilir. Elbette siz değişimden korkmadığınız için bundan çekinmezsiniz ama eğer asiliğinizi denetleyebilirseniz hayatta çok daha başarılı olabilirsiniz.

6. HANE

6 Rakamı

Altıncı hanedeki 6 rakamı kendini, güzel, çekici, etkileyici ve dengeli bir insan olarak tanımlar.

Dünyayı daha iyi bir yer haline getirmek için doğmuş bir insansınız ve bir şeyleri güzelleştirmek için harekete geçersiniz. Kesinlikle zirveye ulaşmak gibi bir hedefiniz yoktur; ama elinize aldığınız her şeyin mükemmel görünmesi gerekir. Başkalarının çok ciddiye aldığı sorunları siz hafife alarak çözmeyi tercih edersiniz.

Başkalarını taklit etmeyi sevmezsiniz. Giysi, eşya, iç mekan gibi pek çok alanda tasarımlar yapmak size keyif verir. Yaşamın size sunduğu en iyi şeyleri ve en büyük zevkleri istersiniz. Evinizi, renk, uyum ve güzellik anlayışınızın kusursuz bir örneği olarak zevkli bir şekilde dekore edersiniz. Diğer insanlar tarzınızdan hoşlandığında büyük bir keyif alırsınız. Size göre, yaşamda en önemli şey kişinin kendini iyi hissetmesidir.

Zihniniz, insanları nasıl mutlu edeceğinize yönelik fikirlerle doludur. Fakat bu fikirler ait oldukları yerde, zihninizde ve kilit altında tutulurlar. Kendinizi uğraştığınız şeye o kadar kaptırırsınız ki, düşündüğünüz şeyler konusunda harekete geçmeyi unutabilirsiniz.

Fikirlerinizi diğer insanlara aktarabilmek için cazibenizi kullanırsınız ama sizi yanlış anlayıp, akıl verdiğinizi düşünebilirler. Bu durum sizin için akıl karıştırıcı olabilir ve insanların niçin bu şekilde tepki verdiklerini anlayamazsınız. Çoğu zaman kendi düşüncelerinizin tadını çıkarabilmek için yalnız kalmaya ihtiyaç duyarsınız. Bu da yaşama karşı biraz yavaş, neredeyse tembel bir tavır geliştirmenize neden olabilir. Siz, içten bir şekilde insanların hayatın tadını çıkarmalarını ister ve çevrenizdeki insanların kendilerini rahat hissetmelerini sağlayacak şeyler yaparsınız.

Düşünceleriniz ve fikirleriniz, eğlenemeyecek kadar meşgul olan insanlar tarafından boşa harcanabilir. Bu, onlara olan ilginizi kaybedeceğiniz anlamına gelmez; yalnızca onlara, sakinleştiklerinde ve yavaşladıklarında yaklaşırsınız.

Hayatta beklediğiniz fırsatların ne zaman karşınıza çıkacağını bilmediğinizden genelde işinizi şansa bırakmazsınız. Her an binlerinin sizi izleyebileceği hissiyle her zaman her konuda bir şeyleri doğru yapmak istersiniz; hatta hazırlık aşamasında bile. Önlem almak, sonra üzülmekten daha iyidir. Ne zaman birisinin gözünün sizin üzerinizde olduğunu bilemezsiniz.

Açık havada bulunmaktan ve doğada olmaktan hoşlanır, karanlık ve kasvetli mekanlardan rahatsız olursunuz. Açık alanlara ve ışığa ihtiyaç duyarsınız.

Cilt sorunlarından yakınıyor olabilirsiniz. Bunu güzelliğinizin küçük bir bedeli olarak kabul edin ve her zaman güzel bir insan olarak kabul edileceğinizi unutmayın.

Uyumsuzluktan ve zevksizlikten hiç hoşlanmazsınız. Bu durumdan rahatsız olur ve sürekli olarak uyum ve sakinlik ararsınız. Fakat başka insanlar alanınıza tecavüz ettiğinde ya da kontrolsüz bir hale geldiğinizde kelimeleriniz sertleşebilir. Ama yine de patlamanız uzun sürmez. Kısa süre sonra yeniden eski, nazik halinize geri dönersiniz.

Kendinizi çekici ve sosyal bir insan olarak algılarsınız, bazen insanların sizi takdir etmediklerini ve güzelliğinizi anlayamadıklarını düşünebilirsiniz.

Evet, kesinlikle etkileyici bir insansınız ve bunun da farkındasınız. Hayatın tadını çıkarmayı ve keyif yapmayı seversiniz. Ritim duygusuna asla direnemediğinizden müziği duyduğunuz anda harekete geçersiniz. İnsanlar sizinle birlikte olmaktan büyük bir keyif alırlar. Elinizi attığınız her konuyu güzelleştirmek konusunda büyük bir beceriniz vardır.

6. HANE

7 Rakamı

Altıncı hanedeki 7 rakamı, kendini mahrem, gizemli, yalnızlıktan hoşlanan, sanata, ruhsallığa meraklı ve yaratıcı bir insan olarak tanımlar.

Son derece mahrem bir insansınız ve kendi alanınız konusunda oldukça savunmacısınızdır. Dikkat çekmek istemezsiniz ve dikkatin merkezinde bulunmak sizi çok korkutur. Tek istediğiniz kendi halinize bırakılmak ve güvenli bir noktadan dünyada neler olup bittiğini izlemektir.

Zihniniz özeldir ve sırlarla doludur. Burada kendi başınıza olmaktan büyük bir zevk alır, kendiniz için sessiz bir ortam yaratmaya çalışırsınız. İç dünyanıza çekilir ve her şeyi dışarıda bırakırsınız.

Kavgacı ve gürültücü insanlardan uzak durur ve bu tür saldırgan tavırları tahammül edilmez bulursunuz. Son derece duyarlı bir insansınız ve kendinizi çoğu zaman kırılgan hissedersiniz. Çevrenizdeki çatışmaların bir sonucu olarak bunalıma girebilir ve umutsuzluğa kapılabilirsiniz.

Çevrenizde yaralanmanıza neden olacak bir şeyler varsa, acı çektiğinizi asla göstermeden hızla zihninizdeki güvenli alana sığınıp dışarıya çıkmak istemeyebilirsiniz. Sürekli olarak kışkırtılmak ve baskı altında hissetmek yıkılması mümkün olmayan buzdan duvarlar örmenize neden olur. Bu güvenlikli alanınıza daha fazla çekilirken kendinize yaşamın devam etmekte olduğunu hatırlatmanız gerekir.

Çocukluğunuzda ve gençliğinizde yaşadığınız duygusal yaralanmalar da kendi içinize çekilmenize ve duygularınızı ruhunuzun derinliklerine saklamanıza neden olabilir. Bu da, tek başınıza yaşamanıza yol açabilir. Ancak ruh eşinizi bulursanız bu durum değişebilir. İhtiyaç duyduğunuz kişi, sizin duyarlılığınızı anlayacak ve hassas ruhunuza saygı duyacak bir insandır.

Bazen annenize ya da babanıza bazen de her ikisine de bağlı olabilirsiniz. Annenizin yanında güvenlik ve huzur bulursunuz.

Eğer çevrenizde sizi anlayan bir insan varsa, son derece şefkatli olur ve düşünceli davranırsınız. Sevdiğiniz birine her şeyinizi verebilirsiniz fakat çok hassas olduğunuz için duygusal olarak sömürülme tehlikesiyle karşı karşıya olursunuz.

Paylaşmaya istekli değilsinizdir; diğer insanların duygularınıza saygı duymadıklarını düşünebilirsiniz. Bazıları da duvarlarınızı aşmak konusunda azimli olurlar. Bu tavırlarıyla sizi bezdirirlerse, bir uyarıda bulunmadan patlayabilirsiniz. Kendiniz ile ilgili sırları yalnızca, çevrenizdeki duvarın çatlaklarını keşfedip içeriye girmeyi başaranlar paylaşabilirler. Bu seçilmiş insanlar, onlara sunabileceğiniz tüm sıcaklığı hak etmektedirler. Son derece katı yorumlarınızda oldukça acımasız saldırılarda bulunabilir, hatta zaman zaman fiziksel olarak bile saldırganlaşabilirsiniz. Elbette bu çok ender olabilecek bir durumdur ve bu duruma ulaşmanız için inanılmaz derecede damarınıza basılması ve köşeye sıkıştırılmanız gerekmektedir.

Size göre dünya mükemmel değildir ve bu nedenle temiz ve kusursuz bir dünya yaratmak için çalışmanız gerektiğine inanırsınız.

Duyarlılığınız, inanılmaz derecede yaratıcı düşünceler üretmenize ve kendinizi sanat aracılığıyla ifade etmenize zemin hazırlar. Yazdığınız şiirler, trajediden ve üzüntüden bile bahsetseniz insanları derinden etkileyip harekete geçirebilir. Sanatınız aracılığıyla insanların duygusal bir neşe ile ağlamalarına neden olabilirsiniz. Buna karşın umutsuzluğunuzun derinliklerini yalnızca siz bilebilir ve sanatınız aracılığıyla onu düzgün bir şekilde ifade edebilirsiniz.

Hesaplama, planlama ve kesinlik gerektiren her konu, ilginizi çeker. Hatta her adımınızı bile hesaplarsınız. Özellikle para hesabı sizin için çok çekicidir çünkü burada rakamlar son derece kesindir ve dikkat gerektirir. Bu nedenle diğer insanlar sizi aşırı kontrolcü bulabilirler.

Evrenin sırlarını keşfetmek istersiniz ve bu sırları açığa çıkarmak en büyük amaçlarınızdan bir tanesidir. Ruhsallığınızı araştırmak için büyük bir zaman harcayabilirsiniz. İlahiyat araştırmaları yapmaktan bile hoşlanabilirsiniz.

Gürültü patırtıdan hoşlanmadığınız gibi insanların önünde konuşmalar yapmaktan da hoşlanmazsınız. Konuşma yapmadan önce hazırlanmanız gerekir.

Zaman zaman insanlara karşı güvensiz hissedebilirsiniz ve bu nedenle mallarınızı istifleyip onları dikkatli bir şekilde koruma ihtiyacı duyarsınız. Bazen bu ihtiyaç sizde takıntı haline gelebilir. Bu da dışarıdan bencil bir insan olarak algılanmanıza neden olur.

Biraz rahatlayın, gülümsemeyi öğrenin. Küçücük bir gülümseme diğer insanların, sizin düşman olmadığınızı anlamalarını sağlayacaktır. Bu sayede insanların size daha kolay kucak açtıklarını göreceksiniz. Sosyal becerilerinizi geliştirirken, size karşı daha olumlu yaklaşımları olanları kendinize çekmeyi başaracaksınız. Hatta, hayatın eğlencelerle dolu bir yer olduğunu bile öğrenebilirsiniz. Elbette kendi münzevi ve yalnız dünyanızda yaşamayı seçebilirsiniz ama dışarıda harikulade bir dünya vardır. Bu nedenle dışarıya çıkıp, ışıltılı gülücükler kulübüne katılabilirsiniz.

6. HANE

8 Rakamı

Altıncı hanedeki 8 rakamı kendini, sorumluluk sahibi, eki çalışmasına inanan, güvenilir, sağduyulu ve dayanıklı bir insan olarak tanımlar.

Son derece cömert bir doğanız vardır. Yardım etmeye her zaman hazırsınızdır ve eğer bunu yapamazsanız kendinizi suçlu hissedersiniz. İnsanların bu durumdan yararlanmaya çalıştıkları zamanlar olur.

Başkaları tarafından kabul görme ihtiyacınız farkında olmadan yönlendirilmenize sebep olabilir. Bu yüzden sizi kullandığını düşündüğünüz insanlardan uzak durmaya çalışın.

Dikkate alınmadığınızı fark ettiğiniz durumlarda kendinizi zayıf hissedebilirsiniz. Böyle durumlarda 8 rakamının güçlü özelliklerini kullanarak yeni planlar yapmaya başlamalısınız.

Hayatınızın bir amacı vardır. Sürekli olarak pratik, yararlı ve bir işi başarmanızı sağlayacağını düşündüğünüz şeylerin hayalini kurarsınız. Bu nedenle potansiyellerinizi en üst seviyede açığa çıkarmanın bir yolunu bulmanız gerekir.

Siz, risk almaktan hoşlanmadığınız için eyleme geçmeniz zor olabilir. Hayatta ne yapıyor olursanız olun, bunun bir değerinin olması gerekmektedir. Zamanı har vurup harman savurmaktan nefret eder ve çalışmadığınızda kendinizi yetersiz hissedersiniz. Bu nedenle de sürekli çalışır, hatta yararlı olmak için başka insanların görevlerini bile üstlenirsiniz.

Bir şey yaptığınızda kendinizi işe yarar hisseder ve bir proje üzerinde çalışırken adeta varoluş amacınızı yerine getiriyormuşsunuz gibi bir duyguya kapılırsınız. İşe yarar olduğunuzu ve size ihtiyaç duyulduğunu hissetmek sizin için herşeyden önemlidir.

İster aileniz ister ülkeniz olsun, bu dünyaya korumak için gelmiş bir insansınız. Eviniz sizin için çok değerlidir; eviniz kalenizdir. Burasını, bildiğiniz her şekilde korursunuz. Kendi alanınızda rahat ve güvenli hissettiğinizden, bu alanın dışına çıkmakta isteksiz veya yavaş davranabilirsiniz. Başkaları ise sizin hareketsiz olduğunuzu düşünebilirler.

Herkes ile özellikle de ailenizle ilgilenme ihtiyacındasınızdır. İş çocuğunuza ve ailenize geldiğinde aşırı koruyucu olabilirsiniz. Her şeyi ve herkesi kontrol etmek istediğiniz için bir kontrol delisi olarak algılanabilirsiniz.

Eğer hayat sizin istediğiniz hızda ilerlemezse, cesaretiniz kırılabilir. Aslında güçlü, dayanıklı ve kararlı bir insansınız. Öfkelenmeniz çok zordur fakat öfkelendiğinizde yıkıcı olabilirsiniz. Çok sabırlısınızdır ve kolay kolay yakınmazsınız. 8 rakamının gücünü anlamanız ve bunu kendi yararınıza kullanmanız önemlidir.

Sizin için ortada bir nokta yoktur. Seçtiğiniz yol söz konusu olduğunda istikrarlısınızdır. Kararınızı bir kez verdiniz mi fikrinizi değiştirmeniz için büyük bir çaba harcanması gerekir.

İşinizi yaparken insanları kendinizden uzak tutmak için özellikle soğuk ve ilgisiz davranırsınız.

Kendinizi güvende hissetme ihtiyacıyla mülk edinmek isteyebilirsiniz. Doğayı çok sever ve açık havada olmaya ihtiyaç duyarsınız. Eğer şehirde yaşıyorsanız, elinizden geldiğince sık doğaya çıkmaya çalışmalısınız.

Dünyanın tüm yükü omuzlarınızdaymış gibi hissettiğiniz zamanlar olur. İnanılmaz derecede sorumluluk sahibi ve çalışkan bir insansınız. Sürekli olarak binlerinin ya da bir şeylerin sorumluluğunu üstlenirsiniz. Üzerinize aldığınız bir işi, birlikte çalıştığınız insanların sizin kadar sorumluluk sahibi olmamaları nedeniyle tamamlayamadığınızda kendinizi çok huzursuz hissedersiniz.

Kendinizi her konuda gereğinden fazla sorumlu hissetmeniz büyük bir gerilim altında kalmanıza neden olabilir. Sorumluluklarınızı paylaşabildiğiniz ölçüde daha mutlu bir insan olabilirsiniz.

6. HANE

9 Rakamı

Altıncı hanedeki 9 rakamı kendini saf, günahsız, meraklı, hevesli ve öğrenmekten büyük keyif alan bir insan olarak tanımlar. Gerçekten de saf ve günahsız bir insansız. Tavrınız tıpkı bir çocuğun tavrına benzer. Hayat, eğlenmek anlamına gelmektedir ve herkesin eğlenmesi gerekir. Bu da sizi daimi bir iyimser yapar.

Hangi yaşta olursanız olun mutlaka oyuncaklarınız vardır ve elinizdeki en ciddi işten bile keyif almanın bir yolunu bulursunuz. Bu oyuncaklar; bilgisayarınız, oyunlar, arabalar, bisikletler ya da bebekler olabilir. Yaşınız ilerledikçe daha büyük ve karmaşık oyuncaklar edinmeye başlarsınız. Daha fazla paranız oldukça kendinize daha pahalı oyuncaklar alırsınız. Belki de bir Ferrari otomobile ya da kanatları katlanan casus uçağına sahip olmak isteyebilirsiniz. Peki niçin kanatları katlanan uçak? Elbette onu garajınıza sokabilmek için!

Adeta bir tür fantezi dünyasında yaşıyor gibisinizdir. Komplo kuramlarına kolayca çekilir ve evrenin sırlarını keşfetmeye çalışırken kendinizi bir şeylere inandırabilirsiniz. Bir komplonun kökenine inme arayışınız bütün zamanınızı alabilir ve insanları kendi düşüncelerinize inandırabilirsiniz çünkü ne olduğunu fark etmeden onları kendi fantezi dünyanıza çekebilirsiniz.

Sık sık hayallere dalarsınız. Bu, sizin dünyanın gerçekliğinden kaçmak için kullandığınız bir yöntemdir. Amacınız, doğada istediğiniz zaman kaçabileceğiniz küçük bir alana sahip olmak ve acımasız gerçekleri geride bırakmaktır. Gezegeni iyileştirmeye yönelik düşüncelerinizle dünyada devrim yapacak planlar kurarsınız.

Hayal gücünüz sayesinde içinizdeki en iyi şeyleri açığa çıkarabilirsiniz. Eğer yapacak daha iyi bir şeyiniz yoksa hayallerinize çekilir ve kendi dünyanızda gezintiye çıkarsınız. Maceralar sizi çağırmaktadır ve onlara direnmek çok zordur. Zaman zaman kendi kendinize oyunlar yaratır ve evreni araştırmayı sürdürürken bunlarla oynarsınız.

Bazen resmin tamamını göremezsiniz, genellikle bilgi parçalarını toplayıp onlardan bir bütünlük oluşturmak ve ardından kararınızı vermek eğilimindesinizdir.

Siz yolunuza devam etmek istersiniz ama sizi yarı yolda bırakanlar sizin aklınızı karıştırmaya çalışmayı sürdürürler. Anlamanız gereken şey, saflığınız nedeniyle karşınızdaki insanların sizi ciddiye almadıklarıdır. Sizin saf olduğunuzu düşünür ve karşınızda oyunlar oynamaya kalkabilirler.

Herhangi bir işten kolayca sıkılabilir ve bunu fark ettiğiniz anda o konu üzerinde çalışmayı bırakabilirsiniz. O anda büyük olasılıkla ilginizi daha fazla çeken bir şey ortaya çıkmıştır.

Yaşam yolunda ilerlerken sürekli olarak eğleneceğinizi düşünürsünüz ve eğer birisi elinizdeki lolipopu alırsa şaşırır ve dehşete düşersiniz. İnsanların size zarar vermek isteyebileceklerine inanamazsınız. Bu son derece saf bir düşüncedir ve bu nedenle sürekli olarak zor yoldan öğrenmek zorunda kalırsınız. Yine de ne zaman birisi size zarar verse ya da sizi terk etse şaşırırsınız.

İşlerin sizin istediğiniz gibi olmasını istersiniz. Eğer istediğiniz gibi olmazsa aksileşir, kısa süre için de olsa despotlaşırsınız. Çok zaman geçmeden karşınızdaki insanı affeder ve iyimserliğinize yeniden geri dönersiniz. Bağışlayıcı bir ruhunuz vardır ama haklı olduğunuza inanırsanız cehennemi bile dondurabilirsiniz. Hatta duygusal olarak incinirseniz son derece kindarlaşabilirsiniz.

Bir konuda haklı olduğunuza inanırsanız sonuna kadar tartışabilirsiniz. Bunu öyle bir inançla yaparsınız ki, karşınıza gerçekler konsa bile inanmakta zorlanır, hemen sonuca varmazsınız: ne de olsa karşınızda bir başka komplo olabilir. Yeterince uzun bir tartışmanın ve ikna edici kanıtların ardından pes edersiniz.

Size göre herkes adil bir şansı hak ettiği için, fikirlerinizi ve bilgeliğinizi herkesle paylaşmanız gerektiğine inanırsınız. Öğretmeye yeteneğiniz vardır. Eğer günlük koşuşturma içinde detaylara takılmazsanız resmin bütününü görebilir ve bu bilgeliğinizi, felsefe aracılığıyla, dünyanın gidişatını değiştirmek için kullanabilirsiniz.

7. HANE

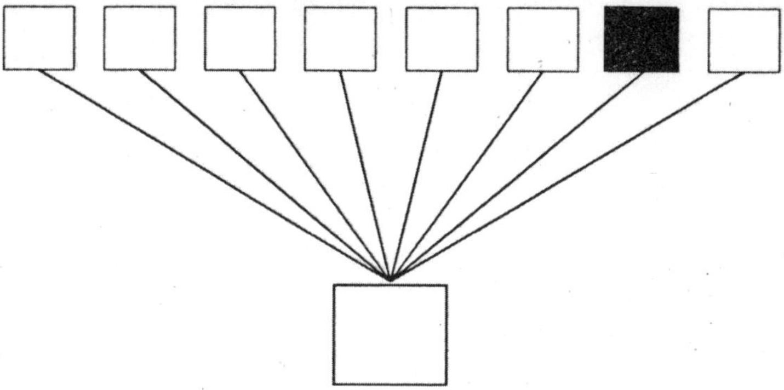

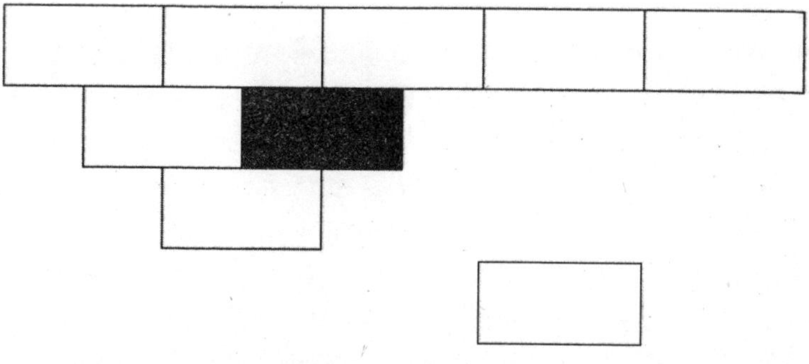

Bu şema 28. sayfada belirtilen orijinal Pin Kod formülüne aittir.

7. HANE

SEZGİ DUYUSU

Beklenmedik durumlardaki tavrınız

Kendinizi her zaman rahat hissettiğiniz alanın dışında bulunduğunuzda ya da beklenmedik bir durum ile karşılaştığınızda ne tür bir tepki verdiğinizi anlatan bu hane, içsel çocuk hanesidir.

Sezgi duyunuz sürekli olarak çalışmakta ve beş duyunuzun kavrayamadığı ayrıntıları saptamaktadır. Sezgi, var olan bir durumda güvenebileceğiniz herhangi bir dış uyarıcı bulunmadığında başvurduğunuz duyunuzdur. Bu duyuyu özellikle, bulunduğunuz çevrede ani bir değişiklik belirdiğinde kullanırsınız. Bu değişimin size hissettirdiği rahatsızlığın boyutlarını kestirmeye çalışır ve ardından kendiniz için bir eylem planı belirlersiniz. Kendinizi rahat hissettiğiniz durumun dışına çıktığınızda nasıl davranacağınızı belirlemeye çalışırsınız. Devreye savaşma ya da kaçma tepkiniz girer.

Şimdi sizin için bir deney yaratalım ve bu durumla nasıl başa çıkacağınızı inceleyelim.

Davetli olarak gittiğiniz bağış toplama gecesinde, duyurulmuş programın dışında bir kura çekilir. Amacı, seçilen 9 kişinin sahnede şarkı söyleyerek, en yüksek bağışı toplamak için çaba göstermelerini sağlamaktır. Seçilen 9 kişiden biri sizsiniz ve beklenmedik bir şekilde, yüzlerce kişinin önünde sahneye çıkarak şarkı söylemeniz istenmektedir. Orkestradan etkileyici bir müzik yükselir ve insanlar alkışlamaya başlar. Yanınıza gelen sunucu, bu fırsatı kullanarak en yüksek bağışı toplayan kişinin siz olabileceğini ve istediğiniz şarkıyı söyleyebileceğinizi belirtir.

7. HANE

1 Rakamı

Yedinci hanedeki 1 rakamı, beklenmedik durumlara kolay uyum sağladığınızı anlatmaktadır.

Beklenmedik bir durumla karşılaştığınızda, doğal iletişim becerilerinizi kullanarak karşınızdaki insanları etkiler ve onları yönlendirebilirsiniz. Zor bir durumdan kurtulmak için liderlik becerilerinize ve iletişim yeteneğinize güvenirsiniz.

Beklenmedik durumlar sizin için olağandır ve sizi rahatsız etmez. Kendinize duyduğunuz güven eksiksiz olduğu için, var olan durum her ne olursa olsun kontrolü ele geçirebileceğinizi bilirsiniz.

Zekanıza ve çevrenizdeki insanları etkileme gücünüze güvenirsiniz. Zor bir durumla karşılaştığınızda rahatsınızdır, zihinsel becerilerinizi kullanarak daima bir çıkış yolu bulursunuz.

Önceden haberiniz olmadan sahneye çıkıp yüzlerce kişinin önünde şarkı söylemeniz istendiğinde özgüvenle gülümser ve orkestra müziğe başladığında elinize mikrofonu alır, şarkı söylemeye başlarsınız. Niyetiniz, sizi dinleyenleri etkilemektir. Ne de olsa kendinize özgü bir insansınızdır. Şarkı söylerken sesinize bir mutluluk tonu katarsınız. Farklı bir notadan söylüyor olmak sizin için önemli değildir nasılsa orkestra size uyum sağlayacak ve gerekli düzenlemeleri yapacaktır. Bundan son derece eminsinizdir.

Elinize geçen fırsatı en iyi şekilde değerlendireceksinizdir. Şarkınızı söylerken daha da canlanırsınız ve sizi dinleyenler sahnedeki becerilerinizden keyif alırlar. Onları sesinizin gücü ile etkilersiniz. Sahnede görkemli bir varlık sergilersiniz. Sosyal bir tarzınız vardır ve kendinizi ifade ederken gülümsersiniz. Kendinize güven duyduğunuz, canlı olduğunuz ve eğlenmekten zevk aldığınız hemen anlaşılır ve teknik anlamda başarılı olamasanız bile seyirciler performansınızdan etkilenirler.

Şarkınızı tamamladığınızda yüzünüzde bir gülümsemeyle eğilerek selam verirsiniz. Sizi dinleyenler kesinlikle sahnede olmaktan keyif aldığınızı düşünürler ve sizi alkışlamaya başlarlar. Siz de ellerinizi başınızın üzerine kaldırıp seyirciyi alkışlarsınız. Bunu gören seyirci daha da canlı alkışlar. Kahkahalardan ve alkışlardan büyük bir keyif alırsınız. Bir kez daha eğilerek selam verir ve ardından seyirciye el sallarsınız.

Heyecanlanan seyirci ayağa kalkarak alkışlamasını sürdürürken kendinizi inanılmaz derecede mutlu ve heyecanlı hissedersiniz. Başarı için gösterdiğiniz çaba takdir edilmiş ve bu da size alkışlarla gösterilmiştir. Bu durum, sizin için kesinlikle baştan çıkarıcıdır.

O anda tüm dünya ayaklarınızın altındadır ve siz yaşadığınız deneyimin her anının tadını çıkarırsınız.

7. HANE

2 Rakamı

Yedinci hanede bulunan 2 rakamı, beklenmedik durumlarla karşılaşıldığında ilk önce utanan ve aklı karışan bir kişiliği anlatır.

Kendinizi bu akıl karışıklığından ve utançtan kurtarmak için hemen yardım edecek birilerini ya da yapabileceğiniz bir şeyleri aranırsınız. Birilerine yardım etmek ve işe yaradığınızı bilmek utangaçlığınızdan kurtulmanızı sağlar.

Beklenmedik durumlar sizin için streslidir ve böyle durumlardan rahatsız olursunuz. Ancak yumuşak tavrınız ve doğal sevimliliğinizle insanları yanınıza çeker ve durumla başa çıkarsınız.

Önceden haberiniz olmadan sahneye davet edilip yüzlerce kişinin önünde şarkı söylemeniz istendiğinde bir an için kendinizi utangaç ve rahatsız hissedersiniz. İçinde bulunduğunuz duruma uyum sağlamaya çalışırken yerinizde duramaz ve biraz kıvranırsınız. Size destek olacak bir şeyler aranırken yüzünüz kızarır ama kendi başınıza olduğunuzu fark edersiniz. Kaçacağınız bir yer yoktur; bu nedenle çekingen bir gülümsemeyle çevrenize bakınır ve ne yapacağınıza karar vermeye çalışırsınız.

Elinizden gelse orada şarkı söylemek yerine herkese yemek yapmayı tercih edersiniz. Ne de olsa çevrenizdeki herkese dikkatinizi ve şefkatinizi yönlendirmeye alışkın olsanız da dikkatlerin üzerinizde olmasına hiç alışkın değilsinizdir. Orkestra, müziği çalmaya başladığında alkışlar da başlar. Bu, sizin için gerçekten de bir sürprizdir ve kesinlikle tahmin ettiğiniz durum böyle bir şey değildir. Gülümser ve adeta özür dilermiş gibi eğilerek selam verirsiniz. Bu arada gözünüzü kalabalıktan ayırmazsınız.

Düşünceleriniz, herkesin eğlenmesini umut etmeye odaklanır. Bu insanların bilet parası ödediklerini bilir ve elde edilen gelirin bir yardım kuruluşuna gidiyor olması sizi rahatlatır.

Bu düşünce, sizi biraz rahatlatır ve şarkının ilk sözleri yaklaşırken derin bir nefes alırsınız. Ne de olsa yaptığınız şey sayesinde ihtiyacı olan bir takım insanların ihtiyaçları karşılanacaktır; bu düşüncede huzur bulup şarkınızı söylemeye başlarsınız.

Anaç enerjiniz son derece güzeldir ve sesinizin yumuşak ve şefkatli tınısı herkesi derinden etkiler.

Şarkınızı sürdürürken sahnenin, insanların neşesi ile sarıldığını hissedersiniz. Herkesin kendini rahat ve keyifli hissetmesini istersiniz. Çevrenizdeki neşeyi ve sevgiyi hissettiğinizde daha da rahatlar ve bulunduğunuz ortamın tadını çıkarmaya başlarsınız. İnsanlar size sıcak ve arkadaşça tepkiler verdiklerinde tüm güvensizliğiniz ortadan kalkar.

Artık yüzünüzün kızarmasına gerek yoktur; şarkınız bitmiştir, izleyiciler keyif almıştır ve siz başka insanlara yardım etmenin huzuru ve mutluluğu içinde sahneden inersiniz...

7. HANE

3 Rakamı

Yedinci hanede bulunan 3 rakamı, beklenmedik durumlarla karşılaşıldığında hemen o durumu düzenlemeye girişen bir kişiliği anlatmaktadır.

Beklenmedik durumlara karşı her zaman hazırlıklısınızdır. Bu nedenle soğukkanlılığınızı yitirmezsiniz. Ancak bir an önce durumu kendi anladığınız anlamda düzenleme ihtiyacı duyarsınız. Eğer bunu yapma olanağınız yoksa o zaman kendinizi çok rahatsız ve asabi hisseder, bir anda sertleşmeye başlayabilirsiniz.

Önceden haberiniz olmadan sahneye çıkıp yüzlerce kişinin önünde şarkı söylemeniz istendiğinde kendinizi hemen toparlar ve çevreyi araştırmaya başlarsınız. Bir an önce, tam olarak nasıl bir durumla karşı karşıya olduğunuzu anlamanız gerekmektedir. Çok hızlı ve organize bir zihniniz vardır ama kendi başınıza kaldığınızda yeterince etkin olabilir misiniz?

Sahnede olmaktan hoşlanmazsınız. Toparlanıp, kendi hızınızda ilerleme ihtiyacı duyarsınız. Var olan durumu rahatsız edici bulur ve biraz mutsuz olursunuz. Fakat bunu yapmak durumunda kaldığınız için elinizden gelenin en iyisi için çabalarsınız.

Hemen orkestrayı ve koroyu düzenlemeye girişirsiniz. Mutlaka sizin tonunuza uygun bir şekilde çalmaları gerekmektedir. Eğer işleri bir düzene koyacaksanız o zaman çevrenizdeki insanların mesajlarınızı net bir şekilde anlamaları gerektiğini düşünürsünüz. Tıpkı bir generali andırırsınız: uzlaşmaz ve disiplinli. İlk başta izleyiciler arasında sessizlik olacaktır. Varlığınızın etkisi altında kalıp yüzünüzdeki ifadeden biraz ürkeceklerdir. Çünkü keskin ve sert bir görünüşünüz vardır. Gözleriniz, durumun değerlendirmesini yaparken belli bir noktaya odaklanmıştır. Adeta bir savaşa girişmeye hazırlanıyor gibisinizdir.

Kendinizi hazır hissettiğinizde elinize mikrofonu alır, orkestraya dönerek başlamalarını işaret edersiniz. Bir noktaya odaklanır ve ardından şarkınızı söylemeye başlarsınız. Şarkının büyük bir bölümünde gözleriniz kapalı olur ama kalbinizden söylersiniz. Orada bulunmaktan memnun olmasanız da son notayı söylediğinizde bir alkış kopar. İşinizi iyi yaptığınızı ve dinleyicilerin üzerinde iyi bir etki bıraktığınızı anlarsınız. Bravo!

Bir süreliğine işin sorumluluğu size bırakılmıştır ve siz de işi planlandığınız şekilde yerine getirmişsinizdir. Bir savaşa girişilmiş ve en az zayiatla kazanılmıştır.

Görevinizi tamamladığınızda geriye çekilir, kalabalığı selamlar, arkanızı döner ve adeta koşarcasına sahneden inersiniz.

7. HANE

4 Rakamı

Yedinci hanede bulunan 4 rakamı, beklenmedik durumlarla karşılaştığınızda hemen bu durumu incelemeye giriştiğinizi anlatmaktadır.

Böyle anlarda büyük bir kolaylıkla uyum sağlayabildiğinizden, rahatsız olmazsınız. Son derece değişken ve akıcı bir insansınızdır, özellikle de kelimelerin kullanımı konusunda. Hiç kimse sizi hazırlıksız yakalayamaz. Doğal rol yapma becerinizle, durum neyi gerektirirse onu oynamaya başlarsınız. Adeta kılık değiştirme ustasısınızdır. Bu da sizin, tüm diğer rakamlar içinde en iyi aktör olmanızı sağlar.

Bir odaya girdiğinizde hemen oradaki en ilginç insanın üzerine odaklanırsınız. İnsanlar zaman zaman sizi biraz tuhaf bulurlar ama sizi eşsiz hale getiren de budur.

Bulunduğunuz ortamları yeniden düzenlemek istersiniz; çünkü bu durumda her şeyin yerini bilir ve hazırlıksız yakalanma riskini ortadan kaldırırsınız. Derli toplu, düzenli bir insansınızdır ve her şeyin sizin anladığınız anlamda yerli yerinde olmasını istersiniz.

Garip bir mizah anlayışınız vardır. Genellikle çift anlamlı ve tuhaf espriler yaparsınız. Böylece karşınızdakileri aklı karışır. Sizin de tam olarak istediğiniz şey budur. Kendilerini toparlamaya çalışırken, onlarla ilgili kararınızı vermiş olursunuz.

Önceden haberiniz olmadan kendinizi sahnede bulduğunuzda, duruma kolayca uyum sağlarsınız. Parlak ışıklar sizi rahatsız etmez, sürprizlere alışkınsınızdır ve onlardan hoşlanırsınız. Zihniniz hızla çalışmaya başlar, gözleriniz salonu ve sahneyi merakla tarar. Şarkı söylemek için orada olduğunuzu öğrenirsiniz. Bu sırada duruma uygun espriler yapmaktan da geri kalmazsınız. Seyircilerin verdikleri tepkiler söyleyeceğiniz şarkıyı ve orada nasıl davranmanızı belirlemeniz konusunda size önemli ipuçları vermiştir bile. Siz doğuştan rol yapma becerisine sahip olduğunuzdan, sahne hakimiyetinizle seyircileri avucunuzun içine alır, biraz daha sahnede kalmanız için büyük bir istek duymalarına neden olursunuz. Alkışlar ve tezahüratlar arasında sahneden inersiniz.

7. HANE

5 Rakamı

Yedinci hanede bulunan 5 rakamı, beklenmedik durumlarla karşılaşıldığında strese kapılan bir kişiliği anlatır.

İçinde bulunduğunuz durumla başa çıkabilmek için şaka yapar ve zekanızı kullanırsınız. Eğer kendinizi kontrol altına almayı başarırsanız, beklenmedik durumlarda sezgileriniz ve zihniniz en üst seviyede işler. Bu sayede içinde bulunduğunuz duruma son derece yaratıcı çözümler geliştirebilirsiniz.

Eğer belli rutinlere zorlanırsanız konuşmanız mekanik bir hal alır. Gevşeyip, zihninizin özgürce hareket etmesine izin verdiğinizde son derece başarılı olursunuz. Adeta kelimeler, suyun yüzeyine fırlayan toplar gibi zihninizden fırlayıp ağzınızdan dökülürler. Hatta bazen ağzınızdan çıkan bilginin orijinalliğine kendiniz bile şaşırabilirsiniz.

Hiç beklenmedik bir şekilde kendinizi sahnede bulduğunuzda önce strese kapılabilir hatta panik olabilirsiniz. Kaçacak hiç bir yer yoktur ve burası, bulunmak isteyeceğiniz son yerdir. Sizi nelerin beklediğini bilmeseniz de, bir iki şaka ile ortadaki gerilimi azaltmanın akıllıca bir şey olduğunu düşünürsünüz.

Kendinizi tuzağa düşmüş gibi hissederek bu durumdan kurtulmak için bir çözüm bulmaya çalışırsınız. Şakalar yapar ve orada olmamak için ricalarda bulunursunuz. Kalabalıkta kıpırdanmalar olmaktadır ve köşeye sıkıştığınızı hisseder, şarkıyı söylemekten başka bir şansınız olmadığını fark edersiniz.

Bir kaç hatalı başlangıç denemesinden sonra kendinizi bulunduğunuz ortama uydurup, adrenalini hissedersiniz ve bildiğiniz en iyi şarkıcının mimiklerini taklit etmeye başlarsınız. İnsanlar ayağa kalkıp coşkuyla sizi alkışlarlar.

Görevinizi başarıyla tamamlamanın mutluluğuyla seyircilere esprili bir şekilde teşekkür ederek sahneden inersiniz.

7. HANE

6 Rakamı

Yedinci hanede bulunan 6 rakamı, beklenmedik durumlarla kolayca başa çıkabilen bir kişiliği anlatmaktadır.

Sizi hazırlıksız yakalamak çok zordur. Daima güzel ve etkileyici görünürsünüz; herhangi bir sürpriz sizin için gerçek anlamda sürpriz olmaz. Beklenmedik bir durumla karşılaştığınızda, cazibenizle insanları etkilersiniz. İnsanlar, sizin yanınızda olmaktan büyük bir zevk alır ve daima size destek olurlar. Onlar hayran bakışlarla sizi izlerken, var olan duruma hemen uyum sağlarsınız.

Rekabet edilmesi kolay olmayan bir zarafetiniz vardır. Bu tavrınız, yaşama karşı huzurlu ve rahat yaklaşımlarınızdan kaynaklanmaktadır. Hiçbir şey ya da durum, dinginliğinizi bozmanıza neden olamaz; her zaman serinkanlı, sakin ve zarif görünürsünüz.

Önceden haberiniz olmadan kendinizi sahnede bulduğunuzda, herhangi bir sürprize hazırlıklı olduğunuzdan; endişelenmez, sakin bir şekilde gülümser ve bir sonraki talimatı beklersiniz. Hareket etmeye başladığınızda seyirciler daha da heyecanlanır; ıslıklar ve tezahüratlar duyarsınız. Bunun nedenini bilmeseniz de gülümsemeyi sürdürürsünüz.

Ardından şarkı söyleyeceğinizi öğrendiğinizde, sanki bunun için yaratılmışsınız gibi sahnede son derece rahatsınızdır.

Cana yakın, dostane ve sosyal çekim etkisi yaratan bir insan olduğunuzdan varlığınızla seyircileri kolaylıkla etkiniz altına alırsınız.

Seyirciler hevesle şarkı söylemeye başlamanızı beklemektedir. Sizi daha önceden görmemişlerdir ama sanki gösterinin yıldızıymışsınız gibi davranırlar. Bu durum biraz gözünüzü korkutsa da sezgisel olarak sahnede nasıl hareket edeceğinizi bilir ve başarılı bir performans sergileyeceğinizden emin olarak hareket edersiniz. Gülümsemeniz milyon dolar değerindedir ve ilk başta biraz çekinseniz de kendinize güveniniz tamdır. Başkalarını taklit etmekten hoşlanmaz, size özgü zarafetinizle mikrofonu alır ve tüm çekiciliğinizle şarkınızı söylemeye başlarsınız.

Doğal cazibenize kapılan seyirciler heyecanlanarak alkışlarıyla sizi desteklerler. Bu durum sizin için biraz şaşırtıcıdır çünkü aslında burada bulunmayı siz istememişsinizdir.

Sizi izleyenlere keyifli anlar yaşattığınızı bilmenin tatminiyle seyircileri tüm cazibenizle selamlayarak sahneden inersiniz.

7. HANE

7 Rakamı

Yedinci hanede bulunan 7 rakamı, beklenmedik durumlara büyük bir stres, korku ve utançla karşılık veren bir kişiliği anlatmaktadır.

Size hazırlıksız bir şey yaptırmak inanılmaz derecede zordur. İnsanların önünde bulunmaktan hiç hoşlanmazsınız. Dikkat çekmek en son isteyeceğiniz şeydir. Beklenmedik durumlara büyük bir utanç ve çekingenlikle yaklaşır, adeta hareket yeteneğinizi yitirirsiniz. Fakat eğer hazırlıklarınız yeterince iyiyse o zaman bu durumlarla mükemmel bir şekilde başa çıkabilirsiniz.

Önceden haberiniz olmadan kendinizi sahnede bulduğunuzda birazdan büyük bir utanç duyacağınıza kesinlikle eminsinizdir. Sanatsal yetenekleriniz olmasına rağmen kendinizi dehşete kapılmış, kontrolünüzü yitirmiş hissedersiniz ve bir an önce kaçmak istersiniz.

Parlak ışıklar gözünüzü alır ve kalabalık sizi alkışlamaya başlar. Sizi alkışlamamalarını tercih edersiniz. Son derece utandırıcı ve içinden çıkılmaz bir durumla karşı karşıyasınızdır. Oradan kaçmanın bir yolunu ararken; şarkı söylemeniz gerektiğini öğrenirsiniz! Mideniz bir anda kasılır ve acilen tuvalete gitmek istediğinizi fark edersiniz. Birileri elinize bir mikrofon tutuşturur. Mikrofonu geriye uzatır ve hızla çıkışa doğru yönelmek istersiniz.

Sizi bu tür bir deneyime ikna etmenin ne kadar zor olduğunu hayal edebiliyor musunuz? Kısacası: imkânsız görev. Bu işi yapmamak için elinizden gelen her şeyi yaparsınız. Her şey bir yana, bulunduğunuz alanın denetiminin sizde olması gerekir ve şimdi garip ve tanımadığınız insanlarla karşı karşıyasınızdır. Bu, olacak şey değildir.

Ama sonunda baskılara boyun eğersiniz. Bunu kabul etmenizin tek nedeni kalabalık önünde utanacağınız bir durumda kalmamaktır.

Kalbiniz korkuyla çarpar ve beyniniz deli gibi işler. Korktuğunuz şey başınıza gelmiştir ve size yüz binler gibi görünen bir sürü insanın gözleri önünde sahnedesinizdir. Donup kalırsınız. Sahne korkusu tüm benliğinizi ele geçirir, orkestra müzik çalmaya başladığında dudaklarınızdan kelimeler bir türlü dökülemez. Yerin yarılmasını ve sizi yutmasını umut edersiniz. Soğuk terler dökersiniz ve kalabalığın sizi desteklemek için yaptığı tezahüratlar bunalmanıza neden olur. Artık insanlara niçin güvenmediğiniz ortadadır. Kendinizi aptal duruma düşürdüğünüz bu deneyimin her anından nefret edersiniz. Bu, belki de hayatınızın en utanç verici anıdır. Kendinizi tümüyle çaresiz ve aşağılanmış hissedersiniz. Bir anda ortadan kaybolabilmek için neler vermezsiniz.

Şaşırtıcı bir şekilde, eğer insanlarla karşılaşma korkunuzu yenebilirseniz oldukça başarılı olabildiğinizi görürsünüz. Biraz çalışmayla mükemmel bir hale gelirsiniz çünkü aslında sanatsal becerileriniz son derece gelişkin olduğundan insanların önündeki bütün performanslarınız da mükemmel olur. Bu da tam olarak sizin istediğiniz şeydir, mükemmellik.

7. HANE

8 Rakamı

Yedinci hanede bulunan 8 rakamı, beklenmedik durumlara soğukkanlılıkla yaklaşan bir kişiliği anlatır.

Bu tür durumlarda sezgilerinize güvenir ve mutlaka yardım göreceğinize inanırsınız. Hiçbir şeyin tek başına başarılamayacağına inandığınız için beklenmedik durumlarla karşılaştığınızda, diğer insanları da duruma dahil etmeye çalışırsınız.

Sezgi duyunuz son derece basit ve nettir: korumak ve kollamak. İlk olarak alanı emniyetli bir hale getirir ve ardından soru sormaya başlarsınız. Sonuçları ne olursa olsun, insanlara içgüdüsel olarak yardım etmek istersiniz. Herhangi bir görevi sorgulamadan yerine getirirsiniz ve son derece güvenilirsinizdir.

Önceden haberiniz olmadan kendinizi sahnede bulduğunuzda yavaş yavaş korunma kalkanlarınızdan sıyrılmak üzeresinizdir. Sizden bekleneni yerine getireceksinizdir çünkü siz sözünün erisinizdir. Birazdan, içgüdülerinizin yardımına ihtiyaç duyacağınız bir duruma konacaksınız. Heyecanlı olmakla birlikte biraz kaygılı ve gerginsinizdir.

Şu an bulunduğunuz durumla ilgili insanların size yardımcı olacaklarına eminsinizdir. Ayrıca sezgilerinize ve yeteneklerinize güvenirsiniz.

Binlerce meraklı gözle karşı karşıyasınızdır. Ortalık alkışlarla yıkılmaktadır, siz de gülümser ve onlara el sallarsınız.

Şarkı söylemeniz istendiğinde şaşırırsınız. Orkestra, müziği çalmaya başlar ve elinize bir mikrofon verilir. Hemen şarkınıza başlarsınız ve kendinizi dünyanın en iyi şarkıcısı gibi hissedersiniz. Sahnenin kenarına gelir ve ellerinizle tempo tutmaları için işaret edip, izleyenleri size eşlik etmeye yüreklendirirsiniz. Müzikten keyif alırsınız.

Güçlü ses tonunuz hemen dikkatleri çeker. Heybetli görünüşünüz gittikçe sahneyi kaplar ve her notada kendinize güveniniz daha da belirgin bir şekilde görülür. Şarkınızı bitirdiğinizde peş peşe eğilerek karşınızdaki insanları selamlarsınız. Kesinlikle başarılı olmuşsunuzdur ve görev tamamlanmıştır. Bu duygularla sahneden inersiniz.

7. HANE

9 Rakamı

Yedinci hanede bulunan 9 rakamı, beklenmedik bir duruma, o anki ruh haline göre tepki veren bir kişiliği anlatmaktadır.

1'den 8'e kadar olan bütün rakamların verdiği tepkileri verebilme yeteneğiniz bulunmaktadır. Asıl mesele hangi yeteneğinizi ne zaman kullanacağınızda. Eğer sakinseniz ve kendinize güvenirseniz beklenmedik durum ile başa çıkmak için en uygun tepkiyi verirsiniz ama sakin değilseniz tepkilerinizi önceden belirleyemezsiniz. Dışarıya çıkıp oyun oynamak ve ruh durumunuza bağlı olarak hayatın tadını çıkarmak istersiniz.

Yaşamda ilerlemek için sezgilerinize güvenirsiniz. Çoğu zaman bir hayal dünyasında yaşarsınız. Bazen bulutların üzerinde dolaşır bazense en derin denizlerin maviliğinde kaybolursunuz.

Gerçek bir hayalci olabilirsiniz. Bu konuda yapılabilecek bir şey yoktur. Hayal ettiğiniz şeyin tam olarak ne olduğunu bilmezsiniz ama karşılaştığınızda tanıyacağınızdan eminsinizdir. Bir andan diğerine doğru yaşarsınız ve her gün sizin için yeni bir maceradır.

Önceden haberiniz olmadan kendinizi sahnede bulduğunuzda, neler olup bittiğine dair en küçük bir fikriniz olmadığı için kendinizi biraz heyecanlı hissedersiniz. Yaptığınız şey tıpkı bir oyun oynamak gibi gelir ve içinde sürpriz bulunan ya da eğlenceliymiş gibi görünen her duruma bayılırsınız.

Parlak bir ışık vardır ve insanlar tezahürat etmektedirler. Aklınız karışır. Burada ne işinizin olduğunu düşünürsünüz.

Zihniniz büyük bir hızla çalışır ve çevrenize bakınırsınız. Seyirciler sakinleşirler. Yanınızdaki siyah takım elbiseli adam seyircilere sizin şarkı söyleyeceğinizi anons etmektedir. İtiraz etmek istersiniz ama müzik başlar. Ellerinizi havaya kaldırır ve bağırırsınız: "Dur!" Eğer bunu yapmanız gerekiyorsa önce hazırlanmanız gerekmektedir.

Belli bir poz takınır ve ardından orkestra şefine başınızla işaret verirsiniz. Başlamaya hazırsınızdır ve en iyi şarkınızı söyleyeceksinizdir. Her şey bir yana bu erdemli bir amacı olan bir oyuncudur. Şarkı söylemeyi bitirdiğinizde siz de seyircilerle birlikte coşkuyla alkışlarsınız çünkü siz, tıpkı bir çocuk gibi, oynadığınız oyundan seyircilerden daha fazla keyif almışsınızdır ve bu hazla sahneden inersiniz.

8. HANE

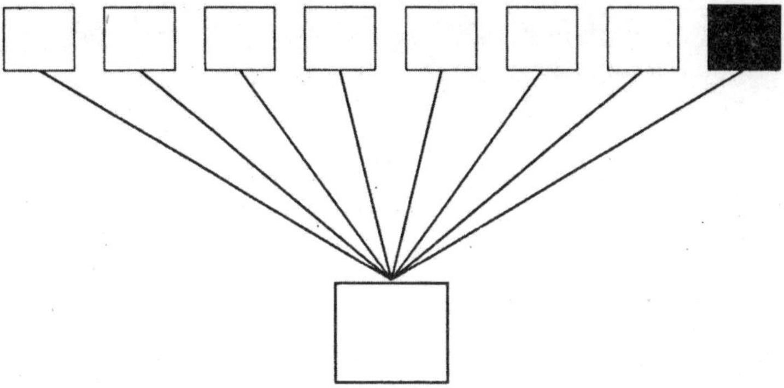

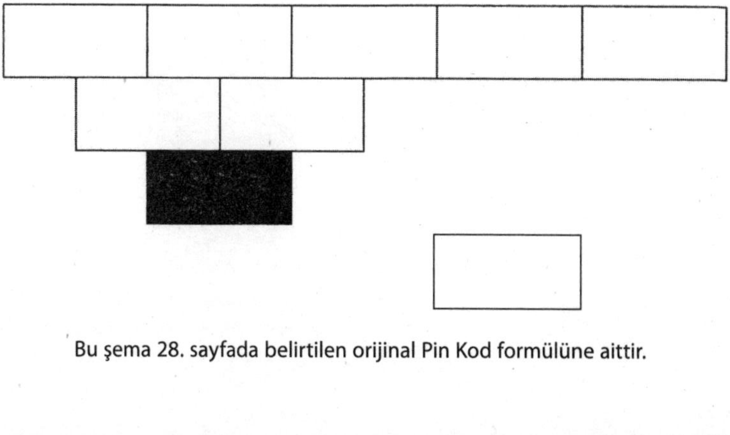

Bu şema 28. sayfada belirtilen orijinal Pin Kod formülüne aittir.

8. HANE

YARADILIŞ DUYUSU

Canlanmanızı ve harekete geçmenizi sağlayan dürtü

Yaradılış duyusu olarak adlandırılan bu hane, gerçekte olduğunuz kişiliği, sizi canlandıran ve harekete geçiren dürtüyü anlatır.

1 hanedeki rakam sizin dış dünya tarafından algılanmanızı, 6. hanede bulunan rakam sizin kendinizi algılama biçiminizi anlatırken, 8. hanede bulunan rakam, herhangi bir durumda sizi canlandıracak ve harekete geçirecek şeyin ne olduğunu açıklar.

Yaradılış Duyusu basit anlamıyla iç benliğinizle uyumlu olmak ve doğal olmak anlamına gelir. Başka bir ifade ile Yaradılış Duyusu, Görme Duyusu'nun (başkalarının sizi nasıl gördüğünü ve değerlendirdiğini anlatan duyunuz) aksine sizin doğal kişiliğinizdir.

Bu duyu, varlığınızın derinliklerine işlemiştir. Yaptığınız şeyleri hangi ruhla yaptığınızı anlatır. Yaradılış Duyusu, kim olduğunuzu ve ilişkilerde nasıl bir davranış sergilediğinizi anlamanıza yardımcı olur. İlişkiler, hayatın önemli bir parçasıdır çünkü hepimiz zihinsel olarak uyarılma ihtiyacı hissederiz. Bu uyarılar pek çok yolla oluşur. En belirgin olanları, insanlarla karşılaşarak, onlarla kaynaşarak ve iletişim kurarak gerçekleşenlerdir. O kişinin size tümüyle yabancı olması, bir arkadaşınız olması veya çok yakın biri olması fark etmeksizin Yaradılış Duyusu, kişilere verdiğiniz tepkilerde ortaya çıkar. Davranışlarınız ve kullandığınız kelimeler, dış dünyaya verdiğiniz tepkilerdir ve diğerleri sizi bu davranışlarla ve kelimelerle değerlendirirler. Kısaca bu hane, sizi harekete geçiren, çevrenizdekilerin kendilerini iyi hissetmelerini sağlamak için yansıttığınız ve onların size karşılık vermesini sağlayan şeylerdir.

Şimdi 2010 Dünya Kupasına davet edildiğinizi hayal edin. Keyifli bir ortamdasınız ve enerjinin yarattığı heyecanı ve telaşı hissediyorsunuz. Oyuncular sahada ve milli marşlar seyircilerin katılımıyla söylenmeye başlıyor; duyular coşmuş, büyük bir gurur havası esiyor. Düdük çalıp oyun başladığında stadın coşkun taraftarlarla dolup taşmış olduğunu fark ediyorsunuz. 60,000 taraftarın takımlarını destekleyen tezahüratı büyük bir gürültü koparıyor.

Birbirlerine çok yabancılar, ama hepsi ortak bir tecrübeyi paylaşıyorlar. Yoğun duygular hissediyorlar ve önlerindeki 2 saati kendilerini stadyumdan taşan bu enerji ile sarhoş olarak geçirmeye hazırlar. Tek bir düşünceye odaklanmışlar; maçın sonucu. Kimse yanındakinin kim olduğunu, hangi niteliklere sahip olduğunu, hangi dinden olduğunu, hatta gezegenin neresinden geldiğini umursamıyor. Birbirleri hakkında tek bildikleri, iki futbol takımının taraftarları ve destekçileri olarak orada oldukları. Adrenalinleri nefeslerini kesiyor, coşkunun bir parçası olmuşlar ve tutkuları aşırı noktada.

Hepsi kendi iradeleriyle ortak bir amaç doğrultusunda bir araya gelmiş bu topluluğa SİZ amigo olarak nasıl bir ruh katarsınız?

8. HANE

1 Rakamı

Sekizinci hanedeki 1 rakamı, liderlik etme, yol gösterme ve sahnede olma fırsatının sizi canlandırdığını ve harekete geçirdiğini anlatmaktadır.

Siz doğal bir amigosunuz. Sesinizi duyurmak amacıyla yükseltmekte hiçbir sorun yaşamazsınız. İletişim becerilerinizi kullanabildiğiniz durumlarda kendinizi rahat hissedersiniz.

Büyük bir güvenle çevrenizdeki kalabalığa gülümsersiniz. Mutlaka fark edilirsiniz. Fark edildiğinizi anladığınızda bunu bir işaret olarak kabul eder ve insanları yüreklendirmeye girişirsiniz. Taraftarları iletişim yeteneğinizle hayran bırakırsınız. Siz eşsiz ve özgün birisi olarak kendine güvenin temsilcisisiniz, tabii ki en iyi performansınızı sergilersiniz. Bu, sesinizi duyurmak için harika bir fırsattır ve siz de bundan sonuna kadar yararlanırsınız. Kalabalığı yüreklendirdikçe canlanırsınız ve çevrenizdeki insanlar da sizin komutlarınıza karşılık verirler. Sesinizin gücü ile insanları büyüler, herkesin üzerinde olağanüstü bir izlenim bırakırsınız. Bir güven havası yaratırsınız ve insanlar, bunu yaparken keyif aldığınıza inanırlar.

Taraftarlar sizin amigoluğunuza kendilerini kaptırmışlardır ve siz ise, rolünüzü büyük bir ihtişamla tamamlayıp onları içten bir şekilde selamlarken gülümsersiniz. Topluluk da gösterinizden sizin kadar zevk almaktadır. Cazibe merkezi olarak sahip olduğunuz tüm etkiyi kullanmaktasınızdır çünkü siz insanlara liderlik ederken ve onları harekete geçirirken kendinizi çok canlı hissedersiniz. Yaratıcılığınız sayesinde bulduğunuz sloganlarla topluluğu coşturur, ellerinizi havaya kaldırır kalabalığa tempo tutturursunuz. Siz tekrar selam verirken, binlerce kişi gök gürültüsünü andıran bir sesle sizi alkışlar ve destekler. Kalabalığı selamlayarak sahneyi terk edersiniz. Artık size tapıyorlardır. Hayatınızın en müthiş heyecanını yaşamaktasınızdır. Girişiminiz başarılı olmuş, seyirci sizi takdir etmiş ve onaylamıştır. O an için dünyanın ayaklarınızın altında olduğunu hisseder ve bu deneyimin her anından büyük bir keyif alırsınız.

8. HANE

2 Rakamı

Sekizinci hanedeki 2 rakamı, başka insanlara yardımcı olma, onları destekleme fırsatının ve kendilerine ihtiyaç duyulmasının o kişiyi canlandırdığını ve harekete geçirdiğini anlatmaktadır.

İnsanlara yardımcı olurken ve onların dertlerini dinlerken kendinizi iyi hissedersiniz. Çok iyi ve şefkatli bir insansınızdır. Birilerine yardım etme fırsatını asla kaçırmadığınızdan kendinizi hayır işlerine adayabilirsiniz. Sevgi sizin için çok önemlidir. Sevdiğiniz ve sevildiğiniz sürece kendinizi çok mutlu hissedersiniz. Bir işi yaparken, onun herkesin hayrına olması, size yaşadığınızı ve işe yaradığınızı hissettirir.

İş amigoluğa gelince... kendinizi utangaç ve huzursuz hissedersiniz. Rahatsız bir şekilde kıpırdanarak görevi kabullenmeye çalışırsınız. Yanaklarınız kızarır ve tribünlerde size destek verecek birilerini aranırsınız. Her şey üzerinize geldiğinde başvurabileceğiniz birisinin manevi desteğiyle kendinizi daha iyi hissedeceğinizden eminsinizdir.

Bir süre hiç bir şey yapmazsınız ve durum gittikçe bir krize dönüşmeye başlar. Bir an önce kontrolü ele alıp icraata başlamanız gerekir. İlk başta eliniz ayağınıza dolanır ve biraz kararsız davranırsınız. Ama ahenkli ses tonunuz taraftarların dikkatini çeker ve bir anlık bir sessizlik olur. Size bir şans verilmiştir ama elinizi çabuk tutmanız gerekmektedir çünkü başka çıkış yolunuz yoktur. Biraz gülümser, çevrenize bakınır ve kendinizi gizlemek için giysilerinizi çekiştirirsiniz. Kafanızı kaldırır ve yavru bir köpek gibi kalabalığa kaçamak bir bakış atarsınız. Tek isteğiniz onlardan kocaman bir kucaklama talep etmektir. Ama vakit kucaklaşma vakti değildir. Sesinizle onları canlandırmanız gerekmektedir.

Sizin gibi dikkat çekmeye alışkın olmayan bir insanın üzerine binlerce göz odaklanmıştır. Bu size boğucu gelebilir ve duruma uyum sağlamanız biraz zaman alır. Kalabalık sabırsızlanmaya ve yavaş bir alkışla tempo tutmaya başlamıştır ve siz bir anda harekete geçersiniz. Aslında aklınızda olan şey tam olarak bu değildir ama yine de cesur ve gülümseyen bir ifade takınırsınız. Siz yüksek sesle ve güçlü bir şekilde bağıramazsınız çünkü çoğu zaman tatlı dillisinizdir. Ne de olsa insanlar size, sakinleşmek ve yumuşak sesinizi dinlemek için gelirler.

Yavaş yavaş sizi destekleyen insanların sayısı artar ve sesinizi duruma uydurmaya başlarsınız. Cümleleriniz gitgide daha iddialı hale gelir. Anaç iç güdüleriniz devreye girer ve sesiniz otorite dolu bir hal alır. Eğer bu seviyeyi tutturabilirseniz kalabalık sizi gittikçe daha ciddiye alır.

Tüm düşünceniz herkesin iyi vakit geçirmesine odaklanmıştır. Kalabalıkta bir tutkuyu ateşlemektesinizdir. Kalabalık sizinle birlikte kendini huzurlu hisseder ve size sıcak bir alkış ve tezahüratlarla cevap verirler.

8. HANE

3 Rakamı

Sekizinci hanedeki 3 rakamı, organize edecek bir şey bulmanın ve karmaşık durumlardan düzen yaratma fırsatının kişiyi canlandırdığını ve harekete geçirdiğini anlatmaktadır.

Bir görevi üstlendiğinizde o durum için gerekli olan tüm düzenlemeleri bir anda fark edebilirsiniz. İnsanlar bu konuda sizin kadar hızlı olmadıkları için görevi üstlenir ve sonuca ulaştırırsınız. Bu da sizi, organizasyon yeteneği en gelişmiş insan yapar.

İş amigoluğa gelince... Her şeyi kontrol altına almak sizin doğal içgüdünüzdür. Şimdi olduğu gibi. Herkesin gözünün üzerinizde olmasından etkilenmeden durumu tümüyle kontrolünüz altına alırsınız. Sizi izleyen insanların bin kişi ya da altmış bin kişi olması fark etmez; tamamlamanız gereken bir göreviniz vardır.

Kalabalık, sessizlik içerisinde sizin her hareketinizi inceler. Seyircilere rahatsız edecek şekilde bakışlar atarak, üzerinde bulunduğunuz platformu düzenlersiniz. Bu şekilde daha hızlı sonuçlar alacağınızı bilmektesinizdir.

Keskin ve soğuk bir bakışla, bu işe uygun olduğunuzu gösterirsiniz. Bu da sizin çevrenizdekilerin arasından sıyrılmanızı sağlar. Durumu toparladığınızda gözleriniz sabitlenir, azimli ve sakin görünürsünüz. İçinde bulunduğunuz durumdan yakınmazsınız ve insanların size itiraz etmelerine de izin vermezsiniz. Birazdan ortamı canlandırarak izleyenleri harekete geçireceksinizdir ve olacak şeylere tümüyle hazırsınızdır.

Eğer kalabalık komutlarınızı uygulamak istemezse, onlara söyleyeceğiniz bir kaç sert sözünüz olabilir. Ciddi olduğunuzu hemen anlarlar. Sizin, bir an önce işin denetimini elinize almanız ve kendi kararlarınızı alarak harekete geçmeniz gerekmektedir. Varlığınız her yerde hissedilir. Taraftarların başka şansı yoktur;

size ilgi gösterecek ve ne söylenirse onu yapacaklardır. Yüzünüzde hâlâ gülümseme yoktur. Tıpkı taviz vermeyen, disiplinli bir general gibi göreviniz konusunda son derece ciddisinizdir.

Bu kadar kişinin önünde olmaktan pek de memnun değilsinizdir ve bu belli de olur ama kalabalık şimdiden istediklerinizi yapmaya başlamıştır bile. Birer ikişer komutlarınızı takip etmeye başlarlar. Sizin komutlarınızla bağırır, ayağa kalkar ve otururlar. Taraftarlar isteklerinizi yerine getirirken yüzünüzde gülümseme yoktur. Tek başınıza çalışmayı tercih ettiğiniz halde bu fırsatı değerlendirmek sizin için bir meydan okumadır. Bazıları için "başarılması olanaksız" gibi görünen bir organizasyonda, görevinizi yerine getirmenin mutluluğuyla, mikrofonu geri verip oradan uzaklaşırsınız.

8. HANE

4 Rakamı

Sekizinci hanedeki 4 rakamı, merak duymanın ve keşif olasılığının sizi canlandırdığını ve harekete geçirdiğini anlatmaktadır.

Yalnızca neler yapabileceğinizi görmek için belli bir görevi kabul edebilirsiniz. Ama yine de hesaplanmamış riskleri almazsınız. Herhangi bir şey yapmadan önce çok dikkatli düşünür ama işin içine bir an evvel atılma tutkusu ile de yanıp tutuşursunuz çünkü bir şeyler kaçıracak olma duygusu sizin için dayanılmazdır.

Konuyu her açıdan tartışmaya ve şeytanın avukatını oynamaya bayılırsınız. Bu, bazen işlerin rayından çıkmasına neden olabilir ama insanların bir şeyler öğrenmeleri gerektiğine inandığınızdan, bu durumda onlar için bir tür "uyandırma servisi" görevini gördüğünü düşünürsünüz.

Güçlü bir espri anlayışınız vardır ve gizli anlamlar içeren şakalar yaptıktan sonra kıs kıs gülerek yolunuza devam etmeyi seversiniz. Ancak bazen patavatsızlaşarak insanları üzecek yorumlar yapmaktan kendinizi alamazsınız.

Başkalarını şaşırtmak ve tepkilerini izlemek size eğlenceli geldiğinden, tam cümlenizin ortasında yönünüzü değiştirebilirsiniz. Yeri geldiğinde komedyen, yeri geldiğinde bir dram oyuncusu olmak sizi eğlendirir.

Mekan değiştirmek size yaşadığınızı hissettirdiğinden, sürekli olarak hareket etmek istersiniz. Bu nedenle sizi canlandıran ve harekete geçiren şeylerden bir tanesi de değişimdir. İçinde keşif ve değişim olan durumlar bir araya geldiğinde dünyanın en mutlu insanı olabilirsiniz.

Sürekli olarak araştırmak ve bilgi sahibi olmak sizi heyecanlandırdığından, bir konuyu bilmiyorum demek bile mutlu olmanıza neden olabilir.

Benzer şekilde, çevrenizdekiler her zaman merakınızı cezbeder; ne yaptıklarını bilmek istersiniz. En meşgul zihinlerden birine sahip bir insan olarak, özellikle çevrenizdekilerle ilgili, mümkün olduğunca çok şey bilmek isterseniz.

Şimdi bir stadyumda amigo olarak 60.000 kişinin önündesiniz. Doğuştan motivasyon yeteneği olan biri olduğunuzdan, taraftarları coşturmak ve tezahürat yapmalarını sağlamak sizin için sorun olmayacaktır. Çok hızlı düşünür, duruma çabuk uyum sağlar, ve rolünüzü doğal olarak oynarsınız.

Çevrenize bir güven duygusu yayılır ve kalabalık büyük bir beklenti içerisine girer. Siz ise onlar için neler hazırladığınızı belli etmeden için için gülümsersiniz. Aslında kendi verebileceklerinizden çok onların size ne verebileceğini görmek istersiniz. İçinde başka anlamlar da barındıran yaratıcı ve ilginç sloganlarınız hem kendi takımınızın hem de karşı takımın taraftarlarını şaşırtır. Belli bir noktada uzun süre duramadığınızdan, bu ilginç şovunuzu taraftarların pek çoğu yakından izleme şansına kavuşur.

"Amigo" rolünüzün hakkını verdiğinizi bilerek, arkanızda kesinlikle ilgi çekici olduğunuzu düşünen bir çok insan bırakırsınız.

8. HANE

5 Rakamı

Sekizinci hanedeki 5 rakamı, sorun çözmenin, entelektüel girişimlerin, seyahatin, yeni insanlarla tanışma fırsatının ve özgürlük duygusunun sizi canlandırdığını ve harekete geçirdiğini anlatmaktadır.

İnanılmaz bir iletişim ağına sahipsinizdir ve ihtiyaç duyduğunuzda yardımını isteyebileceğiniz birçok insan tanırsınız. Başkalarıyla paylaşmak istediğiniz harika fikirleriniz vardır.

Aklınıza ilk geleni söyleme dürtünüz sizi zor durumda bıraksa da pratik zekanız ve hazır cevaplılığınız bu tür durumlardan kurtulmanızı sağlar.

Siz, bir yerde uzun süre kalamayan sosyal bir kelebeksiniz, gezgin ruhlu olduğunuzdan seyahat fikri bile kendinizi bir anda canlı hissetmenizi sağlar. Keyif aldığınız sürece bulunduğunuz mekanda kalırsınız. Eğer o mekanda gerektiği kadar kaldığınıza inanırsanız uçarak uzaklaşırsınız. Orada bulunmak istemeyeceğiniz bir ruh halindeyseniz sessizleşir, içinize kapanır ve ayrılmak için fırsat kollarsınız.

Coşkuyla dolu, yerinde duramayan özgür bir ruhunuz vardır. Her şeyi kendi yöntemlerinizle yaparsınız.

Doğuştan iyi bir konuşmacı olarak hiç bir sorun yaşamadan doğaçlama yapabilirsiniz. O kadar ikna edicisiniz ki, insanlar sizi daima dinlerler. Birlikte olunması eğlenceli bir kişisiniz ve havanızda olduğunuzda insanları sıkıntılı anlarında bile güldürüp saatlerce eğlendirebilirsiniz. Hatta çok iyi bir komedyen de olabilirsiniz.

Şimdi 60,000 kişinin önünde duruyorsunuz. İlk anda çok rahatsız olsanız da hemen espriler patlatmaya başlar kalabalığı kırıp geçirirsiniz. Herkes rahatlar. Onlara Meksika dalga hareketi yaptırmakla kalmaz, kıvrak zekanızla yarattığınız komik sloganların da benimsenmesini sağlarsınız. Sizinle birlikte herkesin coştuğundan ve eğlenceli vakit geçirdiğinden emin olmanın keyfiyle tribünleri selamlayarak stadı terk edersiniz. Dışarıda başka ilginç bir şeyler var mıdır? Kesinlikle...

8. HANE

6 Rakamı

Sekizinci hanedeki 6 rakamı, güzel şeylerin, sosyalleşmenin, insanlarla bir arada olmanın, müziğin ve dansın sizi canlandırdığını ve harekete geçirdiğini anlatmaktadır.

Estetik bir ruhunuz vardır ve çevrenizde güzellikler yaratmak istersiniz. Herkes size bayılır. Sizinle bir arada olmak için pek çok şeyi yapabilirler. Huzur, güzellik ve uyum her zaman sizin için çok önemlidir. Denge, hayatınızın en önemli unsurudur.

Siz, bu dünyada, birlikte vakit geçirilecek en doğal ve rahat insansınızdır. İnsanların gıpta ettiği bir çekiciliğiniz ve stiliniz vardır, tablo gibi bir imaj yaratmak için çok çalışırsınız. Bu, herkes için zor bir roldür. Eğer göz önünde olacaksanız, insanların sizi çekici ve yeterince etkileyici bulmaları gerektiğine inanırsınız. Bunu en gösterişli ve göz kamaştırıcı şekilde yaparsınız. Sunumunuz sizin gerçek yüzünüzü ortaya koymakta yetersiz kalsa bile yeterince etkileyicidir.

Her zaman imajınız üzerinde çalışırsınız ama insanlar bunu fark etmezler. Tarzınız yumuşak ve çekicidir. Doğal karizmanızla cezbetmek için dünyaya gelmişsinizdir. Kısacası, karşı konulamaz bir insansınız.

Dünyayı daha yaşanılır bir yer haline getirmek için çalışırsınız. Her şeyi güzelleştirmek için güçlü bir istek duyarsınız. Hayata karşı tavrınız o kadar rahattır ki, diğerleri sizin başka bir alemde yaşadığınızı düşünürler.

Sizi çok az şey üzebilir. Çevrenizdekilerin kendilerinden memnun olmalarını içtenlikle ister, onları rahat ettirebilmek için yolunuzu değiştirebilirsiniz. İnsanlara pek bozulmaz, hayatı kolayca yaşarsınız. Hayat da, tıpkı sizin planladığınız gibi sorunsuz akar. Çevrenizi olabildiğince göz alıcı bir şekilde düzenlersiniz. Dış görünüm her şeydir. Olabilecek en güzel ortamları yaratarak insanların hayattan zevk almalarını istersiniz.

Sizin iyi yaşama zevkiniz vardır. Hayattan en iyiyi alır, size sunduğu tüm zevkleri yaşamak istersiniz. İnsanların sadece sizle birlikte olmanın hazzını tatmak istemelerini sağlayacak çekici bir auranız bulunmaktadır. Sakin ve rahat enerjinize karşı konulması çok zordur İnsanlar ister istemez varlığınızın etkisi altında kalır ve size yakınlaşmak isterler. Özgün olmak sizin için çok önemlidir ve asla başkalarını taklit etmezsiniz.

Toplulukları harekete geçirmek size çok kolay gelir. Sakin ve serinkanlısınızdır. Her zaman samimi ve dürüst bir etki bırakırsınız. 60,000 taraftar önüne çıkmak konusunda hiçbir sorun yaşamazsınız. Biraz gözünüz korksa bile karizmanız ve çekiciliğinizle onları rahatlıkla yönlendirebilirsiniz.

Böyle durumlara hazırlıklı olduğunuzdan taraftarları göze de hoş gelecek şekilde yerleştirmeye başlar, özgün ve kibar sloganlar bularak, doğal karizmanızın da yardımıyla kalabalıkları coşturururusunuz. Müzik ve dans sizi de canlandırdığından trübinler için bunun iyi bir motivasyon olacağını bilerek tezahüratlarınızı ritmik hareketler, şarkılar ve danslarınızla süslersiniz. Taraftarlar da tereddütsüz sizin komutlarınızı takip ederek, takımlarını coşkuyla desteklerler.

8. HANE

7 Rakamı

Sekizinci hanedeki 7 rakamı, kendi başınıza kalmanın, evrenin sırlarını incelemenin, sessizliğin ve dinginliğin ruhunuza iyi geldiğini anlatmaktadır.

Özel hayatınıza değer verir ve kendinizle baş başa olmaktan zevk alırsınız, özellikle de diğer insanlarla uğraşarak zor bir gün geçirmişseniz. Eğer binleriyle bir arada olacaksanız bile bunların güvendiğiniz ve yanlarında kendinizi rahat hissettiğiniz insanlar olmasını istersiniz. Ancak bazen toplumdan kendinizi soyutlama huyunuzu abartabilirsiniz.

Mahremiyetiniz konusunda çok bencil davranır ve o alana burnunu sokmak isteyenlere karşı kolayca pes etmezsiniz. Ama bir kere dünyanızı açtınız mı pazarlık etmekten vazgeçer, kendinizi o kişiye adarsınız.

Sorumluluklarınız söz konusu olduğunda çok hassassınızdır. Elinizdekinin en iyisini verir ama aynı şeyi karşıdan da beklersiniz. Kariyeriniz boyunca çok sıkı çalışırsınız ve iş arkadaşlarınız size güvenirler. Her şeyin kusursuz olmasını istediğiniz için özellikle iş yerinizde düzen ve tertip sizin için önemlidir. Çalışmayı seversiniz. Yaptığınız her şeyde tam bir kesinlik ararsınız.

Kusursuz bir dünyada yaşamanız gerekir ve bunun için yorulmak bilmeden tek başınıza çalışırsınız. Mükemmelliyetçi bir insansınızdır ve elinize aldığınız işi en mükemmel şekilde yapabilirsiniz. Sanata büyük bir yeteneğiniz vardır. Sanat sizin için, kendinizi ifade etmenin en iyi yollarından bir tanesidir.

Kolayca utandığınız için kimsenin sizi utanç verici bir duruma sokmaması amacıyla yolunuzu değiştirebilirsiniz. Alaya alınmayı veya dikkatleri üzerinize çekmeyi kaldıramaz, sınırlarınız zorlandığında buna öfkeyle yanıt verirsiniz. Her hareketiniz hesaplıdır. Siz tedbirli davrandıkça insanlar bu durumu kontrol çılgınlığı olarak algılarlar.

Doğaçlama bir konuşma yapmazsınız. Ancak dikkatli bir şekilde hazırlandıktan ve yorulana kadar prova ettikten sonra kendinizi rahat hissedersiniz. Zaman içerisinde daha az kontrollü olabilir, sunumlarınızdan ve toplum önündeki konuşmalarınızdan keyif almaya başlayabilirsiniz.

Ve şimdi sizden amigo olmanız isteniyor. İmkansız! Küçük bir topluluk karşısında bile performans gösteremezken binlerce taraftar size bakıyor. Korku ile donup kalırsınız. Kendinizi küçük düşürülmüş hissedersiniz. Bu, kesinlikle hayatınızın en utanç verici anıdır. Büyük bir sarsıntı yaşarsınız. Ne konuşma metniniz ne de prova yapmak için zamanınız vardır. Merak etmeyin ağzınızı açtığınızda gayet iyi bir performans gösterecek ve bu durumdan sağ salim çıkacaksınız. Tabii ki prova yapma imkanınızın olması her şeyi daha da mükemmelleştirecektir.

8. HANE

8 Rakamı

Sekizinci hanedeki 8 rakamı, sorumluluk almanın, size ihtiyaç duyulmasının ve bir işi tamamlamaya çalışmanın sizi canlandırdığını ve harekete geçirdiğini anlatmaktadır.

Siz gerçek bir sorumluluk insanısınız. İşleri yerine getirirken ekip çalışması yapmaktan hoşlanırsınız; ama yine de tüm sorumluluğu üzerinize alırsınız. Alışveriş yapmak, mülk edinmek ya da paranızın değerinin karşılığını tam olarak almak da kendinizi iyi hissetmenizi sağlar.

Ne de olsa 8 rakamı tüm rakamların "omega"sı yani sonudur ve tüm sorumluluk onun üzerindedir. En iyi mizaçlı, insancıl, sabit ve güvenilir arkadaş sizsiniz. Elinizdeki görev ya da üzerinde uğraştığınız sorun ne olursa olsun, o konu üzerinde çalışmayı ve insanlara yardım etmeyi kendinize borç bilirsiniz. İnanılmaz bir sabrınız vardır ve herkes mutlu olduğu sürece siz fedakarlık yapmaya gönüllüsünüzdür çünkü size muhtaç olan pek çok insan vardır. Birilerini korumak için bu dünyada bulunuyorsunuz.

Yükleri taşımakla o kadar meşgulsünüzdür ki, onların üst üste yığıldığını fark etmezsiniz ve çoğunlukla hayatınızda bu durumla mücadele edersiniz. Siz farkına varmadan pek çok yükü üzerinize almışsınızdır. Aslına bakarsanız siz, dünyayı omuzlarınızda taşımak için tasarlandınız. Fakat işler istediğiniz gibi gitmediğinde umudunuz kolayca kırılır.

Kurumsal hayat size heyecan verir. Herkesin meşgul ve kontrol altında olduğu bir dünyada olmaya ihtiyaç duyarsınız. İnsanlar sizin sürekli devam eden ısrarınızın sonuç verdiğini görürler.

Tüm gününüzü çalışarak geçirebilirsiniz ve gün sonunda spor, egzersiz gibi bazı ek aktivitelere de girişebilirsiniz.

Reddedilmekten korkar, insanları memnun etmek için yolunuzu değiştirebilirsiniz. Beğenilmeye ihtiyaç duyarsınız. Kendinizi güvende hissedebilmek için maddi varlık kazanmak uğruna çok çalışabilirsiniz. Bu sizi daha fazla çalışmaya iter ve maddi olarak pek çok şeye sahip olursunuz. Ama diğerlerine yardım için paranızı çarçur etmemeye dikkat etmelisiniz.

Şimdi 60,000 kişinin önünde amigoluk yaparken sizi onaylamalarına ihtiyaç duyarsınız. Taraftarların hep birlikte coştuğundan emin olmak istersiniz. Büyük bir aile gibi hissediyor olmaktan mutlusunuzdur ve sorumluluk duygunuz devreye girer. Tabii ki size ihtiyaçları var ve siz de başkalarına yardım etme konusunda çok iyisiniz. Taraftarlara, tıpkı ekibinizi yönetir gibi amigoluk yaparsınız. Tek vücut olmuş kalabalığın coşkusu görevinizi layıkıyla yaptığınızın göstergesidir. Bu sorumluluğunuzu da layıkıyla yerine getirmenin mutluluğuyla stadı terk edersiniz.

8. HANE

9 Rakamı

Sekizinci hanedeki 9 rakamı, komplo kuramlarının, oyunun, iyimserliğin ve öğrenme merakının sizi canlandırdığını ve harekete geçirdiğini anlatmaktadır.

Dünyanın yaşanmaya değer harika bir yer, herkesin de iyi insanlar olduğuna inanma eğiliminde olabilirsiniz. Bir çocuk kadar masum ve saf niyetlisinizdir. İnsanlar hakkında kötü hiç bir şey düşünmezsiniz. Parıltılar içinde, yaldızlı ve göz alıcı ışıklar saçan hayal ürünü bir dünyada yaşarsınız. Siz perilere ve meleklere inanır ve onları her yerde ararsınız. Bu dünya sizin için o kadar gerçektir ki bazen gerçek ile hayal arasındaki farkı ayırt edemezsiniz. Elbette gerçekliğinizi test etmek zorunda kalacağınız sert bir deneyim ile karşılaşır ve ardından şiddetli bir uyanış yaşarsınız. Bununla birlikte, sizin dünyaya dönmek gibi bir niyetiniz olmadığı için bu deneyimden pek fazla bir şey öğrenmezsiniz. Ne de olsa siz sonsuz bir iyimser ve bir çocuksunuz.

Ama yine de dikkatli olmalısınız çünkü ahlaksız insanlar tarafından incitilmeye açıksınız. Komplo kuramlarına kolayca çekilir ve bu kuramları çözene kadar da kendinizi o hayal dünyasının etkisi altında bulursunuz. Kuramlarınız ve hayal dünyanız konusunda o kadar ikna edici olursunuz ki yarattığınız gerçekliğe kendiniz bile inanır, başkalarını da bu komplo kuramlarına inandırır ve düşüncelerini etkilersiniz. Sonuçta kuram gerçeğe dönüşür.

Siz öğretmek ve felsefe yolu ile tarihin akışını değiştirmek için tasarlanmışsınızdır. Ancak dünyevi rutinlere kendinizi kaptırıp asıl meseleyi tümüyle gözden kaçırabilirsiniz. Bu kaybolmuş görünümünüz diğeri insanlara çok çekici gelir. Bunu avantajınıza kullanın. Ama tabii ki siz bunu yapmayacaksınız. 9 rakamının içindeki çocuk, halden anlayan bir dost ve sırtına güven verici bir dokunuş bekler.

Her zaman sarf edecek bilgece bir sözünüz vardır ve bu da çevrenizdeki herkesi şaşırtır. Çok safsınız. Eğer ego sorunları yaşamaya eğilimliyseniz biraz tuhaf olabilirsiniz. Özellikle bir konuya ilgi duyduğunuzda oldukça takıntılı olabilir ve inatlaşabilirsiniz.. Konuyu kaynağına kadar araştırır, en dip noktaya ulaştığınızda da aniden sıkılır ve onu tamamıyla yok sayarsınız.

Her sabah uyandığınızda pozitif ve iyimser olarak uyanırsınız. Sevgi dolusunuzdur ve diğer insanlara samimi bir hassasiyetle yaklaşırsınız. Huysuzluk nöbetleri geçirip kendi istediğinizin olması için her şeyi protesto etseniz bile insanlar sizi destekler ve yüzüstü bırakmazlar. İncinebilir görüntünüz dayanılmaz olduğu için kolayca fark edilirsiniz. Sadece sessizce beklemeniz gerekir; birisi mutlaka sizi bulur.

60,000 kişilik stadyumda taraftarlarınıza amigoluk yapmaya gelince. Her şey o anki ruh halinize bağlıdır. Eğer kendinizi iyi hissediyorsanız onları neşelendirmek istersiniz. Ama kötü bir gününüzdeyseniz durum pek eğlenceli olmayacaktır. İçinizdeki çocuk ortaya çıkar ve kollarınızı kavuşturup inatçı bir şekilde durursunuz. Bir çocuğun ne kadar şımarık ve inatçı olabileceğini siz tahmin edin...

Plan ve program yapmadan sadece doğal eğlenme içgüdünüzle içinizden geldiği gibi coşar, doğaçlama yoluyla hem keyifli hem de bilgece sloganlar bulup taraftarları coşturursunuz. Çocuk gibi tribünde oradan oraya koşturur, taraftarların hepsini bu oyunun içine almak istersiniz. Hangi grubun hangi sloganı söyleyeceğini siz belirlersiniz. Bunu yaparken elbette taraftarlardan bile fazla iyi vakit geçirir, maç bittiğinde bundan sonraki oyun ve oyun arkadaşlarınızı bulmak için koşarak stadı terk edersiniz.

9. HANE

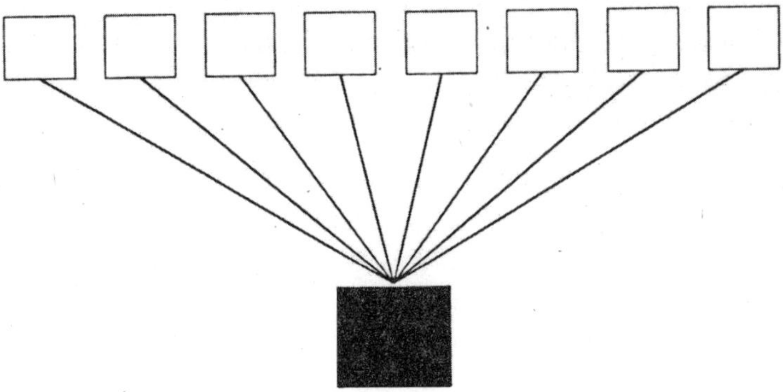

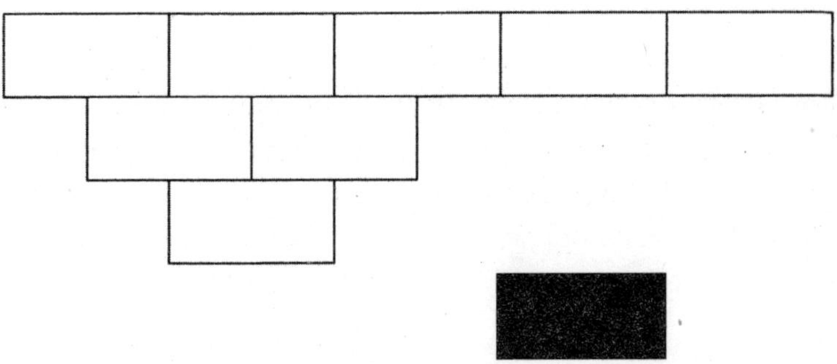

Bu şema 28. sayfada belirtilen orijinal Pin Kod formülüne aittir.

9. HANE

YAŞAM DUYUSU

Varoluş amacınız ve göreviniz

Öz olarak adlandırdığımız bu hane, varoluş amacınızı anlatmaktadır.

Yaşam Duyunuz, Pin Kodu'nuzu oluşturan özelliklerin toplamından meydana gelir. Bu duyunuz, bu dünyada hangi amaçla bulunduğunuzu ve ne yapmak için tasarlandığınızı anlatır.

Yaşam Duyusu, sizin varoluş amacınızdır ve Pin Kodu'nuz size bu amacınıza ulaşmak için hangi araçları kullanacağınızı anlatır. Bu nedenle aynı yaşam amacına ve görevine sahip olan insanlar bu görevlerini, kendi Pin Kod'larında sahip oldukları potansiyeller aracılığıyla farklı şekillerde yapacaklardır.

Yaşam Duyusu, doğru bir şekilde anlaşıldığında, toplum içindeki yerinizi, gücünüzün sınırlarını ve dünya sahnesindeki konumunuzu daha iyi anlamanıza yardımcı olacaktır. İnsanlar, başlarına kötü bir şey geldiğinde bunun sorumlusu olarak kaderi suçlama, iyi bir şey olduğunda ise şansı övme eğilimindedirler. Oysa kaderimiz bizi mutsuz etmek için var olan bir "olgu" değildir. Kaderimiz bize, sahip olduğumuz yeteneklerle, neyi, ne şekilde yaparsak mutlu olacağımızı açıklar. Eğer toplumsal şartlanmalar, hatalı eğitim, çocukluk yaralanmaları gibi nedenlerle gerçek kaderimizi ve görevimizi anlayamazsak kendi "gerçek yolumuzdan" saparız. İşte bu durumda mutsuzluk ve sorunlarla karşılaşmaya başlarız. Mutsuzluklar ve sorunlar bizim için, kendi gerçekliğimizden,"gerçek yolumuzdan" saptığımızı haber veren birer uyarıcıdan başka bir şey değillerdir. Eğer bu uyarıları anlayıp kendi gerçekliğimize geri döner ve kaderimizi gerçekleştirirsek o zaman mutlu, sağlıklı ve başarılı olmamız da kaçınılmazdır.

Bu nedenle Pin Kodu'muzdaki rakamlar ve rakam kombinasyonları aracılığıyla kendi varoluş amacımızı anlamak gücümüzün ve zayıflıklarımızın neler olduğunu öğrenmek, hayat yolculuğunda zahmetsiz ilerlememize yardımcı olabilir.

9. HANE

1 Rakamı

Dokuzuncu hanedeki 1 rakamı, bu dünyada yönetmek, yönlendirmek ve liderlik yapmak için bulunur.

İnsanlara yol göstermeli ve bir amaç doğrultusunda hareket etmelerine yardımcı olmalısınız. Bu amacınıza nasıl ulaşacağınızı ve görevinizi nasıl yerinize getireceğini anlamak için Pin Kodu'nuzdaki rakamları incelemelisiniz.

Yönetirken, insanların sizin için var olduklarını düşünmemelisiniz. Siz insanlar için varsınız. İyi liderlik, insanlar için iyi şeyler yapma amacına sahip olmayı ve adil olmayı gerektirir.

Yönetmek, insanlara karanlıkta ışık olmak ve onların kaybolmamalarını sağlamaktır. Eğer Kader Pin Kodu'nuzu doğru bir şekilde kullanır ve kendinize güveninizi yitirmez ya da aşırı talepkâr hale gelmezseniz o zaman başarılı bir lider olabilir, insanlara yol gösterebilir ve varoluş amacınızı yerine getirebilirsiniz.

9. HANE

2 Rakamı

Dokuzuncu hanedeki 2 rakamı, bu dünyada korumak, kollamak, şefkat göstermek ve desteklemek için bulunur.

Bir lider ile birlikte çalışarak, insanlara, kendi gerçekliklerini oluşturmalarında destek olmalısınız. Aynı zamanda, tehlikeleri haber verecek ve kendi gerçekliklerine ulaşırken hatalı yollara saptıklarında onları uyaracak içgüdüleriniz bulunmaktadır. Bu içgüdüleriniz sayesinde, bir lider tarafından işaret edilen yolda ilerlerken insanları savunabilirsiniz. Aynı zamanda sınırsız sevme gücünüzle onları mutlu edebilme beceriniz bulunmaktadır. Bu amacınıza nasıl ulaşacağınızı ve görevinizi nasıl yerine getireceğinizi anlamak için Pin Kodu'nuzu incelemelisiniz. İnsanlara destek olurken, kendinizi onlar için feda etmemeyi ve aynı zamanda aşırı baskıcı olmamayı da öğrenmelisiniz.

Zaman zaman insanların hatalar yapmalarına, acı çekmelerine ve bu sayede öğrenmelerine izin vermelisiniz. İnsanlar sizin çocuklarınız gibidir ve siz, iyi bir anne olarak onların hatalarından ders almaları için zaman zaman koruma güdünüzü kontrol etmeyi öğrenmelisiniz.

9. HANE

3 Rakamı

Dokuzuncu hanedeki 3 rakamı, bu dünyada; disiplin yaratmak, karmaşadan düzen oluşturmak, organize etmek, kararlılığı ve pes etmemeyi öğretmek için bulunur.

Gerçek bir savaşçısınız. Diğer insanlara da nasıl savaşacaklarını, nasıl disiplinli olacaklarını öğretebilirsiniz. Bu hayattaki en önemli amacınız, düzeni oluşturmak ve organizasyon yapmaktır. Bir liderin gösterdiği yolda ilerlerken göreviniz; yolculuğun tasarlanması, yolculuk sırasında disiplinin sağlanması ve zorluklar karşısında yılmadan devam edilmesinin sağlanmasıdır. Bu amacınıza nasıl ulaşacağınızı ve görevinizi nasıl yerinize getireceğinizi anlamak için Pin Kodu'nuzu incelemelisiniz.

Organizasyon yaparken, düzeni oluştururken ve disiplin gösterirken zaman zaman insanların kendilerini baskı altında hissetmelerine neden olabilirsiniz. Yine de sizin göreviniz insanları pohpohlamak değil görevin tamamlanmasını sağlamaktır. Önceliğiniz göreviniz olduğu için, "duygusallık" etkenini devre dışı bırakırsınız. Eğer insanların duygularına biraz daha duyarlı olabilir ve öfkenizi denetiminiz altına alabilirseniz, hayat amacınızı çok daha başarılı bir şekilde yerine getirebilirsiniz.

9. HANE

4 Rakamı

Dokuzuncu hanedeki 4 rakamı, bu dünyada keşfetmek ve olayların iyi ve kötü taraflarının anlaşılmasını sağlamak için bulunur.

Gerçek bir kaşifsiniz. Bir liderin belirlediği yolda ilerlerken, keşfetmek ve keşiflerinizi insanlarla paylaşmak için varsınız. Gizli şeyleri açığa çıkarmaya yönelik doğal bir güdünüz vardır ve bu sayede var olan bir durumu her açıdan incelersiniz. Parçalardan bütün yaratmak sizin işinizdir. Bu yeteneğiniz nedeniyle hem kendinizin hem de diğer insanların yaşam yollarında işaretleri okuyabilir ve bu işaretler aracılığıyla büyük resim oluşturabilirsiniz. Bu amacınıza nasıl ulaşacağınızı ve görevinizi nasıl yerinize getireceğinizi anlamak için Pin Kodu'nuzu incelemelisiniz.

Araştırma yapar ve keşifte bulunurken, aşırı merakınızla insanların hayatlarına gerektiğinden fazla dahil olmamayı öğrenmelisiniz. Bu tavrınız, diğer insanlar tarafından aşırı meraklılık olarak algılanabilir. Yaşam görevlerinizden bir tanesi de insanların yaşam yollarını test etmelerini, yaptıklarını bir kez daha gözden geçirmelerini ve gerekli değişimleri yapmalarını sağlamaktır. Bununla birlikte bir şeyleri değiştirme huyunuzu abartarak, var olan bir durumun dengesini bozmamaya da dikkat etmelisiniz.

9. HANE

5 Rakamı

Dokuzuncu hanedeki 5 rakamı, bu dünyada, icat etmek, devrim yaratmak ve özgürlüğü öğretmek için bulunur.

Kendi yaşam yolunuzda ilerlerken en önemli göreviniz sorunlara çözüm bulmak, icatlar yapmak ve devrim yaratacak hareketi başlatmaktır. Var olan durumu analitik olarak inceleyebilir ve sorunlara çözümler geliştirebilirsiniz. Eğer sorunun lider ya da yönetimin kendisi olduğunu görürseniz, değişimden korkmadığınız için devrim yaratmakta bir sakınca görmezsiniz. Devrim için insanları bir araya getirme ve onları etkileme beceriniz vardır. Gerçek bir özgürlük tutkunusunuz ve insanların haklarına ve özgürlüklerine sahip çıkmalarını istersiniz. Gerçek bir dünya vatandaşısınız ve tüm dünyayı görmek, tüm yaşamları tanımak istersiniz. Bu amacınıza nasıl ulaşacağınızı ve görevinizi nasıl yerine getireceğinizi anlamak için Pin Kodu'nuzu incelemelisiniz.

Bütün bu yetenekleri ve zekanızı kullanırken, aşırı sivri dilli olma eğiliminiz vardır. Eğer en güçlü araçlarınızdan bir tanesi olan kelimelerinizi, insanları yaralamadan kullanmayı gerçekleştirebilirseniz çok daha başarılı olabilirsiniz. Değişimden ve devrim yaratmaktan korkmazsınız ama aşırı asileşme eğiliminiz var. Eğer asiliğinizi denetim altına alabilirseniz, yaşam yolunda çok daha zahmetsiz ve başarılı bir şekilde ilerleyebilirsiniz.

9. HANE

6 Rakamı

Dokuzuncu hanedeki 6 rakamı, bu dünyada, güzelleştirmek, güzelliğin takdir edilmesini sağlamak ve dengelemek için bulunur.

Yaşam yollarında ilerlerken insanların, güzellikleri görmelerini sağlamaya çalışırsınız. Yolculuklarını insanlar için daha zevkli ve keyifli bir hale getirebilirsiniz. Bu yeteneğiniz sayesinde çevrenize büyük bir hayran kitlesi oluşturabilir ve insanlara, hayatlarında iki ucu nasıl dengeleyebileceklerini öğretebilirsiniz. Elinize attığınız her şeyi güzelleştirebilme beceriniz bulunmaktadır. Bu nedenle hayatı güzelleştirmeli ve insanların dengelerini bulmalarını sağlamalısınız. Bu amacınıza nasıl ulaşacağınızı ve görevinizi nasıl yerinize getireceğinizi anlamak için Pin Kodu'nuzu incelemelisiniz.

Hem kendi hayatınızı hem de insanların hayatını güzelleştirirken tembelleşmemeye dikkat etmelisiniz. Kendinizi bir anda hayatın zevklerine aşırı bir şekilde çekilirken bulabilirsiniz. Ancak bu zevkler sizin için asla yeterli olmaz ve sürekli olarak daha fazlasını isteyebilirsiniz. Yeterli ilgiyi görmediğinize inandığınızda kıskançlaşabilirsiniz. Eğer dengeleme yeteneğinizi kullanabilirseniz o zaman yaşam yolunda çok daha zahmetsiz ve başarılı bir şekilde ilerleyebilirsiniz.

9. HANE

7 Rakamı

Dokuzuncu hanedeki 7 rakamı, bu dünyada, evrenin sırlarını keşfetmek ve bunları sanat aracılığıyla insanlara aktarmak için bulunur.

Siz mahremiyetin ve gizliliğin özü, bu dünyanın mistiği, gizemcisi, sanatçısı, şifacısı ve ruhsal kişiliğisiniz. Hayal gücünüz ve sezgileriniz aracılığıyla insanları görünmez tehlikelere karşı uyarabilir, bilinmeyenin sırlarını onlarla paylaşabilirsiniz. Kendi mahremiyetinize olduğu kadar insanların mahremiyetlerine de büyük bir önem verirsiniz. Bireyselliği insanlara öğretmek ister, alkışlanma gibi bir koltuk değneğine ihtiyaç duymadan harekete geçmeyi öğrenmelerini sağlarsınız. Bu amacınıza nasıl ulaşacağınızı ve görevinizi nasıl yerine getireceğinizi anlamak için Pin Kodu'nuzu incelemelisiniz.

Evrenin derinliği ve genişliği sizin yaşam tarzınızın özünü oluşturur. Evrenin sırları, DNA'nızın gizli bir yerlerinde kilitlidir. Bu sırrı açığa çıkarmak da sizin görevinizdir. Doğa, sırrını 7 rakamının içinde gizlemektedir. Sizin doğanız, işte çevrenizdeki bu sırları keşfetmek üzerine kuruludur.

İnsanlara, sanatınız ya da uğraşlarınız aracılığıyla bilinmeyenin sırlarını aktarırken, kendinizi onlardan yalıtma tehlikesiyle karşı karşıya kalabilirsiniz. Eğer kendinize güveninizi yitirirseniz insanlara karşı güvensiz ve şüpheci bir hale gelebilir ve kendi korkularınızın esiri olabilirsiniz. İçine kapanık kişiliğinizi biraz daha dışa açabilir ve evrene daha fazla güvenebilirseniz yaşam yolunuzda çok daha zahmetsiz ve başarılı bir şekilde ilerleyebilirsiniz.

9. HANE

8 Rakamı

Dokuzuncu hanedeki 8 rakamı bu dünyada, sorumluluk almak, kuralları belirlemek, yapılar oluşturmak ve belirsizliği sınırlayarak bundan bir belirlilik yaratmak için bulunur.

İnsanları aynı amaç doğrultusunda bir araya getirme ve onlara sorumluluk almayı öğretme beceriniz bulunmaktadır. Sınırsızlığın ve belirsizliğin, bir şeylerin başarılmasında engel olduğunu bildiğiniz için, sınırların çizilmesini sağlar ve hareket alanını net bir şekilde belirlersiniz. Siz, yaşamın "büyük mimarı"sınız. İster fiziksel olsun ister düşünce ya da eylem olsun, her şeyi inşa edebilirsiniz. Sizin yarattığınız yapılar dayanıklı olur ve hayatın rüzgarlarına karşı direnebilir. Bu nedenle en büyük göreviniz yapılar oluşturmaktır. Bu amacınıza nasıl ulaşacağınızı ve görevinizi nasıl yerine getireceğinizi anlamak için Pin Kodu'nuzu incelemelisiniz.

Yapılar oluşturur ve sorumluluklar alırken bazen kaldıramayacağınız kadar ağır sorumlulukların altına girebilirsiniz. Bu tür durumlarda kendinizi bir kurban gibi hissedebilir ya da aşırı talepkar ve zorlayıcı olabilirsiniz. Aynı zamanda yapılar oluşturma ve sınırlar çizme yeteneğinizi olumsuz bir anlamda kullanarak farkında olmadan bir hayal dünyası yaratabilirsiniz. Bu nedenle eğer hayır demeyi ve kaldıramayacağınız yüklerin altına girmemeyi öğrenebilirseniz yaşam yolunda çok daha başarılı bir şekilde ilerleyebilirsiniz.

9. HANE

9 Rakamı

Dokuzuncu hanedeki 9 rakamı, bu dünyada, öğrenmek, öğretmek, iyileştirmek ve bilgeleşip insanlara da kendi yeteneklerini kullanarak nasıl bilgeleşebileceklerini aktarmak için bulunur.

Dünyanın en iyi öğrencisi ve en iyi öğretmeni olabilirsiniz. Hem genç hem de yaşlı olabildiğiniz için, gençken bile "olgun ve bilge bir ruh" olarak algılanırsınız. Alkış beklemeden yapılacak şeyi yapar ve kendinizi uğraştığınız konu içinde kaybedebilirsiniz. Görevleriniz arasında aynı zamanda insanların birbirlerine güvenmelerini ve hayallerinin peşinden koşmalarını öğretmek de vardır. İnsanların, dünyanın gizemine olan inançlarını yitirmemeleri gerektiğine, her şeyin mümkün olduğuna ve mucizelere inanırsınız. Eğer sahip olduğunuz yetenekleri doğru bir şekilde kullanabilirseniz gerçek bir bilgeye ve şifacıya dönüşebilirsiniz. Bu amacınıza nasıl ulaşacağınızı ve görevinizi nasıl yerinize getireceğinizi anlamak için Pin Kodu'nuzu incelemelisiniz.

Bütün bu yeteneklerinizi kullanırken kendinizi hayal dünyasında kaybetmemeyi öğrenmelisiniz. Aynı zamanda aşırı inatçı ve sabit fikirli olmamaya dikkat etmelisiniz. İş ile oyunu birbirine karıştırma eğiliminizi dizginleyebilirseniz daha başarılı olabilirsiniz. Saf bir insansınız ve insanlara aşırı güvenme nedeniyle sık sık birileri tarafından zarara uğratılabilirsiniz. Eğer bilgeliğinizi kendi meselelerinizde de kullanmayı öğrenirseniz yaşam yolunuzda çok daha zahmetsiz bir şekilde ilerleyebilirsiniz.

PİN KOD ANALİZ ÖRNEKLERİ

Pin kod analiz örneklerindeki doğum tarihleri, Türkiye'de, kendi alanlarında başarılı olan ünlü sanatçılardan dördüne ve ünlülerin çocuklarından ikisine aittir.

1- Doğum tarihi; 17 Ekim 1972 Erkek - şarkıcı

Pin Kod; 8 1 1 1 9 9 2 2

Adeta şeytan tüyü olan, cazibeli, yüz yapısı ve yüz hatları uyumlu, etkileyici, iyi kalpli ve insanlar tarafından çok sevilen bir sanatçıdır.

Çok güçlü, mantıklı bir kişiliği vardır. Nazik ve sevecen olmakla birlikte bazen şaşırtıcı şekilde "maço" tavırlar sergileyebilir. Özel yaşamında özenli, dikkatli ve ketumdur. Çok enerjiktir. Ancak bu enerjisi 41-42 yaşında sonra biraz da olsa düşüş gösterebilir.

Ailesine ve arkadaşlarına düşkündür. Ekibi de ailesi gibidir, adeta bir baba gibi yönettiği ekibinde, sözlerinin dinlenmesini önemser.

Sahnede beden dilini iyi kullandığı kadar çok da hareketlidir ve kelimenin tam anlamıyla sahnede devleşir.

Şarkı söylerken beden dilini iyi kullanır ve çok hareketlidir. Kelimenin tam anlamıyla sahnede devleşir. Her şeyin istediği gibi yapıldığından emin olmak için, şovlarının prodüksiyon kısmında da yer almak ister. Sahneye çıkmadan önce sahne donanımını, sahne arkasını ve hatta koreografiyi bile en ince detayına kadar gözden geçirir.

2- Doğum tarihi; 15 Aralık 1971 Erkek - oyuncu

Pin Kod; 6 3 9 9 6 9 3 3

İşleri kendi bildiği tarzda yapmaktan hoşlanan, düzenli yaşamayı ve bulunduğu ortamları da kendi rahat edeceği tarzda düzenlemeyi seven, kesinlikle çok çekici bir insandır. Organize olmayı ve çevresindekileri de organize etmeyi çok iyi başarır. Çok mantıklı olduğu gibi analitik bir zekâsı vardır. Böylece olayların sonucunu önceden kestirebilir. Giyimi konusunda çok özenlidir. Genellikle benzer tarzda kıyafetler sevse de kaliteye çok önem verir. Her zaman ve her yerde şık olmaya özen gösterir.

Olaylara ve durumlara kolay ve hızlı uyum sağlama becerisinin yanında, yenililiklere açıktır. Böylece sürekli gündemde kalmayı da başarır. İyi bir oyuncu olmasının yanı sıra başka alanlarda da yeteneklidir. Dikkatini hangi konuya yöneltirse yöneltsin, başarılı olacağı kesindir. Aynı zamanda şarkı söyleme yeteneği de oyunculuk yeteneği kadar dikkat çekici olabilir. Bir gün hobi olarak ya da profesyonel olarak şarkı söylemeye karar verirse, özellikle düet veya grup projelerinde başarılı olacaktır.

3- Doğum tarihi; 25 Ağustos 1972 Kadın - şarkıcı

Pin Kod; 7 8 1 7 5 6 9 6

Seçkin, çok güzel, romantik görünümünün yanında artistik ve seksi bir tarzı da vardır. İnsanların içini ısıtan hoş gülümsemesi, onu bir çekim merkezi haline getirir. Sıcakkanlılığının yanı sıra, ilişkilerinde belli bir mesafeye de sahiptir.

Duygularını, çok güvendiği insanların dışında, kimselere anlatmaz. Ancak sevgisi birkaç kişiye değil, hemen herkese yöneliktir. Bazen, kendi içinde, bir yalnızlık duygusu hissedebilir.

Dostlarıyla zaman geçirmeyi sever. Davetlerin aranılan yüzlerinden biridir. Sosyal bir kelebek olduğu rahatça söylenebilir. Evde olduğu kadar açık havada olmak da onu çok mutlu eder. Böylece enerjisini de yenileme fırsatı bulur. Yaşadığı her mekânı zevkle dekore edebilme becerisi vardır.

Hem ailesi hem de kariyeri onun için çok önemlidir. Ailesine olan düşkünlüğü nedeniyle, yılda 2-3 projenin yeterli olacağını düşünebilir, elbette mükemmel olmak kaydıyla. Hayatında 5 yıl önce yaşamış olabileceği çalkantılı bir dönem varsa da, sonrasında her şey yoluna girmiştir.

4- Doğum tarihi; 28 Aralık 1978 Kadın - oyuncu

Pin Kod; 1 3 7 2 3 4 1 5

Zarif, çok güzel, güçlü bir kişiliğe sahip, ciddi ve güvenilir bir kişidir. Keskin zekâsını da kullanarak, kendine özgü mizah anlayışıyla espriler yapar. Özgürlüğüne düşkündür, ancak ailesini ve dostlarını ihmal etmez.

Sıcak ve sevecen bir tarzda davranarak, sorunların üstesinden gelinebileceğine inanır. Hangi yaşta olursa olsun, genç görünümünü koruyacak olması konusunda şanslıdır.

Çok iyi bir karakter oyuncusudur. Oynayacağı role, görünümüne, davranışlarına ve hatta muhtemel ses tonuna göre kendini rahatça uydurabilir. Yine de mükemmeliyetçi olması nedeniyle işini fazlasıyla ciddiye alır, titiz, dakik ve disiplinlidir. Bu nedenlerle yönetmenlerin, rahat çalıştıkları için, tercih ettiği bir oyuncudur. Şarkı söylemek konusunda da yeteneklidir. Bu konuda pratik yaparak iyi sonuçlar alabilir.

5- Doğum tarihi; 18 Ocak 2007 erkek çocuk

Pin Kod; 9 1 9 1 1 1 2

Sevgi dolu, sıcakkanlı, kibar yaratılışa sahip, gülümsemesi yüzünden eksik olmayan bir çocuktur. Hamilelik sırasında annenin de babanın da beklentisi erkek çocuk sahibi olmaktan yana olmuştur. Diğer taraftan, annenin babaya olan aşkını da çocuklarının pin kodundan görebilmek mümkündür.

Güçlü karakteri bebekliğinden itibaren dikkat çekmiş, öyle ki, yürümeye başladığı andan itibaren yetişkin gibi algılanmış olması kuvvetle muhtemel bir çocuktur. Israrcı ve inatçı olması olasılığı da vardır. Oyuncaklarından çabuk sıkılır gibi görünse de, eski oyuncaklarını saklamak konusunda bir merakı da olabilir. Anne ve babasına çok düşkündür.

Mutluluğu herkesi içine alabilecek kadar çok olabileceği gibi, bazen de istekleri konusunda fazla talepkar olabilir. Genellikle yüksek sesle konuşmayı sever.

Dikkatleri üzerine çekmeyi seven, insanlarla iletişimi çok kuvvetli, çok iyi bir oyuncu olma potansiyeli bulunan biri olacaktır. Eğer oyuncu olmayı seçerse, güçlü karakteri, her rolde kendini belli edecektir. Aynı zaman da iyi bir şarkıcı ya da öğretmen de olabilir.

6- Doğum tarihi; 2 Temmuz 2006 kız çocuk

Pin Kod; 2 7 8 8 1 9 6 6

Sevimli, tombul yanaklı, yuvarlak yüz hatlarına sahip, sık sık gülümseyen, bebekliğinden beri yaşıtlarına göre daha büyük gösteren, çok güzel bir çocuktur.

Annenin, aslında hamileliğinin ilk aylarında, bebeğinin erkek olmasını istediği ve yine bu dönemde babanın yoğun bir tempoda çalıştığı pin kodunda görülmektedir.

Geniş bir hayal gücüne sahiptir ve çok yaratıcıdır. Hangi yaşta olursa olsun, ailedeki patron odur ve ebeveylerin bu durumu kabullenmesi aile ilişkileri açısından faydalı olabilir.

Beden yapısı güçlü olduğundan, özellikle sekiz yaşından sonra, jimnastik, dans ya da bale gibi alanlarla ilgilenmesi yerinde olabilir. Dans etmeyi sevdiğinden, bu tip aktiviteler hoşuna gidecektir.

Dışarıdan kırılgan ve yumuşak görünebilse de güçlü ve sağlam fiziksel yapıda, güçlü bir karakterde ve çok çalışkan olacaktır. Başladığı işi mükemmel şekilde ve her şartta muhakkak bitirme azminde olması, onu ne işi yaparsa yapsın aranılan biri haline getirecektir. Ailesine ve dostlarına çok düşkün olacak, zarar görme ihtimalleri bile onu telaşlandıracaktır.

Giyimi her zaman çok şık, seçkin olursa da, sürekli pantolon ve üzerine elbise giymek gibi ilginç ve kendine özgü bir tarzı olacaktır.

Gerçekten cazibeli ve çok güzel bir genç hanım olacağından, bir güzellik yarışmasına girmesi durumunda alacağı birincilik şaşırtıcı olmayacaktır.

BAŞLANGIÇ

Hayır, sonuna gelmedik. Bu, sadece bir başlangıç.

Bu kitabı okuduktan sonra bu konuda belli bir anlayış kazandığınızı ümid ediyorum. Her gününüzü özel bir gün olarak yaşayın. Bugün, dün hayalini kurduğunuz yarınınızın ilk günü ve bir gün içerisinde sadece 5,184,000 saniyeniz var; tek bir saniyenizi bile ziyan etmeyin.

Hayatın size nasıl davrandığından emin değilseniz aynaya veya karşılaştığınız insanların yüzlerine bakın. Onlar sizin gerçek aynalarınızdır. Aynada kendinizle konuştuğunuzda size yanıt veremez. İyi yaşama sanatının anahtarı bu hayatı paylaşacak insanları bulmaktan geçer. Ve hayatın en güzel yanı ise biraz pohpohlanmak ve şımartılmaktır.

Her zaman eşsiz ve özel olduğunuzu hatırlayın. Tabii ki bedeninizin de öyle. Bedeniniz belirli bir şekilde çalışmak üzere tasarlanmıştır ve tüm bölümleri de birbirleri ile uyumlu bir şekilde işleyip, hayatta kalmanızı ve üremenizi sağlar. Tek istedikleri beslenmek ve her gün taze su ile sulanmaktır. Ve tabii ki egzersiz yapmak da. Bedeniniz kendi ilacını ürettiği zaman en iyi şekilde çalışır. Her gün egzersiz yapmakla ise beyniniz en doğru miktarda endorfin hormonunu salgılar bu da sizde bir coşku, keyif ve mutluluk hali yaratır.

Bu nedenle zamanı iyi kullanın. Egzersiz, jimnastik, meditasyon, pasif egzersiz... hepsini deneyin. Sağlıksız yiyecekler, gereğinden fazla alkol ve reçetesiz ilaçlar bedeninizin düzenini bozar ve zihninizi olumsuz bir şekilde etkiler. Bu değişim süreci tehlikelidir. Geçici olarak coşkuyu hissetseniz de zihninizin bedeninize karşı algıları körleşir. Oysa bedeninizin buna rağmen kendini yenilemesi gerekir. Köylüler iyi beslenir ve kendilerini asla zengin hissetmezler. Zenginler ise zengin beslenir ve kendilerini iyi hissetmezler.

Kendinize niçin kaygı ve gereksiz stresle bu kadar eziyet ediyorsunuz? Hayatınızın haritasını elinize alın; yeteneklerinizi anlayın ve ne için tasarlandıysanız ona göre hareket edin. Yani kendi planınıza göre ilerleyin. Seçim sizin. Kaderinizin Pin Kodu'nu inceleyin, yönünüzü gözden geçirin ve başarıya doğru ilerleyin. Ama öncelikle kendinize güneşin altında özel bir yer bulun, size özel kader haritanızı okurken birisine sizi biraz şımartmasını söyleyin. O anda hayatın yaşamaya değer olduğunu düşünmeye başlayacaksınız... Keyfini çıkarın; hem de her saniyesinin...

Douglas Forbes
Johannesburg
Eylül 2006

DANIŞMANLIK HİZMETLERİMİZ

Bireysel pinkod danışmanlık seansında kişinin, kişilik özellikleri, güçlü ve zayıf yönleri, hangi alanlarda yetenekli olduğu, hangi mesleklerin uygun olduğu, yaşamının hangi dönemlerinde hangi konularda sorunlarla karşılaşabileceği, hangi dönemlerin yeni projelere, yeni ilişkilere başlamak, yuva kurmak ve çocuk sahibi olmak için uygun olduğu, varsa eşi ve çocuklarıyla veya sevgilisiyle olan ilişkilerinin yanında iş hayatındaki her düzeydeki ilişkilerini nasıl yönetebileceği hakkında bilgi verilir.

Bireysel Pin Kod danışmanlığını, sadece, www.pinkodtr.com internet adresimizde isimleri belirtilen yetkili kişiler yapabilirler.

EĞİTİMLERİMİZ

Dört işlem bilgisi haricinde herhangi bir matematik bilgisi gerektirmeyen İnsanın Pin Kodu Sisteminin kullanılması son derece kolay ve sonuçları inanılmaz derecede etkileyicidir. İnsanın Pin Kodu Sistemi yalnızca sizin ve sevdiklerinizin kişilik analizlerini yapmanızı sağlamakla kalmayacak aynı zamanda iş dünyasında, ekip oluşturma, performansın geliştirilmesi gibi alanlarda da kullanabileceğiniz güçlü bir araç olacaktır.

İnsanın Pin Kodu, hem herkes için temel olan, "ben kimim", "güçlü ve zayıf alanlarım ne?", "görevim ne?" gibi soruları yanıtlamanızı sağlayacak hem de potansiyel bir ilişkinizin kaderini belirlemenize de yardımcı olacaktır. Güçlü ve zayıf yanlarınızı belirlemeniz, sizin kendi kaderini yöneten insana dönüşmenize yardımcı olacaktır.

İnsanın Pin Kodu Sistemi eğitimi 3 aşamalıdır. İlk iki aşama, öğrencinin herhangi bir doğum tarihini kullanarak profil hazırlamasını sağlarken, üçüncü aşama; katılımcının profesyonel anlamda İnsanın Pin Kodu Sistemi Bireysel Danışmanı olabilmesi için gerekli olan bilgileri öğrenmesini sağlamaktadır. Her aşamanın sonunda yazılı ödev verilir ve her üç aşamanın sonunda ise verilen ödevin yanısıra yazılı ve sözlü sınav yapılır ve ancak başarılı olanlar İnsanın Pin Kodu Sistemi Bireysel Danışmanlık Sertifikasını almaya hak kazanırlar.

İlk iki aşamayı alan kişiler profesyonel anlamda danışmanlık yapamazlar. Profesyonel anlamda İnsanın Pin Kodu Sistemi Danışmanı olabilmek için 3 aşamalı eğitimin tamamının alınması, ödev olarak verilen belli sayıda analizin yapılması ve Douglas Forbes ve/veya Türkiye Yetkilisi Filiz Eryılmaz tarafından bu analizlerin onaylanması, hem yazılı hem de sözlü sınavda başarılı olunması ve Douglas Forbes'un İnsanın Pin Kodu Sistemiyle oluşturulan Bireysel Danışmanlık sözleşmesinin imzalanması şartı aranmaktadır. İnsanın Pin Kodu Sistemi Bireysel Danışmanlık Sertifikaları 1 (bir) takvim yılı için geçerlidir ve sertifikalarda hangi yıl için geçerli olduğu yazılır. Sözleşme şartları yerine getirildiğinde, danışmanın talebi ve yetkilinin uygun görmesi ile bu sertifikalar yenilenir. Daha önce bireysel danışmanlık yapma yetkisi olduğu halde, yukarıdaki şartları yerine getir(e) meyen arkadaşlarımızın sertifikaları yenilenmeyecektir. Sertifikaları yenilenerek yetkilendirilen arkadaşlarımızın isimleri kişilerin talepleri ve Yetkilinin uygun görmesi durumunda web sitemizdeki listede belirtilecektir.

Douglas Forbes tarafından geliştirilen İnsanın Pin Kodu Sisteminde eğitim verme yetkisi şu anda Douglas Forbes'da ve O'nun Türkiye'de yetkilendirdiği isimlerde olup eğitimler yalnızca (PinkodTR) tarafından düzenlenebilir. Gelecekte eğitmenlik yetkisi alacak arkadaşlarımızın isimleri www.pinkodtr.com web sitemizden duyurulacaktır. Eğitmen arkadaşlarımızın Eğitmen Yetki Belgeleri 1 (bir) takvim yılı için geçerli olup, her yıl yenilenmesi gereklidir. Sertifikalarının yenilenebilmesi için İnsanın Pin Kodu

Sistemiyle imzaladıkları bireysel danışmanlık sözleşmesi ile eğitmenlik sözleşmesi maddelerine uygun davranmaları şartı aranır. Daha önce Eğitmenlik yapma yetkisi olduğu halde, yukarıdaki şartları yerine getir(e)meyen arkadaşlarımızın sertifikaları yenilenmeyecektir. Sertifikaları yenilenerek yetkilendirilen arkadaşlarımızın isimleri kişilerin talepleri ve Yetkilinin uygun görmesi durumunda web sitemizdeki listede belirtilecektir. İsmini web sayfasında görmediğiniz kişileri sayfamıza mail atarak kontrol edebilirsiniz.

Bu nedenle Web sitemizde ismi belirtilmeyen ama İnsanın Pin Kodu Sistemi eğitimi ve danışmanlığı verdiğini söyleyen kişilere karşı dikkatli olmanızı ve itibar etmemenizi rica ederiz. Yetki belgesi olmayan kişilerin söylediklerinden Douglas Forbes ve İnsanın Pin Kodu Sistemi hiçbir şekilde sorumlu tutulamaz.

Douglas Forbes'u ve Pinkod Türkiye ekibini sertifikasız uygulayıcılar konusunda uyarmak isterseniz info@pinkodtr.com adresine mail atabilirsiniz.

İletişim: info@pinkodtr.com Web: www.pinkodtr.com Facebook: PinkodTR

Filiz Eryılmaz

İnsanın Pin Kodu Sistemi Türkiye Yetkilisi

EK ÇALIŞMA TABLOLARI

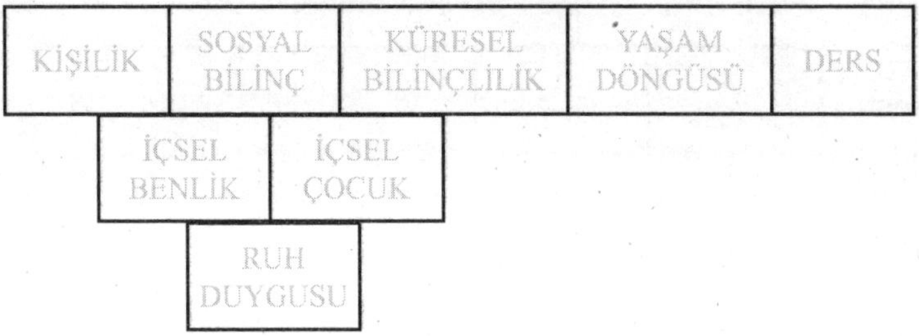

Doğum Tarihi:

İsim:

Yaş:

Cinsiyet:

Analiz Tarihi:

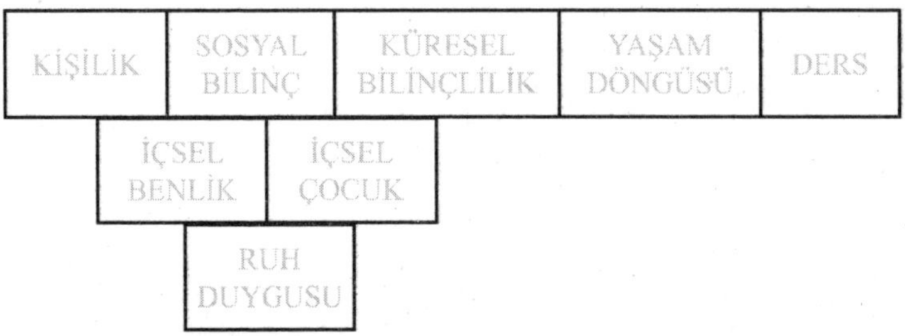

Doğum Tarihi:

İsim:

Yaş:

Cinsiyet:

Analiz Tarihi:

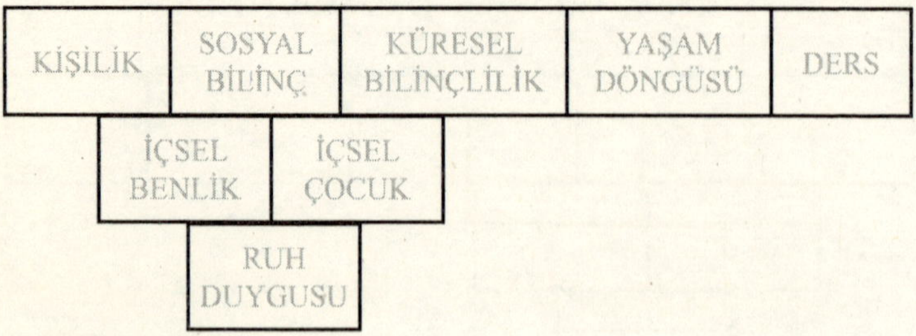

Doğum Tarihi:

İsim:

Yaş:

Cinsiyet:

Analiz Tarihi:

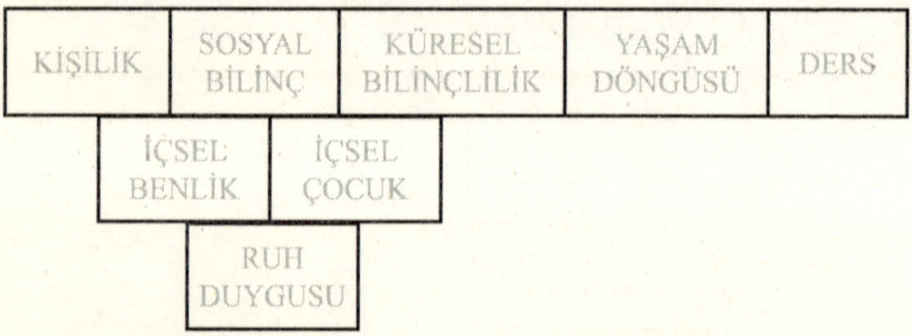

Doğum Tarihi:

İsim:

Yaş:

Cinsiyet:

Analiz Tarihi:

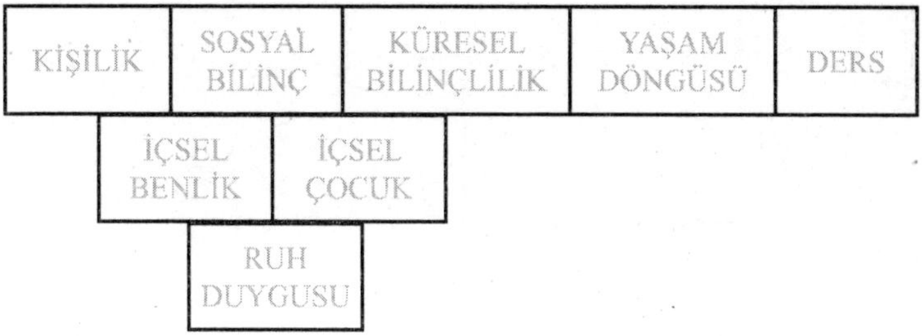

Doğum Tarihi:

İsim:

Yaş:

Cinsiyet:

Analiz Tarihi:

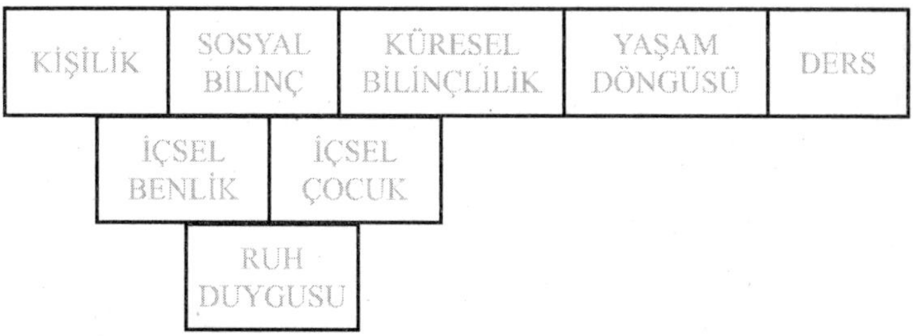

Doğum Tarihi:

İsim:

Yaş:

Cinsiyet:

Analiz Tarihi:

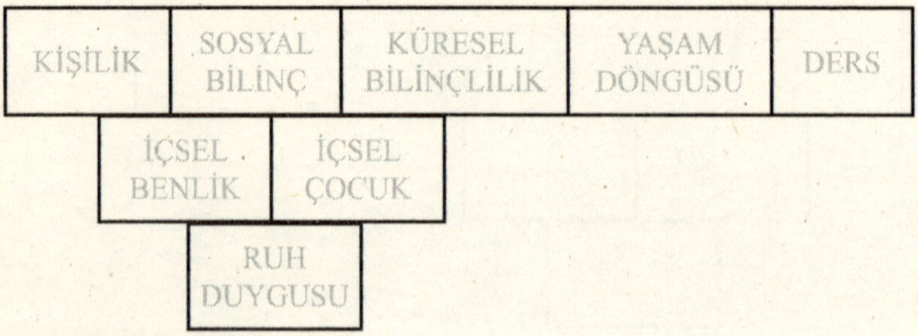

Doğum Tarihi:

İsim:

Yaş:

Cinsiyet:

Analiz Tarihi:

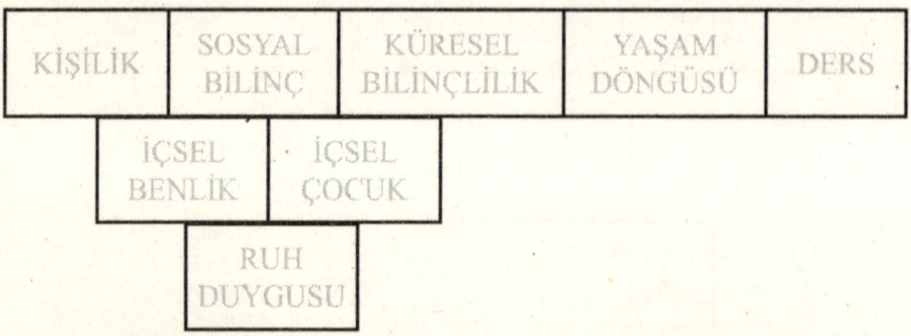

Doğum Tarihi:

İsim:

Yaş:

Cinsiyet:

Analiz Tarihi: